콜럼버스에서
룰라까지

- 중남미의 재발견

콜럼버스에서 룰라까지
-중남미의 재발견

2003년 11월 20일 개정판 1쇄
2013년 2월 1일 개정판 5쇄

지은이 | 송기도
펴낸이 | 장의덕

편집 | 문해순, 박대우
관리 | 이영하

펴낸곳 | 도서출판 개마고원
등록 | 1989년 9월 4일 제2-877호
주소 | 서울시 마포구 공덕1동 105-225 2층
전화 | (02) 326-1012
팩스 | (02) 326-0232
이메일 | webmaster@kaema.co.kr

ISBN 89-5769-005-0   03950

www.kaema.co.kr

국립중앙도서관 출판시도서목록(CIP)

콜럼버스에서 룰라까지 : 중남미의 재발견 / 송기도 지음.
– 서울 : 개마고원, 2003
p. ; cm. – (세계의 창)

ISBN 89-5769-005-0 03950 : ₩15000

309.15-KDC4
980-DDC21   CIP2003001440

콜럼버스에서

룰라까지

- 중남미의 재발견

|송기도 지음|

개마고원

미국과 가까워 불행한 대륙

1992년 출범한 김영삼 정부는 '세계화'를 주요 국정 과제 중 하나로 설정했다. 한국이 더이상 '우물 안 개구리'가 아닌 세계의 당당한 일원임을 전 세계에 확인시켰으며, 다른 한편으로는 세계의 다른 시장을 향해 뻗어가는 '한국의 힘'을 과시했다. 소위 '선진국의 사교클럽'이라는 '경제협력개발기구(OECD)'에도 가입했다. 엄밀한 의미에서 우리의 세계화는 아시아·아프리카·중남미 등 제3세계 다른 국가들을 깊이 있게 이해하기 위한 노력보다는, 미국·일본·유럽 등 잘사는 나라들에게 우리가 이만큼 잘살게 되었다고 자랑하기 위한 것이었다. 그렇게 우리의 세계화는 편향되어 있었다.

1997년 IMF와 함께 우리나라는 힘없이 무너져내리고 말았다. 그리고 다시 소리 없는 '세계화'가 진행되었다. 그동안 가난하고 게으르고 무질서한 나라들이라고 무시하던 멕시코·아르헨티나 등 중남미 국가들로부터 외환 위기의 환란을 극복하기 위한 다양한 방법을 배워야 했다. 멕시코는 그 대표적인 모범사례였다. 김대중 정부는 출범도 하기 전에 멕시코에 대표단을 파견했다. 외환위기 동안 멕시코 세디요 대통령은 깡드쉬 IMF 총재와 함께 한국에 가장 잘 알려진 외국 지도자였다. 지난 수십 년 동안 미국이라는 창을 통해서만 보아왔던 멕시코가 환란을 계기로 우리에게 직접 다가온 것이다. 우리는 우리의 눈으로 직접 그들의 모습을 볼 수밖에 없었다. '홀아비 사정 과부가 안다'고 한국은 외환 위기를 통해 멕시코와 동병상련의 연대감을 조금이나마 느낄 수 있었다. 진정한 의미의 세계화가 실현되고 있었던 것이다. 그러나 이러한 직접적인 접촉과 이해는 외환위기의 극복과 함께 다시 사라져버렸다.

2003년 노무현 참여정부가 출범했다. 그리고 최근 우리 보수 언론들은 아르헨티나·브라질·베네수엘라 등 중남미 국가들에 대한 수많은 기사를 내보내고 있다. 특히 국가 부도를 내고 한 달 사이에 4명의 대통령이 나올 수밖에 없었던 아르헨티나의 정치경제 상황과 3전4기 끝에 대통령에 당선된 브라질 노동자당 룰라 대통령의 보수적 경제정책에 대한 수많은 기사들이 사흘이 멀다 하고 지면을 장식했지만, 대부분의 기사들은 서구, 특히 미국의 시각에서 씌어진 것들이었다. 외환 위기 극복과 함께 우리는 다시 중남미를 미국을 통해 보고 있는 것이다.

20세기 초 멕시코의 독재자 디아스는 "불쌍한 멕시코! 너는 하느님과는 너무 멀리 떨어져 있고, 미국과는 너무 가까이 있구나!"라고 개탄했다. 그렇다. 멕시코는 미국과 너무 가까이 있어서 불행한 나라였다. 국토의 반을 미국에 빼앗기고 수도 없는 미국의 간섭을 받아야 했다. 그러나 이는 꼭 멕시코에만 해당하는 말은 아니다. 정도의 차이만 있을 뿐 다른 모든 중남미 국가들도 마찬가지라고 할 수 있다. 라틴아메리카는 '미국과 너무 가까워서 불행한 대륙'이라고 해도 과언이 아닌 것이다. 본문에서 자세히 얘기하겠지만, 미국은 역사적으로 중남미를 '미국의 뒷마당'으로 간주해왔으며, 그로 인해 중남미 국가들이 치른 희생은 매우 컸다. 미국은 사사건건 중남미 국가들의 내정을 간섭했으며, 미국의 뜻에 어긋나면 수단과 방법을 가리지 않고 보복을 가했다. 경제적 침략도 무시할 수 없었다.

우리는 지구상에 5대양 6대주가 있다고 배웠다. 5개 바다와 6개 대륙이다. 그런데 1912년 제5회 스톡홀름 올림픽에서 정해진 오륜기에는 서로 다른 색의 다섯 개 원이 있을 뿐이다. 하나가 모자란다. 아니다. 아메리카는 하나로 대표되고 있는 것이다. 왜 그랬을까?

우리는 중남미 국가들이 미국과 너무 가까이 있기 때문에 겪는 어려움과 고통을 잘 알지 못할 뿐만 아니라 미국의 시각으로 중남미를 바라보는 어리석음도 저지르고 있다. 그것은 우리가 부르짖던 '세계화'라는 구호에도 어울리지 않을 뿐 아니라 우리 자신을 위해서도 결코 바람직스런 일이 아니다.

그러나 중남미를 제대로 이해하기는 어렵다. 멕시코의 리오그란데 강으로부터 아르헨티나의 띠에라 데 푸에고까지 거대한 지역이 중남미라는 이름으로 통칭되지만, 나라마다 인종적·지리적·경제적인 차이가 매우 크기 때문이다. 또 한 나라를 놓고 보더라도 겉으로 드러난 것과 속으로 돌아가는 게 너무 다르다. 한 국가 내부의 집단간 이해관계가 매우 복잡하게 뒤엉켜 있기 때문에 어떤 정치적인 사건에 대해서도 쉽게 판단을 내리기가 어렵다.

2000년 1월 1일. 21세기를 시작하는 첫날, 이날 떠오르는 해를 보기 위해 전 세계 인류는 하나가 되었다. 유럽·아시아·아프리카·오세아니아·아메리카의 모든 사람들이 21세기의 첫 출발을 축하하며 그 감격을 함께 느꼈다. 밀레니엄의 대축제에 동양과 서양이 따로 없고 선진국과 후진국이 따로 없었다. 종교와 인종이 달라도 상관없었고 나이와 성별도 중요하지 않았다. 그렇게 많은 사람들이 새로운 희망을 안고 21세기의 첫날을 맞았다.

그리고 지난 3년 동안 라틴아메리카에도 많은 변화가 있었다. 새로운 밀레니엄을 맞아 역동적인 변화가 더 많았는지 모른다. 그리고 그러한 변화는 최근 이 지역의 선거들을 통해 아주 잘 나타나고 있다. 한 사회의 정치적인 변화를 가장 잘 보여주는 것이 선거다. '사회 구성원들이 그들의 대표를 선출하는 행위'인 선거를 통해서 사람들은 자신들의 의사를 표명하며, 이는 국민이 직접 국가 정책결정 과정에 참여하는 가장 기본적인 행위이다. 21세기 라틴아메리카에서는 전반적으로 공정하고 투명한 선거가 치러지고 있으며, 이에 따라 국민의 자유로운 의사에 따른 정권 교체가 빈번하게 일어나고 있다. 이것이 최근 라틴아메리카에서 엄청난 정치적 변동이 일어나고 있는 주요한 이유다. 물론 정치적 부패와 정상배들의 난무 등으로 정치적 무관심이 나타나 정치 과정이 왜곡되기도 하지만, 선거를 통해 주요한 사회적 이슈들이 다양하게 제기되고 또 정치인들간의 치열한 경쟁으로 인해 정치인들의 진면목이 쉽게 드러난다. 따라서 선거를 통해 나타난 권력 변환을 대통령에 당선된 정치지도자를 중심으로 살펴봄으로써 해당 국가의 정치상황을 보다 깊이 있게 이해할 수 있으며, 향후 정국의 흐름도 예측해볼 수 있을 것이다.

『콜럼버스에서 후지모리까지』라는 제목으로 이 책의 초판이 출판된 지 7년 가까운 시간이 흘렀다. 그동안 참으로 많은 변화가 있었다. 특히

21세기를 넘어오는 시점에시 파나마 운하 반환, 미국 내 최대 소수인종으로 등장한 히스패닉 등 미국과 중남미의 관계에서 상징적 의미를 갖는 변화들이 있었다.

1부에서는 역사적 사건을 통해서 중남미를 조망해보았다. 중남미에는 누가 살고 있으며 콜럼버스가 정말 중남미를 발견한 것인지, 또 중남미 국가들의 독립은 어떤 과정을 겪었으며, 독립 이후 국가 건설을 어떻게 했는지, 그리고 미국과의 관계는 어떠한지를 살펴보았다. 특히 20세기를 마감하면서 나타난 사파티스타 반군의 등장과 의미, 엘리안 곤잘레스라는 7세 소년을 통해 본 미국과 쿠바와의 관계, 1999년 12월 31일 12시에 이루어진 파나마 운하 이양식과 미국의 새로운 대 중남미 정책들, 그리고 2002년 흑인을 제치고 미국 내 최대 소수인종으로 부각한 히스패닉에 대해 하나하나 짚어보았다.

2부에서는 중남미 6개 주요 국가에서 2000년 이후 시행되었던 대통령 선거(브라질 2002년 10월 27일, 아르헨티나 2003년 5월17일, 멕시코 2000년 7월 2일, 페루 2001년 6월 7일, 칠레 2000년 1월 16일, 베네수엘라 2000년 7월 31일)를 중심으로 각국의 정치상황과 변화를 분석해보았다. 이를 통해 21세기 중남미의 미래를 보다 폭넓게 예견해볼 수 있겠다.

2003년 1월 1일 브라질에서는 노동자당의 룰라가 대통령에 취임했다. 2002년 10월 27일 룰라는 61.4퍼센트라는 국민의 압도적인 지지로 대통령에 당선되었다. 브라질이 공화국을 선언한 1889년 이후 113년 만에 처음으로 빈민촌 출신의 한 노동자가 대통령에 당선된 것이다. 룰라 대통령은 지금까지의 브라질과는 '다른 브라질'을 강조하며 남미 정치의 핵으로 떠올랐다.

21세기를 들어서면서 아르헨티나는 국가 부도를 선언하고 대통령이 퇴진하는 등 독립 이후 최악의 경제위기를 맞았다. 이러한 상황에서 치러진 2003년 4월 27일의 1차 투표에서 메넴 전 대통령과 두알데 대통령의 대타인 키르츠네르 주지사가 결선에 진출했으나, 메넴의 중도 사퇴로 키르츠네르 후보가 무투표로 대통령에 당선됐다. 5월 27일 페론주의자(아르헨티나의 후안 페론 지지자 또는 페론이 신봉한 '인민민족주의' 정치노선의 추종자)인 키르츠네르 정부가 출범했으며, 그 첫 작업으로 군부개혁을 들고 나왔다.

멕시코인들은 2000년 7월 2일을 결코 잊지 못할 것이다. 71년간 지속된 제도혁명당(PRI)의 집권이 끝나는 순간이었다. 국민행동당(PAN)의 비센테 폭스 후보는 박빙의 승부가 될 것이라는 예상을 깨고 압도적인 차이로 제도혁명당의 라바스띠다 후보에게 승리했다. 멕시코 국민들은 21세기를 넘어가면서 한 세기 가깝게 통치해왔던 제도혁명당을 외면했다. 아니 제도혁명당은 10여 년 전부터 계속되어왔던 국민들의 경고를 외면해왔으며, 이번 선거는 이에 대한 국민들의 냉정한 심판이었다.

페루는 역사상 처음으로 3선 연임에 당선된 후지모리 대통령이 정치공작의 상징인 몬떼시노스 중앙정보부장의 비디오테이프 사건으로 축출됐다. 그리고 2001년 인디오 출신인 톨레도 후보가 대통령에 당선됐다. 피사로에 의해 잉카제국이 멸망한 후 500년 만에 처음으로 인디오 출신 대통령이 탄생한 것이다.

칠레에서는 1973년 '인간 백정'이라는 피노체트의 유혈 쿠데타에 의해 암살된 아옌데 대통령의 후예인 라고스 사회당 당수가 2000년 1월 대통령에 당선됐다. 물론 아직도 막강한 힘을 과시하고 있는 군부로 인해 기독민주당과 연합한 라고스 대통령의 정치적 영향력은 제한되어 있지만 21세기 칠레의 출발은 분명 변화를 예고하고 있다.

끝으로 베네수엘라에서의 정치 변화는 혁명이라는 말이 무색할 정도다. 1999년 대통령에 취임한 차베스는 헌법을 개정하고 2000년 재선거를 실시해 국민의 압도적 지지로 재당선됐다. 그는 중남미 독립영웅 시몬 볼리바르의 이념을 계승해 새로운 국가 건설을 기치로 내세우고, 중남미 좌파의 선봉에 서서 미국의 신자유주의 정책에 반대 입장을 분명히 하고, 국내에서는 수구세력과의 일전을 불사하며 '위험한' 정치적 선택을 하고 있다. 2002년 쿠데타에 의해 쫓겨났지만 27시간 만에 민중의 지지로 다시 권좌에 복귀했다. 21세기를 시작하면서 시작된 차베스 좌파 정권의 등장은 이 지역에서 미국의 영향력 확대가 쉽지 않을 것임을 예고해줬다. 이후 칠레 라고스 정권, 브라질 룰라 정권과 아르헨티나 키르츠네르 정부의 등장으로 좌파는 점점 영향력을 확대해가고 있다. 물론 멕시코의 폭스 정권 등 우파 정당도 등장하고 있으나, 큰 흐름에서는 미국의 신자유주의 정책에 반대하는 좌파 세력이 힘을 얻고 있다. 주의 깊게 지켜볼 일이다.

이 책은 중남미에 대한 일반 독자들의 이해를 돕기 위해서 씌어졌다. 전문적인 학술서가 아니라 대중서라는 점에서 이 책은 '중남미 바로 알기'의 확산을 위한 시도이다. 개정 전, 이 책이 처음 출판됐던 7년 전에 비해서는 중남미에 대한 우리의 인식이 많이 나아졌다고 생각한다. 그러나 아직도 '장님 코끼리 다리 만지기' 수준에 머물러 있다고 할 수 있다. 하긴 미국이 씌워준 안경을 쓰고 코끼리를 쳐다보고 이해하던 수준에서 이제 코끼리의 다리라도 직접 만질 수 있는 수준이 됐으니, 한 단계 수준이 나아졌다고 할 수 있다. 이제 더 이상 미국이라는 '창'을 통해 그들을 보지 않고 우리 눈으로 직접 보고 느껴야 할 때가 된 것이다. 그때 우리는 전혀 다른 세상을 보고 느낄 수 있을 것이다. 그리고 해방과 민주화를 위한 중남미인들의 험난한 투쟁을 차가운 머리가 아니라 뜨거운 가슴으로 함께하고 이해할 때, 그들도 우리를 열린 가슴으로 받아들일 것이다. 그때 비로소 우리의 '세계화'가 완성되는 것이다. 이 책은 그 첫 시작이다.

2003년 11월

송기도

2부 21세기 대통령, 룰라에서 차베스까지 — 인물로 본 중남미의 정치와 사회

어가 어눌한 똘레도 | 21세기 첫 민주선거 | 알란 가르시아의 화려한 재기 | 국민의 준엄한 심판 | 21세기 잉카의 탄생 | 온갖 성향의 각료들 | 군 개혁과 반부패법 | 개혁의 어려움 | '성공한 촐로' 똘레도의 한계

21세기 칠레의 조타수, 라고스 대통령 297

반복되는 역사와 역사의 심판 | '팔방미인' 라고스 | 피노체트의 간담을 서늘케 한 '라고스의 손가락' | 세 번의 도전과 '어려운' 승리 | 칠레 정치의 시한폭탄, 피노체트와 군부 | 라고스 정권 탄생의 의미

베네수엘라, 차베스의 '무기 없는' 혁명 311

숨 막히는 27시간의 정치 드라마 | 정치적 안정과 부정부패의 만연 | '황금벤치에 앉아 있는 거지' 베네수엘라 | '새 베네수엘라' 건설 | '무기 없는' 혁명 | 미국과의 새로운 관계

중남미 지도

1부 엘도라도에서 마카레나까지

－사건으로 본 중남미의 역사와 지리

※ 일러두기

적어도 우리 학계에서는 '중남미' 보다 '라틴아메리카' 라는 표현을 많이 쓰고 있다. 중남미를 전공하는 학자들의 모임도 과거 70년대까지는 '한국 중남미학회' 였으나 80년대 들어와서 '한국 라틴아메리카학회' 로 바뀌었다. 그러나 이 책의 제목에 굳이 '중남미' 라고 쓴 것은 아직도 대다수 일반 대중들은 이 단어에 훨씬 더 친숙하기 때문이다.

그리고 외국어의 표기에 있어, 영어의 경우에는 큰 문제가 없으나 스페인어나 포르투갈어를 우리말로 옮기는 데는 많은 어려움이 있다. 우리나라에서 영어를 기준으로 외국어를 표기하고 있기 때문에 스페인어나 포르투갈어를 정확히 표현하기가 쉽지 않다. Perú의 정확한 스페인어 발음은 '뻬루' 이다. 그러나 우리나라에서는 '페루' 로 이미 많이 알려져 있다. 따라서 멕시코(mexico), 파나마(Panamá), 메스티소(mestizo), 피사로(Pizarro), 사파티스타(Zapatista), 리오 데 자네이로(Rio de Janeiro) 등 우리에게 친숙하게 알려진 단어들은 영어식으로 표기했으며, 뻬닌술라레스(peninsulares), 끄리올요(criollo), 꾸스꼬(Cuzco), 똘레도(Toledo) 등과 같이 잘 알려지지 않은 지명이나 인명은 스페인어나 포르투갈어 원어 발음에 충실했다. 또한 같은 뜻의 단어인 '인디언(indian)' 과 '인디오(indio)' 의 경우는 혼용해 썼다.

'발견당한' 대륙, 아메리카

왜 '라틴 아메리카'일까

우리 '한국'이 '한민족의 국가'라는 뜻이듯이 한 나라의 국명은 대개가 그 지역에 사는 민족의 이름으로부터 유래한다. 유럽 국가들을 봐도 핀란드는 핀 족이, 프랑스는 프랑코 족이 모여 사는 곳이라는 뜻이며 러시아·이탈리아·스페인·루마니아 등도 역시 그렇다. 이와 마찬가지로 유럽은 유럽인들이 사는 대륙이고, 아시아는 아시아인들이 사는 대륙을 말한다.

따라서 태평양과 대서양 사이에 있는 거대한 대륙 아메리카는 아메리카인들이 사는 대륙을 의미한다. 물론 이제는 제2차 세계대전 이후 엄청나게 커진 미국의 국력 덕택에 일상적인 대화 속에서는 단순히 미국을 의미하는 표현으로 바뀌어버린 느낌도 없지 않지만 말이다. 또 아메리카는 구대륙에 대비되는 개념으로 '신대륙', 유럽으로부터 서쪽에 있는 땅이라는 뜻으로 '서반구' 등으로 불리기도 한다.

어쨌든 그 아메리카는 크게 영국의 식민지배를 받았던 앵글로 색슨 아메리카와 스페인과 포르투갈의 식민지배를 받았던 라틴아메리카로 나눌 수 있다. 앵글로 색슨 아메리카는 지금의 미국과 캐나다를 지칭하는 것이며, 라틴아메리카는 멕시코로부터 칠레의 최남단에 이르기까지 33개국 4억5000만 명의 인구를 포함하는 광대한 지역을 가리킨다. 통상 우리가 '중남미(中南美)'라고 부르는 지역이 바로 이곳으로, 카리브해의 작은 섬나라를 제외한다 해도 대략 20여 개 국가가 포진하고 있는 지역이다.

그런데 이 지역은 왜 '라틴아메리카'라고 불리게 되었을까? 이 거대한 대륙에 어떤 사람들이 살고 있기에, 또 이들 간에는 어떤 공통점이 있기에 라틴아메리카라는 한마디로 불리게 되었을까? 먼저 '아메리카'라는 이름에 대해서부터 알아보자.

중세의 유럽인들은 엄청난 값으로 거래되던 향료와 비단, 차 등 동방의 산물들을 구하기 위해 중국으로 가는 '실크로드(비단길)'와 인도로 가는 '스파이스로드(향신료길)'를 온갖 위험을 무릅쓰고 왕래했다. 그러나 15세기에 이르러 육로를 통해 동방으로 가는 길이 오스만터키의 세력 확장에 따라 매우 불안해졌다. 그에 따라 유럽인들은 새로운 동방 루트를 찾아야만 했다. 그러한 때 마침 지도와 해상운송수단의 발달, 그리고 지구가 둥글다는 생각 등이 새롭게 나오면서 이론적으로는 서쪽의 바닷길을 통한 '인도'로의 항해가 가능해졌다. 당시 아시아는 지금의 이라크, 이란 등의 중동지역을 가리키는 말이었으며, 그 아시아 너머 인도를 포함한 중국, 일본 등은 모두 인도(India)로 통칭되고 있었다.

그리하여 유럽인들은 죽음을 무릅쓰고 서쪽으로 서쪽으로 항해를 계속해 '안개 속의 바다'를 건너 마르코 폴로의 『동방견문록』에 씌어진 신비의 황금향인 인도로 가는 길을 찾아 나서게 되었다. 그리고 드디어는 그 인도에 도착했다. 서쪽으로 항해하여 도착한 그곳을 그들은 '서인도'라고 불렀다. 그러나 후일 콜럼버스가 도착한 그곳이 인도가 아니라 이전에는 전혀 알려지지 않았던 새로운 대륙이라는 사실이 밝혀지자, 콜럼버스의 업적을 기리기 위해 '콜롬비아'라는 이름을 붙이기도 했다. 그 신대륙의 영국 식민지가 '영국령 콜롬비아'라고 불렸으며, 캐나다 서부의 주 이름이 아직까지도 '브리티쉬 콜롬비아'로 남아 있다. 현재 남미의 콜롬비아 역시 콜럼버스로부터 국호를 따온 것이다.

그러나 18세기까지는 스페인의 식민지가 된 그 신대륙을 가리켜 일반적으로 '인디아스(Indias)'라고 불렀다. 동방의 모든 나라들을 가리키기 위해 복수로 썼던 것이다. 지금도 그 땅에 원래부터 살고 있었던 주민들을 인도 사람이란 뜻으로 '인디언(인디오)'이라고 부르고 있으며, 콜럼버스가 처음 도착했던 섬들을 '서인도제도'라고 하고 있다. 500년의 시간이 흘렀어도 500년 전의 착각 속에서 만들어진 이름이 그대로 쓰이고 있는 셈이다. 그런데 그 대륙이 어떻게 해서 '아메리카'라는 이름으로 바뀌어 불려지게 된 걸까?

결론부터 말하자면, 17세기 이후 스페인과 포르투갈의 힘이 약해졌기 때문이다. 스페인은 계속 '인디아스'라는 표현을 고수했지만, 대다수 다른 국가들이 '아메리카'라는 단어를 쓰기 시작했던 것이다. 이를테면 국제사회에서 국력이 쇠해진 스페인의 '말발'이 먹혀들지 않았던 것이고, 그리하여 다른 명칭이 그대로 굳어지게 된 것이다. 이는 마치

우리나라와 일본 사이의 바다가 17,8세기만 해도 '동해' 또는 '한국해'
였지만, 일본이 국제사회에서 영향력이 더 커진 탓에 오늘날 외국의 세
계지도에 모두 '일본해'로 표시되고 있는 것과 비슷한 이치이다. 물론
이 지역을 아메리카라고 부르게 된 데는 보다 중요한 이유가 있다.

이탈리아 출신 아메리코 베스푸치(Amerigo Vespucci)는 1499~1502
년 스페인 사람 오헤다와 함께 남미대륙의 북부지역을 항해했다. 특히
지금의 베네수엘라 땅인 오리노코 강 유역을 항해하고 난 후, 콜럼버스
와는 달리 그곳이 인도가 아니라 '새로운 대륙'일지도 모른다는 생각
을 했다. 그리고는 여행에서 돌아와 자신의 경험을 바탕으로 『신대륙
(Mundus Novus)』이라는 여행일지를 출판했다. 그후 그의 친구이자 지
도제작자였던 독일인 왈스뮐러는 『세계 지리 입문』(1507)에서 신대륙
임을 처음 밝혀낸 아메리코 베스푸치를 기념하여 그 대륙을 '아메리
카'로 부르자고 주장했다. '아메리코'가 아닌 '아메리카'로 된 것은 유
럽·아시아·아프리카 등 모든 대륙의 명칭이 'a'로 끝나는 여성형이
어서, 이에 맞추었기 때문이다.

여기에 결정적으로 쐐기를 박은 것은 1541년 지리학자인 메르카토
(Gerardus Mercator)에 의해 만들어진 첫 인쇄지도였다. 지금도 우리가
사용하는 메르카토 도법에 의한 지도에 신대륙이 '아메리카'로 기록됨
으로써, 이후 신대륙의 이름이 아메리카로 완전히 굳어지게 된 것이다.
이제 신대륙을 지칭하는 아메리카라는 단어는 모두가 동의하는 표현이
되어 아무런 문제가 없이 되었다. 그러나 이 지역은 다양한 인종과 문
화가 한데 어우러져 있어서 하나의 단어로 전체를 표현하기가 쉽지 않
다. 원주민인 인디언, 콜럼버스 이후 도래한 백인과 이들이 아프리카에

서 데려온 흑인, 그리고 이들 사이에 태어난 혼혈인. 이 모두를 포함하고 있는 지역을 하나의 단어로 표현하기가 불가능하다는 것이다. 사실 상대적으로 원주민이 적었고, 영국인이 주축이 되어 식민지가 건설되고 현재까지도 전체 주민의 80퍼센트를 점하고 있는 북미대륙 쪽은 앵글로 색슨 아메리카라는 단어를 별 저항감 없이 쓸 수 있다.

그러나 스페인과 포르투갈의 식민지배를 받았던 지역은 사정이 다르다. 이 지역은 원주민을 중심으로 한다면 '인도 아메리카'라고 표현할 수 있을 것이다. 300년간의 스페인 식민통치와 문화적 전통을 중심으로 볼 때는 '히스패닉 아메리카'라는 말도 가능할 것이다. 또는 스페인과 포르투갈 민족을 상징하는 '이베로 아메리카(Iberoamerica)'라는 표현이 더 적합할 수도 있을 것이다. 그러나 이는 프랑스의 식민지였던 아이티나 가이아나, 또 일부 영국령과 불란서령의 섬들을 제외한 표현이어서 이들 두 강대국의 반발을 예상할 수 있다. 결론부터 이야기하자면, 이 지역이 '라틴아메리카'라고 불리게 된 것은 두말할 필요도 없이 프랑스의 영향력에 의한 것이었다.

원래 이 지역에서 프랑스의 영향력은 극히 제한되어 있었다. 프랑스의 식민지배를 받은 지역은 아이티와 몇 개의 조그만 섬이 있을 뿐이다. 어떤 의미에서는 지금도 스페인에서 쓰이고 있는 '이베로 아메리카(이베로는 스페인과 포르투갈의 민족 이름)'가 보다 정확한 표현일 수 있다. 그럼에도 불구하고 18세기 이후 국제관계에서 앵글로 색슨의 영국에 맞서 스페인·포르투갈·이탈리아·루마니아 등 가톨릭 라틴 세계의 대표임을 자임한 프랑스에 의해 라틴아메리카로 불리게 된 것이다. 따라서 라틴아메리카라는 표현은 라틴 족이 지배한 아메리카라는 뜻으로, 북쪽의 앵글로 색슨 아메리카에 대비되는 문화적인 개념인 것이다. 앞에서 언급했듯이 스페인에서는 여전히 '이베로 아메리카'를 고집하고 있지만, 대다수 국가는 이제 '라틴아메리카'를 공식적으로 사용하고 있다.

라틴아메리카 국가들의 대다수 국민이 가톨릭 신자이며, 스페인어·포르투갈어·불어 등 라틴어에서 파생한 로만스 언어를 사용하고 있다. 300여 년간의 식민지배를 통해 경제 사회적으로 많은 공통점을 갖게 된 셈이다.

'라틴아메리카'와 '중남미'의 차이

우리나라에서는 '라틴아메리카'보다 '중남미'라는 표현을 더 많이 쓰고 있다. 물론 학계에서는 80년대에 들어서면서 라틴아메리카란 말이 점차 자리를 잡아가고 있지만, 아직도 일반인들에게는 중남미라는 말이 더 친숙하다. 지난 1996년 9월 김영삼 대통령이 이 지역을 순방했을 때, 모든 언론매체가 중남미라는 단어를 집중적으로 사용했다. 언어란 살아 있는 것이고 사회성을 가지고 있는 것임을 생각할 때, 김 대통령의 중남미 순방으로 '중남미'라는 단어가 다시 한 번 확실하게 자리 잡게 되었다고 볼 수 있겠다.

사실 광복 이후 1970년대까지는 우리 학계에서도 '중남미'라는 표현이 일반적이었다. '중남미'란, 말 그대로 중앙과 남쪽의 아메리카를 의미하는 지리적 표현이다. 그렇다면 중남미라는 표현에서 아메리카를 의미하는 '美'는 어디에서 유래한 것일까?

일본에서 아메리카라는 단어가 처음으로 기록된 것은 일본의 개항기인 1850년대다. 당시 일본의 선각자인 후꾸자와 유기찌는 『문명논지개략(文明論之槪略)』(1875)이라는 저서에서 미국(U.S.A.)을 '亞米利加(アメリカ) 合衆國'으로, 아메리카 대륙을 '亞米利加(アメリカ)洲'로 표기했다. 이것을 줄여 '미국(米國)'과 '미주(米洲)'로 쓰게 된 것이다. (일본이 미국과 전쟁을 했기 때문에 그전까지 쓰던 '美國'을 '米國'으로 바꾼 것이 아니고, 원래부터 '米國'이었다. 어떤 의미에서 미국은 식량과 자원이 풍부한 나라이므로 '米國'이라는 표현이 더 어울릴 수도 있겠다.)

따라서 이 같은 표현은 일제 식민지하의 우리나라에도 그대로 적용되었다. 그러나 1945년 광복과 함께 미군정을 거치면서 '米國' 대신 '美國'으로, '米洲' 대신 '美洲'로 바뀌었다. 즉, '쌀이 많은' 나라에서 '아름다운 나라'로 바뀐 것이다. 일제의 잔재 청산이라는 측면에서, 또 우리를 해방시켜준 고마운 나라에 보답한다는 측면에서 비롯되었을 이런 변화는 어쩌면 자연스러운 것이었는지도 모른다. 더구나 이웃 중국에서도 미국을 '美國'이라고 쓰고 있었으니 커다란 문제가 없었을 것이다. (중국에서 '美國'이라고 쓰는 것은 발음상의 이유에다 그들 나름대로의 의미를 부여한 것이다. 또한 '중남미'라는 표현도 쓰지 않고 '라틴'으로 발음되는 '拉丁美洲'라고 쓴다.)

다시 한 번 정리해보면 '라틴아메리카'는 유럽의 라틴 족에 의해 지배되고 형성된 아메리카라는 문화적 의미가 내포되어 있는 표현이다. 그리고 '중남미'는 단순히 중앙과 남쪽의 아메리카라는 지리적인 표현일 뿐이다.

처음 아메리카에 살았던 사람은?

아메리카에 처음 살았던 사람들은 누구였을까? 우리가 흔히 아메리카 인디언(인디오)이라고 말하는 사람들은 언제부터 그곳에서 살았을까? 인류가 지구상에 처음 모습을 드러냈을 때와 거의 비슷한 시기에 아메리카에도 인간이 출현했을까? 아니면 다른 대륙보다 훨씬 후에 자연발생적으로 생겼을까? 아니면 다른 대륙으로부터 이주해왔을까?

이 같은 의문이 제기되는 것은 아시아·유럽·아프리카 대륙은 서로 육지로 연결되어 있는 데 반해, 아메리카 대륙은 다른 대륙으로부터 태평양과 대서양이라는 거대한 바다에 의해 분리되어 있기 때문이다. 아직까지 명확히 밝혀지지는 않았지만, 이에 관해 몽골 계통 북부 아시아인 도래설, 말레이-폴리네시아 계통의 태평양인 도래설, 자체생성설 등 몇 가지 학설이 있다. 그러나 자체생성설은 크게 주목받지 못하고 다른 대륙으로부터 이주해왔다는 도래설이 일반적으로 받아들여지고 있다.

그 가운데 미국의 학자 알렉스 흐들리카(Alex Hrdlicka)의 주장이 가장 신빙성 있는 것으로 받아들여지고 있다. 그는 기원 전 1만5000년경 제4빙하기에 바닷물의 높이가 100미터 이상 낮아져 시베리아와 알래스카가 육지로 연결되었던 때가 있었고, 이때 몽골 계통의 북부 아시아인들이 베링 해협을 건너 아메리카로 집단 이주하여 점차 남하했다고 설명한다. 시베리아와 알래스카 사이의 거리는 채 100킬로미터도 되지 않으며 수심도 60미터 이내이다. 또한 사이에 세 개의 섬이 있어서 카누를 타고 횡단하기에도 커다란 어려움이 없다. 지금도 에스키모인들은 사냥을 하기 위해 해협을 카누로 왕복하고 있다.

이 이론은 아시아인들과 아메리카 인디언들의 신체적 문화적 공통점을 보면 여실히 증명된다. 신체적인 면에서 봤을 때 두 종족은 피부색이 같으며 두개골의 형태도 비슷하다. 특히 광대뼈가 튀어나온 얼굴, 검은 눈동자를 지닌 가는 눈, 검은 머리칼 등을 들 수 있다. 이 같은 외형적 유사성은 아메리카 인디언 가운데 우리가 섞여 있어도 쉽게 눈치를 채지 못할 정도다. 구한말 하와이의 사탕수수농장에 팔려간 우리 선조의 후손들은 아직까지도 한국인의 모습으로 그곳에 살고 있지만, 같은 시기 멕시코 유카탄반도의 사탕수수 농장으로 끌려간 우리 선조의 후손들은 그들과 섞여 흔적도 없이 사라져버렸다.

또 문화적으로는 모계사회의 전통이라든지 키질하는 모습, 아이를 업어 키우는 방법 등 여러 가지 비슷한 전통을 가지고 있다. 그러나 보다 확실한 증거는 아메리카 인디언들도 몽골 계통의 인종에게만 나타나는 엉덩이 부위의 파란색 '몽고반점'이 있다는 것이다.

또 다른 이주설로는 프랑스 학자 리베(Paul Rivet)의 이론이 있다. 아메리카인은 말레이시아 · 폴리네시아 계통의 남태평양인들이 그들의 쪽배인 '콘티키'를 타고 태평양을 항해하여 아메리카에 도래했다는 것이다. 사실 태평양을 조그만 쪽배로 항해한다는 것은 불가능해 보였으나 1970년 초에 실증되었다. 특히 폴리네시아와 아메리카의 중간지점에 위치한 빠스꾸아 섬의 원주민은 그 모습이 폴리네시아인과 아주 흡사하여 이 이론의 근거가 되고 있다. 리베 교수는 무엇보다 이 두 지역 간의 언어구조상의 유사성을 강조하고 있는데, 원주민의 언어가 오스트레일리아 · 말레이시아 · 폴리네시아인들의 언어와 많은 면에서 닮아 있다는 것이 그런 추측을 가능케 한다는 것이다. 또한 문화적 측면에서 볼 때 아메리카인과 남부 아시아인 모두 해먹을 사용하며 태양 숭배와 달력 사용 등의 공통점을 가지고 있기도 하다. 어쨌든 이는 알렉스 흐들리카의 몽골계 이주설과 함께 아메리카 원주민의 근원을 밝혀주는 중요한 이론이다.

한편 원주민의 모습이 동양인과 닮았다는 점은 이들이 아시아인들과 막연한 동질감을 갖게 하는 요인이 되고 있다. 이는 아메리카에 사는 흑인들이 아프리카의 흑인들과 인종적 동질성을 갖는 것과 비슷한 것이다. 일본인 이민 2세인 후지모리가 라틴아메리카에서 원주민 수가 가장 많은 국가인 페루에서 대통령에 당선된 것도 따지고 보면 우연만은 아닌 셈이다. 지난 수백 년 동안 백인들로부터 온갖 압박과 멸시를 받아온 원주민들 입장에서는 후지모리나 백인이나 모두 같은 외국인이겠지만, 그래도 후지모리에게서는 묘한 친근감을 느꼈을 수도 있다. 사실 일본은 제2차 세계대전 중 일본과 페루가 같은 황인종의 형제 나라임을 강조하면서 함께 힘을 합쳐 백인의 나라인 미국에 대항해야 한다고 선전하기도 했었다. 또 중남미 최대의 게릴라 단체였던 '빛나는 길(sendero luminoso)'은 모택동의 혁명노선을 따르고 있기도 하다.

'발견당한' 대륙

'발견(discover)'이란 이 세상에 그 전까지는 알려지지 않아 아무도 모르고 있던 사실을 새롭게 찾아내는 것을 의미한다. 즉, 덮어져 있어(cover) 세상의 어느 누구도 모르고 있던 사실을 덮개를 치움(dis-cover)으로써 비로소 알게 되었음을 뜻한다.

그렇다면 '1492년 콜럼버스의 신대륙 발견'이란 무슨 말인가? 곰곰이 생각해보면 말이 되지 않는 얘기다. 1492년 콜럼버스가 아메리카 대륙을 발견했다면, 그 이전에는 아메리카 대륙이 존재하지 않았다는 얘기인가? 또 그곳이 아무도 살지 않은 비어 있는 땅이었다는 말인가? 예컨대 1653년 항해 도중 폭풍우로 제주도에 표류했다가 후일 자기 나라로 돌아가서 『하멜표류기』를 쓴 네덜란드인 하멜을 조선을 '발견'한 사람이라고 이야기한다면? 또 조선을 처음 '발견'한 하멜의 이름을 따서 조선을 '하멜'이라고 부른다면?

이렇듯 '신대륙 발견'이란 말 속에는 그곳에 모여 잉카 제국, 아스텍 제국 등을 이루고 살던 7,8000만 명이나 되는 사람들을 깡그리 무시하는 유럽인들의 오만함이 그대로 담겨 있다. 1492년 10월 12일은 콜럼버스를 통해 아메리카와 그 원주민들이 유럽인들에게 알려지게 된 날이자 서로 다른 두 개의 문명이 만난 역사적인 날로 정의되어야 옳다.

어쨌든 그건 그렇다고 치고, 콜럼버스 이전에는 정말 아메리카 대륙의 존재에 대해 정말 아무도 몰랐을까? 그렇지는 않았다. 콜럼버스보다 500여 년이나 앞선 10세기경, 에릭이란 인물이 이끌던 바이킹 무리가 법을 피해 도망을 다니다 북쪽지방의 흰 눈이 덮여 있는 땅에 식민지를 건설하고 그린란드(Greenland)라고 명명했다. 그리고 에릭의 아들 에릭슨은 북아메리카 쪽에 훨씬 살기 좋은 땅을 발견하여 식민지를 건설하고 이를 빈란드(Vinland, 포도의 땅)라고 이름 지었다. 그러나 이러한 바이킹의 아메리카 접촉은 역사적으로 큰 중요성을 갖지 못한다. 왜냐하면 지속적이고 항구적인 식민지 건설이 이루어지지 않았으며, 게다가 1400년경 그린란드와 아메리카의 빈란드가 알 수 없는 이유로 연결이 끊겨버렸기 때문이다.

한편, 중국 명나라의 장수인 정화(鄭和)는 함대를 이끌고 아라비아의 홍해까지 원정을 했었다. 이는 15세기 초 중국의 항해술이 대양을 오랫동안 항해할 수 있을 만큼 발전해 유럽보다 앞서 있었음을 보여주는 것이다. 확실한 증거는 없지만, 콜럼버스보다 중국인들이 먼저 아메리카를 발견했다고 우기는 것이 우습기는 해도 결코 무리한 억측만은 아니라는 생각도 든다. 또 리비아의 국가원수 가다피는 아메리카 대륙을 '에리르 카'라는 아랍인이 발견했다는 주장도 했다. 물론 인도와 스파이스 로드를 통한 해상교통의 중개지가 아랍 세계였으며, 당시 아랍인들의 항해술이 객관적으로도 유럽을 훨씬 능가하고 있긴 했지만, 뚜렷한 증거가 없어 그럴 수도 있겠다는 정도의 주장으로 받아들여질 뿐이다. 그러나 분명한 사실은, 이들의 주장이 사실이라 하더라도 지속성이 결여되어 있어 역사적으로 중요성을 갖지는 못한다는 점이다.

'발견자의 시대'에서 '정복자의 시대'로

1492년 10월 12일은 유럽인들에게는 '여호와'가 그들에게 가장 큰 선물을 안겨준 날이었다. 아마 기나긴 중세기 동안의 '정성을 다한 믿음'에 대해 내린 복이었는지도 모르겠다. 반면 아스텍 · 잉카 · 마야인들에게는 그들의 수호신이었던 '께짤꼬아뜰'이나 '비라꼬차'가 내린 엄청난 형벌과 저주를 알리는 날이었다. 아마 께짤꼬아뜰이나 비라꼬차도 자신을 따르는 신도들이 그렇게까지 엄청나게 고통받으리란 걸 알았더라면 '동쪽의 신'에게 그렇게 쉽게 양보하진 않았을 것이다.

1492년 8월 3일 크리스토퍼 콜럼버스는 산타 마리아 · 니냐 · 삔따 등 세 척의 범선에 약 90명의 선원을 태우고 마르코 폴로가 얘기했던 황금의 나라 카타이(Catay : 중국)와 치팡고(Chipango : 일본)를 향해 지구를 거꾸로 돌아가는 미지의 여행을 떠났다. 인도의 왕들에게 전할 스페인 이사벨 여왕의 친서를 휴대하고 '엘 도라도(황금향)' 를 꿈꾸며 스페인의 팔로스 항을 출발했다. 그해 10월 12일, 얼마가 걸릴지 몰랐던 61일간의 항해 끝에 그는 한 섬에 도착했다. 원주민들이 '과나하니' 라고 부르는 섬이었는데, 콜럼버스는 이를 '산 살바도르(San Salvador : 구세주)' 라고 이름붙였다. 두말할 필요 없이 그 섬은 끝없는 항해로 절망에 빠진 선원들에게 구세주

와 같은 섬이었을 것이다. 그리고 나서 산토도밍고와 쿠바를 차례로 '발견' 하고, 산토도밍고에 나비다드(Navidad : 성탄절)라는 성채를 구축했다. 이는 아메리카에 세워진 최초의 유럽 거점지였다.

산타 마리아호가 부서지는 바람에 두 척의 배로 본국을 향해 다시 대서양을 건너가던 콜럼버스는 포르투갈령의 아조레스

▼ 콜럼버스의 범선 산타 마리아호 모형.

군도에서 다시 한 척의 배를 잃고, 마지막 남은 니냐호에 의지하여 겨우 스페인으로 향했다. 1493년 4월, 드디어 그는 아메리카에서 수집한 소량의 금과 원주민을 데리고 당시 스페인의 왕궁이 있던 바르셀로나 항에 개선장군처럼 귀환했다.

그후 콜럼버스는 세 차례나 더 항해를 했는데, 두번째 항해는 지원자가 엄청나게 많았다. 약 90명의 선원과 3척의 배로 어렵게 출항했던 첫번째 항해에 비해 두번째 항해는 1500여 명에 이르는 17척의 대 선단이었다. 이들은 신부·군인·농부·장인 등 하나의 소사회라고 할 만큼 다양한 직종의 사람들로 인디아에 포교 및 무역 전진기지 건설, 금광 발굴과 식민의 임무를 띠고 1493년 9월 25일 스페인을 출발했다. 그러나 두번째 항해에서는 기대한 대로 보물이 그득한 인도를 만나지 못했고, 커다란 수확을 거두지도 못했다. 마지막 항해인 제4차 여행에서야 이들은 화려한 의상을 걸친 인디오들을 만났다. 진정한 의미에서 최초의 아메리카 문명과 서구 문명이 만나는 순간이었으며, 콜럼버스에게 명성과 재산을 얻게 해준 항해였다.

콜럼버스가 아메리카에서 데려온 원주민은 당시 기독교 공동체인 구라파에 엄청난 파장을 일으켰다. 생긴 모습은 인간과 비슷하나 전혀 다른 인간이었다. 따라서 콜럼버스가 데려온 인디언이 사람인가 동물인가를 종교적으로 판단하는 문제는 엄청나게 센세이션한 일이었다. 만일 누가 우주선을 타고 다른 행성에 가서 외계인을 데리고 왔다고 가정해보라. 지구는 온통 우주인 문제로 난리가 날 것이다. 바로 그와 비슷한 상황이 벌어진 것이다. 많은 논란 끝에 인디언은 '인간'으로 결정이 났다. 지금 생각하면 너무나 우습고 어이없는 일이지만 사실이 그랬다.

만일 인디언이 '인간'이 아니라 '동물'이라고 결정이 났더라면…. 인디언은 인간이었다. 그러나 원죄(原罪)가 없으며, 지적 수준이 무척 낮은 인간이었다. 따라서 이들에게는 교육이 필요했고 구원도 필요했다.

1504년, 콜럼버스의 최대 후원자인 이사벨 여왕이 서거하자 콜럼버스도 점차 그 영향력을 잃어갔으며, 1506년 스페인의 바야돌리드에서 56세를 일기로 쓸쓸한 최후를 맞았다. 콜럼버스는 최후의 순간까지도 자신이 동방의 인도에 다녀온 것으로 믿었다고 한다. 콜럼버스가 사망함으로써 드디어 신대륙에는 '발견자의 시대'가 끝나고 '정복자의 시대'가 열렸다.

아직까지도 콜럼버스의 불분명한 국적을 놓고 이탈리아와 스페인이 서로 자기들의 선조라고 다툼을 하고 있지만 분명한 것은 콜럼버스가 스페인을 일약 세계 최강국의 지위에 올려놓았으며, 이는 동시에 유럽이 세계를 제패할 수 있게 한 중요한 요인이 되었다는 것이다. 1969년 달에 첫발을 내디딘 암스트롱의 업적이 콜럼버스와 비견되기도 하지만, 콜럼버스를 기억하는 사람은 많아도 닐 암스트롱의 이름을 기억하는 사람은 그리 많지 않다.

1992년 유럽, 특히 스페인은 콜럼버스의 신대륙 발견 500주년 기념사업의 일환으로 바르셀로나에서 하계 올림픽을 성대히 치러냈으며, 세비야에서는 세계만국박람회를 개최했다. 또한 무수히 많은 기념사업들이 대서양을 사이에 두고 콜럼버스와 관계 있는 스페인·이탈리아·미국·라틴아메리카 등 여러 나라에서 벌어졌다.

10월 12일은 스페인과 미국을 포함한 아메리카 대륙의 모든 국가들에서 국경일로 지정되어 있다. 따라서 1992년 10월 12일 '신대륙 발견

500주년 기념일'에는 당시의 항해로를 따라 스페인을 출발한 범선들이 뉴욕 항에 입항했으며, 이를 기념하고 축하하는 대대적인 행사가 벌어졌다. 물론 이 같은 행사는 매년 치러지는 것이지만 500주년이 갖는 의미는 더욱 각별한 것일 수 있겠다. 유럽인들의 미래를 확실하게 보장해 줬다는 측면에서 보면, 이후 그 어떤 유럽인도 콜럼버스의 '발견'을 능가하는 기여를 해낼 수 없었다.

그러나 아메리카 인디오의 후예들은 1492년 콜럼버스의 아메리카 대륙 도착이 유럽인들의 무지한 만행에 의해 그들의 땅과 종족을 산산조각 내고 유린하고 수탈한 역사의 원인이 되었기 때문에 이를 반성하고 엄숙히 기념하는 500주년의 해가 되어야 한다고 주장했다. 서로 다른 두 세계의 만남이 이토록 너무도 다른 결과를 낳고 만 셈이다.

최초의 제국주의적 조약, 또르데실야스조약

콜럼버스가 대서양을 통한 인도 항로를 발견하고 식민지를 건설했다는 소식에 접한 해상제국 포르투갈은 곧바로 이의를 제기했다. 콜럼버스가 갔다온 곳은 대서양 중간에 위치한 포르투갈령 마데이라 군도에서 얼마 떨어지지 않은 곳으로, 포르투갈의 영토라는 것이었다.

이에 따라 발생한 양국간의 영토 분쟁은 아조레스와 까보 베르데 섬을 잇는 축으로부터 서쪽으로 100리그(대략 300마일) 떨어진 지점을 경계로 해 동쪽은 포르투갈 영토, 서쪽은 스페인 영토로 한 1493년 교황 알렉산더 6세의 중재안(1493년)에 따라 해결되는 듯했다. 그러나 스페인 출신 교황이 스페인에 지나치게 유리한 판정을 했다는 이유로 포르

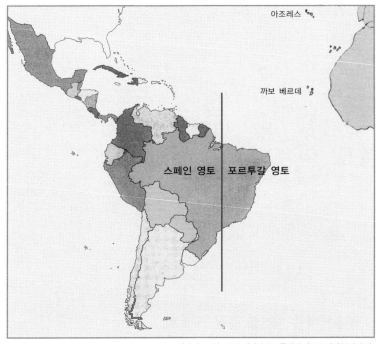

아조레스

까보 베르데

스페인 영토   포르투갈 영토

▲ 또르데실야스조약으로 스페인과 포르투갈의 영토로 나뉜 브라질 땅.

투갈은 이를 거부했다.

이에 따라 약 1년간에 걸친 협상 끝에, 1494년 6월 7일 지구를 양분하여 서로의 영역을 정한 '또르데실야스조약(Tordesillas)'을 체결함으로써 분쟁은 일단락되었다. 이 조약은 아조레스 섬과 까보 베르데 섬을 잇는 축으로부터 서쪽으로 370리그(1100마일) 지점을 양국간의 분계선으로 정하고, 분계선으로부터 동쪽은 포르투갈 지역, 서쪽은 스페인 지역으로 정했다. 이에 따라 당시 아직 그 존재가 구체적으로 알려지지도 않았던 브라질의 동부 지역이 자연스럽게 포르투갈의 영토로 미리 정해지는 결과가 되었다. 이 조약은 해당 지역 주민의 존재와 의사는 아예 고려조차 하지 않고 강대국들 간의 이해에 따라 이루어진 최초의 제국주의적 조약이었다.

실제 포르투갈이 브라질의 존재를 확인한 것은 그로부터 6년 뒤인 1500년 뻬드로 알바레스 까브랄(Pedro Alvares Cabral)에 의해 이루어졌다. 포르투갈은 그 지역을 알기 6년 전부터 이미 브라질 땅을 자신의 식민지로 국제사회에서 인정받았던 셈이다. 말도 안 되는 얘기지만, 포르투갈은 브라질이라는 거대한 식민지를 '외교적 수완'으로 힘 하나 들이지 않고 획득한 것이다. (일부 역사가들은 포르투갈이 까브랄의 항해 이전 이미 브라질 지역의 존재를 알고 있었고, 따라서 스페인과의 협상에서 분계선 긋기에 집착했던 것이라고 주장하기도 한다.)

지중해에서 대서양 중심 세계로

콜럼버스의 신대륙 도착 이후 세계는 커다란 변화를 경험하게 되었다. 유럽인들에게는 지리적으로 세계가 엄청나게 더 넓어졌으며, 지난 1000년 동안의 중세적 사고에서 벗어나 새로운 질서를 만들어갈 수 있었다. 아메리카의 '발견'과 정복은 정치적·경제적·인종적·종교적 측면 등 모든 면에서 많은 변화를 가져왔다.

정치적으로는 포르투갈과 스페인의 서유럽 해양 국가들이 중부 유럽 국가들을 제압하고 세계 강대국으로 등장했다. 특히 스페인은 지난 700여 년간에 걸친 무어 족과의 국토회복 전쟁을 성공리에 마치면서 민족 국가의 틀을 완성하고 유럽 최강국으로 탈바꿈했으며, 아메리카의 식민지를 바탕으로 이후 150여 년 가까이 황금시대를 구가했다. '무적함대' 를 자랑하던 스페인 필립 2세의 "나의 제국에는 해질 날이 없다"는 말은 사실이었다. 아시아의 필리핀은 필립 2세의 이름에서 유래된 지명이다. 포르투갈의 왕위까지 계승한 필립 2세 치하의 영토는 아메리카의 모든 영토와 태평양의 많은 섬들, 아시아의 일부 식민지들, 아프리카 곳곳의 식민지들, 그리고 유럽의 일부 지역 등 전 세계에 걸쳐 있었다.

경제적인 측면에서도 주요한 변화가 있었다.

첫째, 무역의 중심이 지중해에서 대서양으로 옮겨갔다. 신대륙의 등장으로 과거 지중해 중심의 무역이 쇠퇴해진 반면, 대서양을 사이에 두고 아메리카와 유럽국가 간의 교역이 점차 활발해졌다. 즉 신대륙에서 수탈한 엄청난 양의 상품과 신대륙으로 보내지는 상품의 교역이 시간이 지나면서 큰 폭으로 증대되었던 것이다. 바야흐로 대서양의 시대가 열린 것이다.

둘째, 세계무역이 급증하고 농업이 급진적으로 발전했다. 초기 금·은 등의 신대륙 지하자원 수탈에서부터 18,9세기 사탕수수·커피·고무 등의 대단위 경작이 이루어졌다. 감자·옥수수·담배·코코아 등 신대륙으로부터 새로운 농작물 종자가 유입됨으로써 유럽에서는 농업 생산이 증대되었고, 이는 후일 유럽의 인구 증가를 가져오게 하는 요인이 되었다. 늘어나는 인구를 충분히 먹여 살릴 수 있는 식량 공급이 가능했기 때문이다.

셋째, 신대륙으로부터, 특히 지금의 멕시코와 페루로부터 대량의 금과 은이 유입되어 초기 유럽 자본주의 발전을 촉진시켰다. 신대륙 발견 이후 처음 100년 동안 약 16만 킬로그램의 금이 수탈되어 유럽으로 보내졌다. 또 처음 150년간 신대륙에서 유럽으로 보내진 은의 양은 무려

1680만 킬로그램에 달했다. 이는 1980년 현재 소련을 제외한 전체 유럽의 1년간 금 생산량인 약 1400킬로그램의 115배에 해당되며, 1년간 은 생산량(약 130만 킬로그램)의 13배에 해당하는 양이다. '자본주의' 성장의 핵은 두말할 필요 없이 '자본'의 축적이다. 16세기에 들어서면서 유럽에는 암흑의 중세 1000년이 끝나고 근대 민족국가의 태동과 더불어 자본주의가 발아하기 시작했다. 이때 자본의 축적을 가능케 했던 것은 이들 신대륙에서 약탈해온 엄청난 금과 은이었던 것이다.

인종적인 면에서는, 신대륙으로 많은 유럽인들이 이동한 결과 인종 간의 혼혈이 이루어졌다. 특히 유럽에 정치적인 박해가 있거나 경제적인 어려움이 있던 시기에 대량 이주가 이루어졌다.

종교적인 면에서는, 가톨릭 세계가 확장되었다. 16세기에 마틴 루터 등이 이룬 종교개혁으로 유럽에서는 기독교가 구교(catholics)와 신교(protestants)로 양분되었는데, 스페인과 포르투갈의 식민지였던 중남미는 완전히 가톨릭 일색이 되었다. 또한 가톨릭을 국교로 한 스페인의 종교정책은 라틴아메리카에서 가톨릭이 교육에 많은 공헌을 하게 했다. 이는 지금까지도 라틴아메리카의 많은 교육기관이 가톨릭과 연계되어 있는 이유이기도 하다. 현재 4억5000만 인구의 중남미는 수적으로 가장 많은 로마 가톨릭 신자가 살고 있는 지역이다. 실질적으로는 가톨릭의 본거지라고 할 수 있을 것이다. 따라서 라틴아메리카에서 1960년대 말 그들의 고단한 삶과 관련하여 '해방신학'이 나타난 것은 어찌 보면 당연한 귀결이라고 할 수 있다.

끝으로 세계의 유럽화가 이루어지기 시작했는데, 이는 17,8세기를 통해 더욱 가속화되었다. 유럽의 세계 지배가 공고히 되고 유럽 중심의 시각이 전 세계를 지배하게 되었다. 아마도 이것이 콜럼버스로 인해 야기된 변화 가운데 가장 중요한 의미를 갖는 결과일 것이다.

유럽 중심의 사고방식

흔히 우리나라를 극동아시아 또는 동북아시아에 위치한다고 얘기한다. 그렇다면 어디를 기준으로 했기에 '극동'이자 '동북'인 걸까? 대답은 자명하다. 유럽에서 볼 때 한국은 동쪽의 끝에 위치하고 있다. 유럽을 기준으로 한 판단인 것이다. 예컨대 세계문학전집 하나를 봐도 영국·프랑스·독일·이탈리아·스페인·러시아 등의 유럽 작가들이 대부분이다. 그런데도 이를 유럽문학전집이라고 하지 않는다. 유럽이 곧 '세계'인 것이다. 제3세계 작가들이 일부 끼어 있지만 그건 그저 '양념'일 뿐이다.

세계 지도를 보면 유럽이 다른 지역보다 실제 크기에 비해 훨씬 크게 그려져 있다. 그린란드는 호주의 3분의 1도 안 되는 크기인데도 지도에 따라서는 2,3배나 크게 되어 있거나, 적어도 호주와 비슷한 크기로 인쇄되어 있다. 또 프랑스·영국·독일·이탈리아 등 서유럽 국가 전체를 다 합한 면적은 우리가 어떻게 느끼든, 지도에 어떻게 그려져 있든 실제로는 아라비아반도보다 조금 크고 인도보다는 작다. 그럼에도 우리가 초등학교 시절부터 보아왔던 지도에는 유럽 대륙이 아라비아반도나 인도는 말할 것도 없고 아프리카 대륙만큼이나 크게 그려져 있다. 왜 그럴까? 일반적으로 자기보다 덩치가 크면 함부로 싸움을 걸지 못하는 법이다. 싸움을 걸어봐야 질 공산이 큰 때문이다. 고구려가 멸망한 뒤 우

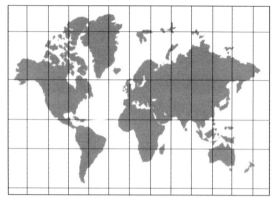

◀ 일반적으로 사용하는 메르카
토르 도법에 의해 그린 지도
(1569).

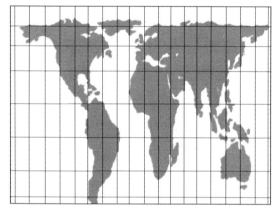

◀ 과거 잘못 그려진 지도를 페
트라스가 교정해 그린 지도
(1977).

리가 언제 중국과 싸우려고 맘이라도 한 번 먹어본 적이 있었던가?

경찰서나 파출소 입구에서 보게 되는 독수리 마크만 해도 그렇다. 국가 권위를 업은 공권력의 상징인 경찰의 모표 위에 독수리가 앉아 있다. 곰의 아들을 시조로 모시고 있고 예로부터 호랑이를 백수의 왕이요 권위의 상징으로 여겨온 우리가 말이다. 왜 이런 걸까? 이유는 간단하다. 독수리는 제우스신의 사자(使者)였으며 로마 제국 황제의 상징이었다. 이후 로마 제국 황제의 권위는 유럽 강대국 군주들의 상징으로 바

꿰었다. 오스트리아 · 독일 · 스페인 · 폴란드 · 러시아 · 미국까지 독수리를 국가 권위의 상징 문양으로 쓰고 있다.

이런 예들에서 분명히 확인할 수 있는 한 가지 사실은 이 모두가 서구 중심의 시각이 낳은 결과라는 점이다. 이미 수백 년을 넘게 사용해와 그런 식으로 굳어져온 것을 바꿔 혼란을 일으킬 필요가 있는가는 논외로 하더라도, 역으로 약소국의 시각에서 세계를 들여다본다면 지금까지는 볼 수 없었던 많은 것을 새롭게 볼 수 있을 것이다. 즉, 정복자의 일방적인 시각과 논리가 아닌 피정복자의 시각과 논리를 통해 사실의 보다 객관적이고 중립적인 인식이 가능해진다는 것이다.

유럽은 '신대륙의 희생'을 바탕으로 발전을 위한 자본 축적이 가능했고, 이후 계속적인 수탈로 세계의 여타 지역을 압도할 수 있는 힘을 갖게 되었다. 그들은 서구 기독교문명을 전 세계에 전파하는 과정에서 타 지역의 문명을 '비문명'으로 치부하고 이를 파괴해왔다. 19세기에 이르러 전 세계의 서구화가 진행되는 과정에서 서구 제국들이 부유해질수록 중남미와 여타 제3세계 국가들은 가난해졌다. 즉 서구 제국의 발전은 여타 국가들의 저발전을 밑거름하여 이루어진 것이다. 그들은 중남미 국가들을 수탈하는 과정에서 발전 · 합리 등의 이름으로 그들의 행위를 정당화했지만, 중남미 국가들의 입장에서 보면 이는 곧 종속이요 비합리였다.

이제 콜럼버스가 아메리카를 '발견'했다는 식의 서구 중심 사고에서 벗어나야 할 때가 되었다. 그렇지 않는 한 우리는 그야말로 영원히 발견이나 당하는 수준에 머물 수밖에 없을 것이다.

중남미에 사는 사람들

'메스티소'의 나라

'라틴아메리카' 하면 대개는 '외채' '빈곤국' '정치 불안' '엄청난 인플레이션' 등의 부정적인 이미지를 떠올리곤 한다. 물론 축구열풍, 리오의 카니발, 고대 문명, 미스 유니버스에 출전한 미녀들, 카리브해의 에메랄드빛 바다, 멕시칸의 흥겨운 모습 등 다른 이미지도 떠올리기는 하나 이것 역시 '발전된 나라'라는 것과는 다른 차원에서의 모습들일 뿐이다. 중남미에서 흔히 듣게 되는 농담 하나를 들어보자.

처녀 마리아에게 그리스도의 탄생을 예견했던 가브리엘 천사가 세상을 창조하고 계시는 하느님에게 불만을 토로했다. 왜 이 지역(이야기하는 사람에 따라 브라질도 되고 베네수엘라도 된다)에는 풍부한 자연자원, 수많은 강과 호수, 기름진 땅, 더없이 좋은 기후 등을 주고 다른 지역에는 그 반도 주지 않느냐고 불평했다는 것이다. 이에 하느님께서 "가

브리엘아, 너는 내가 이곳에 어떤 사람들을 살게 하는지 마저 보고 얘기하거라"고 대답했다는 것이다. 상대적으로 자연조건이 좋은 곳인 만큼 공평을 기하기 위해 그 땅에 '좋지 않은' 사람들을 살게 했다는 얘기다.

일종의 자조 섞인 농담이겠지만, 미국과 중남미의 발전상을 비교할 때 자주 입에 오르내리는 얘기다. 중남미 국가들이 미국처럼 발전하지 못한 것은 미국과 같은 백인사회가 아니기 때문이라는 중남미 일부 지식인들의 주장과 일맥상통하는 이야기다. 그러나 사실 백인의 비율이 미국보다 더 높은 아르헨티나 역시 별다른 차이가 없는 것을 봐도 중남미 국가들의 문제는 인종의 문제가 아니라 스페인·포르투갈 식민통치의 유산 때문이라고 하는 게 더 정확할 것이다.

어쨌든 아메리카에는 몽골 계통의 북아시아 인종 등 다양한 종족들이 수만 년 전부터 이주해 살고 있었다. 그후 우리가 잘 알다시피 1492년 콜럼버스의 신대륙 도착 이후 백인과 흑인까지 이주해왔으니, 지구상의 세 인종이 모두 모여 살게 된 셈이다. 흔히 미국 사회를 얘기하면서 '인종 전시장'이니 '인종의 도가니'니 하는 표현을 쓰지만, 이는 정작 중남미에 더 어울리는 설명일 것이다. 그렇게 다양한 인종들이 섞여 살다보니, 혼혈 역시 자연스럽게 이루어져 메스티소(mestizo)·물라토(mulato)·잠보(zambo) 등의 혼혈인종들이 생겨나게 되었다.

스페인어로 혼혈인이라는 뜻을 가진 '메스티소'는 중남미를 대표하는 인종이라고 할 수 있다. 백인과 원주민인 인디오 간의 혼혈인을 메스티소, 백인과 흑인 간의 혼혈인을 물라토, 인디오와 흑인 간의 혼혈인을 잠보라고 하는데, 이들을 통칭하여 그냥 메스티소라고 부르기도 한다. 사실 지난 수백 년 동안 피가 수십 수백 번도 더 섞였을 터인데 더

세밀한 분류가 무슨 의미가 있겠는가.

대개 한 국가의 인구 구성을 얘기할 때면 ○○족, ××족 하는 식으로 민족을 단위로 구분하는 게 상례지만, 라틴아메리카에서는 그런 민족 단위라는 게 큰 의미를 지닐 수 없다. 민족 이전에 인종을 단위로 결합되있기 때문이다. 물론 각 인종의 민족까지 세분화해서 설명할 수도 있겠으나 그 이전에 백인·흑인·황인·혼혈인의 4개 인종으로 나누는 게 더 적절하다고 하겠다.

그런데 백인과 흑인, 원주민들의 지역적 분포를 보면 얼마간 차이를 보인다. 예를 들면, 백인들은 아르헨티나나 우루과이 등 주로 온대지방에 많이 살고 있다. 반면 원주민인 인디오들은 고산지대에 많이 살며, 흑인들은 카리브해 연안에 주로 거주한다. 자신들이 본래 살았던 곳과

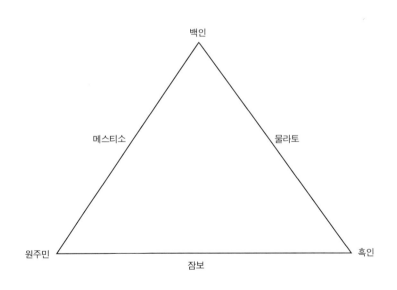

〈도표1〉 중남미의 인종 구성

기후 조건이 비슷한 지역을 택해 살고 있는 셈이다.

백인천하, 중남미

백인은 아이티를 제외한 중남미 전 지역에 고루 분포해 있다. 중남미 국가들이 유럽인들의 이민을 정책적으로 적극 받아들인 결과이다. 백인들은 특히 남미 온대지역인 아르헨티나, 우루과이, 칠레 남부, 브라질 남부의 해안지대, 그리고 코스타리카와 쿠바에 많이 살고 있다.

국가에 따라 차이가 있겠지만 이들 중 많은 수가 스페인·이탈리아·포르투갈로부터 이민 온 사람들이다. 특히 중남미 지방의 발전은 많은 부분 19세기 말과 20세기 초에 이민 온 이들 구라파인들, 특히 이탈리아인들의 집단 이민에 의해 이루어졌다고 할 수 있다. 백인들은 전 지역에 퍼져 있지만 특히 아르헨티나는 인구의 98퍼센트가 백인으로 캐나다 남쪽으로는 유일한 백인만의 국가라는 자부심을 가지고 있을 정도이다.

그런데 왜 아르헨티나는 여타 중남미 국가들과는 달리 백인만의 국가가 되었을까? 가장 큰 원인은 그 지역에 안데스나 멕시코 고원지대에 있던 잉카나 아스텍과 같은 고도로 문명화된 제국이 없었다는 점이다. 즉, 아마존의 거대한 삼림이나 팜파의 초원지대에는 문명이 낙후된 적은 수의 인디오들이 살고 있었을 뿐이다. 그래서 새로운 힘에 대한 방어력이 상대적으로 약할 수밖에 없는 이들이 조직적으로 약탈, 살해당했던 것이다. 1879년에는 로까 장군이 이끄는 군대가 인디오 소탕전을 벌여 그나마 있던 적은 수의 인디오마저 전멸시키다시피 했다. 마치 미국의 카스터 장군이 인디언을 잔인하게 학살했던 것처럼 말이다. 또한 기후조건은 노동력의 착취를 위해 아프리카에서 끌고온 흑인들이 살기에 부적합했다. 따라서 아르헨티나는 인디언과 메스티소가 많은 볼리비아나 파라과이와도 다르고 흑인이나 물라토가 많은 브라질과도 다른 인종 구성을 이뤄 오직 백인만의 나라가 된 것이다. 실제로 오늘날의 아르헨티나에서는 인디언이나 흑인은 거의 찾아보기 어렵다. 부에노스아이레스 거리를 거닐면 파리나 런던 등 유럽 어느 대도시보다도 백인이 더 많다는 것을 피부로 느낄 수 있을 정도다.

사실 스페인과 포르투갈은 식민지정책으로 자국민 이외에는 신대륙 이민을 허락하지 않았다. 그러나 19세기 초 중남미 국가들이 독립을 달성한 이후 스페인·이탈리아·포르투갈·독일·유고슬라비아·폴란드·우크라이나 등지에서 정치 경제적인 어려움이 있을 때마다 많은 수의 사람들이 신대륙으로 이주해왔다. 특히 1870~1910년 유럽의 정치적 혼란기에 아르헨티나·우루과이·브라질·칠레 등지로 많이 쏟아져 들어왔다. 또 제2차 세계대전 이후 약 1200만 명의 백인이 이주해왔는데 그 가운데 7,800만 명은 아르헨티나에 4500만 명은 우루과이와 브라질에 집중적으로 정착했다. 이들 백인들은 수적으로야 전체 중남미 주민의 3분의 1 정도지만 실질적으로는 모든 국가에서 정치적인 권력과 경제적 부를 독차지하고 있다. 각국의 대통령을 포함해 입법·사법부의 장, 각 부처의 장관, 군 참모총장 등의 고위관직과 추기경 등 교회의 고위직은 거의 모두가 백인들이다. 한마디로 중남미는 '백인천하'인 것이다.

1996년 9월 김영삼 대통령이 중남미를 순방했을 때를 상기해보자. 첫

국 가　　　인 종	백인	메스티소	인디오	흑인	물라토	기타
아르헨티나	98	2				
볼리비아	15	31	45			9
브라질	53	12	0.1	11	22	일본 0.8
콜롬비아	20	58	1	4	14	3
코스타리카	86.8	7				6.2
쿠바	66			12	21.9	중국 0.1
칠레	30	68	2			
에콰도르	8	40	52			
엘살바도르	1	94	5			
과테말라	4	42	53			
온두라스	1	90	4	5		
아이티				90	10	
멕시코	15	55	30			
니카라과	14	69	4	8	5(잠보)	
파나마	12	59.5	7.5	14		아시아 4
파라과이	1.7	90.8	3			4.5
페루	12	32	54			1.8
도미니카 공화국	15			10	75	
우루과이	90.2	3			1.2	5.6
베네수엘라	20	69	2	9		

방문지였던 과테말라에서 중미 5개국의 수뇌들과 합동 정상회담을 가졌는데, 그 5개국 정상들 모두가 백인이었다. 그러나 〈도표2〉에서 보듯이 온두라스나 엘살바도르는 전체 인구 중 1퍼센트만이 백인일 뿐이다. 그런데도 만나서 얘기하는 건 당연히 백인들이다. 라틴아메리카는 백인이 주인인 지역인 것이다.

인디오가 전체 인구의 50퍼센트 이상을 차지하는 페루, 또 전 국민의

60퍼센트 가까운 숫자가 혼혈인 메스티소여서 '메스티소 국가'라고 자부심 있게 얘기하는 멕시코를 보자. 이들 나라 역시 대부분의 고위관직은 백인들이 차지하고 있으며, TV에 나오는 인기 스타나 앵커들까지도 모두 백인이다. TV만 본다면 이곳이 과연 메스티소의 나라인지 아니면 백인의 나라인지 구별할 수 없을 정도이다. 게다가 중남미의 백인들은 그들 나라의 메스티소나 인디오와 동질성을 느끼기보다 다른 나라의 백인, 특히 유럽의 백인들과 더 일체감을 느끼고 있다. 이러다보니 상류 지배층인 백인 세계와 피지배층인 메스티소 · 인디오 세계로 '이중사회'가 굳어지고 말았다. 이 같은 이중적 사회구조는 정치 · 경제 · 사회 · 문화 등 모든 분야에 뿌리 깊게 박혀 있으며, 중남미 발전과 통합에 커다란 저해요소로 작용하고 있다.

뻬닌술라레스와 끄리올요

300여 년간의 스페인 식민통치기를 거치면서 백인들 사이에는 점차 '뻬닌술라레스(peninsulares)'와 '끄리올요(criollos)'라는 신분 구분이 생겨났다. 뻬닌술라레스는 스페인(이베리아반도)에서 태어난 백인으로 정부 · 군대 · 교회의 고위직을 독차지하는 확실한 지배계층이었다. 이들은 스페인에서 태어났다는 사실만으로 출세를 보장받기 때문에, 지배층의 부인들은 단지 자식을 분만하기 위해 수개월간의 고통을 참으며 스페인으로 가기도 했다.

끄리올요는 아메리카 태생의 백인으로 경제적 부와 지식이 풍부하다 해도 고위 공직에 오를 수가 없었다. 부모가 스페인의 고위 귀족이거나 식민지 총독이라 하더라도 그 자신이 아메리카에서 태어나면 끄리올요로 간주되었다.

스페인은 식민통치기간 동안 170명의 부왕(副王)을 임명했는데 이중 166명이 뻬닌술라레스였고 4명만이 끄리올요였다. 또 602명의 총독 중에 끄리올요 출신은 14명에 지나지 않았다. 교회에는 어느 정도 끄리올요의 진출을 허용하고 있었지만, 606명의 주교 중 15퍼센트인 105명만이 끄리올요였다. 그러나 이들 끄리올요들은 아메리카에 대해 뻬닌술라레스보다 훨씬 잘 알고 있었다. 또한 끄리올요의 수가 뻬닌술라레스들보다 점차 많아지자 이들은 자신들의 부당한 처우에 대해 불만을 갖게 되었으며, 결국 이들은 스페인으로부터의 독립전쟁을 주도하게 되었다. 그러나 일단 독립을 달성한 이후, 이들 끄리올요들은 자신들의 기득권을 위협하는 어떠한 사회개혁이나 농지개혁에도 반대하는 반동적인 집단이 되었다.

결과적으로 중남미의 독립은 새로운 근본적 혁신과 변화를 가져온 것이 아니라, 지배층이 뻬닌술라레스에서 끄리올요로 바뀌는 변화만 있었을 뿐인 것이다. 이는 중남미 국가들이 독립 이후 지금까지도 사회개혁이나 농지개혁을 하지 못하고 있는 중요한 원인 가운데 하나가 되고 있다.

소외된 옛 주인, 인디오

유럽인들이 도래했을 때 아메리카에는 여러 종족의 원주민 인디오들이 살고 있었다. 북미 중부지역에 살던 아파치 족, 남미의 아마존이나 팜파지역의 보로로 족, 보또꾸도 족 등 수렵과 채집에 의존해 살던 소수의 원주민이 있었는가 하면 멕시코의 아스텍 제국, 안데스의 잉카 제국 등과 같이 고도로 발달한 정치체제를 갖춘 종족도 있었다. 당연히 이들 아스텍 제국과 잉카 제국은 인구수도 많았으며 높은 수준이 문화를 갖고 있었다. 아스텍 제국의 인구는 2000만 명으로 추산되며 잉카제국도 그와 비슷한 숫자였을 것으로 추정되고 있다.

이들 원주민의 인구는 학자에 따라 큰 차이를 보이는데, 1500년경에는 대략 7,8000만 명이었을 것으로 추산하고 있다. 그러나 스페인이 아메리카에 도착한 지 100년이 지난 1600년경에 원주민의 수가 그 10분의 1로 줄어들었다. 물론 당시 인구조사가 제대로 시행되었을 리 없었을 테니 정확한 숫자는 아니겠지만 상상을 초월하는 인구 감소가 아닐 수 없다. 유럽인과 접촉한 지 불과 100년 만에 어떻게 이 같은 엄청난 인구 감소가 발생한 것일까? 현대와 같은 대량살상무기는커녕 공기총보다도 못한 원시적 총과 창칼에 의한 전쟁이 있었을 뿐임을 감안할 때 얼른 이해가 되지 않는 대목이다.

도대체 어떻게 된 일일까? 우선은 스페인군과의 전투에서 전사했거나 스페인 군대에 의한 집단적이고 체계적인 학살을 떠올릴 수 있을 것이다. 또한 다른 정복자들이 황금을 찾기 위해 원주민 노동력을 혹독하게 착취하고 이들을 굶주리게 한 결과 원주민 사회조직과 가정이 파괴되어 일어난 일로 짐작해볼 수 있겠다. 그러니 이런 원인들도 물론 크게 작용했겠지만 가장 결정적인 원인은 엉뚱하게도 백인들이 가져온 천연두·홍역·발진티푸스 등 구대류의 질병들이었다. 원주민들은 스페인인들과의 접촉을 통해 이 질병들에 무방비로 감염되었고, 이에 대한 면역이 없어 수없이 죽어갔던 것이다. 이는 미국의 우주비행사들이 지구를 벗어나 외계에 다녀오면 제일 먼저 하는 일이 철저한 방역인 것을 생각하면 쉽게 이해할 수 있다.

인디오들은 농장과 광산에서 각종 노역에 동원되었으며, 일부 인디오들이 적은 규모의 농지를 소유하기도 했으나 대다수는 토지가 없는 노동자로 마치 머슴처럼 일했다. 그렇게 수백 년간의 삶이 지속되어 백인 지주와 인디오 노동자는 충성과 보호를 주고받는 주종관계로 정착되었다.

원주민의 수가 가장 많은 국가는 아스텍 제국의 수도 '떼노치띠뜰란'이 있었던 멕시코로 대략 2500만 명(전체 인구의 30퍼센트 정도)에 달하고 있다. 잉카 제국의 근거지였던 페루는 1200만 명(전체 인구의 54퍼센트)이 원주민으로 이중 90퍼센트는 께추아 족이고 10퍼센트는 아이마라 족이다. 에콰아도르는 전체 인구의 52퍼센트가 께추아 족이며, 과테말라 역시 전체 인구의 53퍼센트가 원주민으로 그 대다수가 마야 족의 후예들이다. 또 볼리비아는 전체 인구의 45퍼센트가 원주민이다. 기타 국가에서 원주민의 수는 〈도표2〉에서 보듯이 소수이다.

그러나 이 같은 통계수치는 국가마다 실제와는 상당히 다르게 발표되고 있다. 이는 원주민의 존재 자체가 미개지역, 낙후된 사회의 표징으로 간주되기 때문이다. 라틴아메리카 국가들은 발전이 안 된 후진국이라는 이미지가 씌워지는 것을 우려해서 인구조사 시 가능하면 그 숫자를 줄여서 발표하고 있다. 자료에 따라 인구통계가 서로 많은 차이를 보이는 이유 중 하나가 바로 원주민 수의 부정확성 때문이다.

또 원주민의 개념도 정확치 않다. 국가에 따라서는 스페인어를 전혀 하지 못하는 사람만을 원주민에 포함시키기도 하기 때문이다. 스페인어를 어느 정도 이해하면 원주민이 아니라 메스티소로 간주하는 것이다. 중남미 국가들의 인종 구성 발표에서 인디오와 메스티소의 구분을 어떻게 하는지는 눈여겨볼 대목이다. 일반적으로 스페인어를 말할 수 있으면 메스티소로 간주되고 있다.

1996년 8월 7일에는 아메리카 대륙 33개국에 흩어져 살고 있는 원주민 대표들이 에콰도르의 수도 키토에 모여 원주민의 권리 보장을 촉구하는 '미주 원주민대회'를 열기도 했다. 이 대회에는 과테말라 군사정부의 원주민 학살을 고발해 1993년 노벨평화상을 받은 멘추를 비롯해, 멕시코 마야계 원주민의 게릴라 조직인 '사파티스타 민족해방전선' 대표, 에콰도르 원주민연맹 호세 카방스캉고 의장 등이 참석했다. 이들은 아메리카 원주민들의 사회적 권리뿐 아니라 그들의 언어 및 민주화 과정에서의 역할까지도 토론했다. 과거 중남미 대륙의 주인이었던 이들이 이제는 조금이라도 자신들의 권리를 향상시키기 위해 새로운 주인인 백인들에게 '아량'을 베풀 것을 호소하고 있는 것이다.

팔려온 흑인 노예

스페인인들은 '엘 도라도(El Dorado)', 즉 금과 은이 무진장 있는 '황금향' 인디아를 찾기 위해 항해하다 우연히 신대륙 아메리카에 도착했다. 유럽인들에게는 바야흐로 희망에 찬 새 역사의 팡파르가 울리는 순간이었겠지만, 아메리카 원주민들에게는 죽음보다 못한 절망과 고통의 서막이 열리는 순간이었다.

그로부터 원주민들은 가혹한 노동 착취에 못 이겨 수없이 죽어갔고, 또 일부는 강제노역을 피해 스페인인의 손이 미치지 않는 더 깊은 오지로 숨어 들어갔다. 그렇게 해서 해발 3000미터가 넘는 안데스 산맥의 깊은 산속, 스페인군의 발길이 닿지 않는 곳에 건설된 '하늘의 궁전'이라고 불리는 잉카의 마추피추 신전은 주위의 산들 때문에 접근이 불가능해 20세기까지도 발견되지 않을 수 있었다.

▶ '하늘의 궁전' 이라 불리는 잉카의 마추피추 신전.

한편 원주민에 대한 스페인 정복자들의 인간 이하의 처우와 가혹한 노동 착취는 신대륙에 하느님의 복음과 사랑을 전파하기 위해 파견된 신부들을 곤란하게 만들었다. 눈앞에서 벌어지는 끔찍한 일들을 보며 신부들은 양심의 가책을 받을 수밖에 없었을 것이다. '인디언의 보호자'라 불리는 까사스(Bartolomé de las casas) 신부는 원주민의 보호와 처우 개선을 로마 교황청과 스페인 정부에 요구하며 수십 년간 힘겨운 싸움을 했다. 이 같은 까사스 신부의 노력으로 스페인의 가톨릭 왕 이사벨 여왕은 1512년 '인디언 보호법(leyes de Burgos)'을 발표했다. 실질적으로 큰 성과는 없었지만, 이로써 원주민에 대한 가혹한 노동 착취가 부분적으로나마 제한될 수 있었다.

그러나 이 같은 조치는 당연히 신대륙에서 노동력 부족을 야기했다. 그래서 금과 은을 채굴하기 위한 노동력을 보충하기 위해 아프리카에서 흑인들을 수입하게 되었다. 시간이 지나 흑인 노예들은 사탕수수·고무·커피 등을 재배하는 대농장이 번성함에 따라 이들 농장에서 일하게 되었다.

흑인들은 그들이 살았던 아프리카 중서부와 기후조건이 비슷한 서인도제도 및 베네수엘라 북부, 브라질 북동부, 대륙의 해안 저지대 등 아열대지대에 많이 살고 있다. 이들 흑인들은 원주민들과는 달리 서구문화에 순응하여 동화가 빠른 편이다.

현재 흑인이 가장 많은 국가는 아이티로 전체 국민의 90퍼센트가 순수 흑인이며 나머지 10퍼센트도 백인과 흑인의 혼혈인 물라토다. 아이티는 전체 인구가 흑인으로만 구성되어 있는 라틴아메리카 유일의 국가로, 아프리카에서 백인 식민통치를 받았던 국가들과 인구 구성 면에서 거의 유사하다. 아이티는 1804년 중남미에서는 처음으로 식민통치를 벗어나 독립을 달성했다. 1988년 듀발리에 부자(父子)의 30년 가까운 독재에서 겨우 벗어났으나 다시 쿠데타 등의 정치적 혼란을 겪으며 민주화의 진통을 겪고 있다. 중남미에서도 경제적으로 가장 뒤떨어지고 발전이 안 된 국가에 속한다.

반면 아이티와 이웃하고 있는 도미니카 공화국은 흑인 10퍼센트, 물라토 75퍼센트로 역시 흑인 국가지만, 그 나머지 15퍼센트의 백인들이 지배층을 형성하고 있다. 쿠바는 12퍼센트가 흑인이고 22퍼센트가 물라토다. 3명 중 1명은 검은 피부를 가지고 있는 셈인데 브라질 역시 흑인 비율은 이와 비슷하다.

사실 흑인과 물라토의 구분은 애매하다. 미국의 경우에는 백인에 흑인의 피가 한 방울이라도 섞이면 흑인으로 간주하지만, 라틴아메리카의 경우에는 흑인에 한 방울의 백인 피라도 섞이면 흑인으로 간주하지 않는다. 물론 백인은 아니지만 새로운 인종인 물라토가 되는 것이다.

기타 콜롬비아(전체 인구의 18퍼센트), 파나마(15퍼센트), 니카라과(13퍼센트), 베네수엘라(9퍼센트), 온두라스(5퍼센트)의 해안 지대에 많은 흑인들이 살고 있다. 특히 파나마의 경우 대서양과 태평양을 잇는 파나마 운하를 건설하기 위해 많은 흑인 노예들을 들여왔다.

금은보화를 찾아나선 백인

사실 스페인과 영국의 신대륙 개척사는 기본적으로 판이한 출발점을 갖고 있다. 스페인은 금과 은 등 보화를 찾아서 신대륙에 온 것이고, 영국은 종교적 박해를 피해 신대륙에 이주한 것이었다. 따라서 스페인 사람들은 한 손에 무기를, 다른 손에는 포도주를 가지고 신대륙에 도착했다. 이들은 이곳에서 한 재산 모아서 스페인으로 돌아가는 것이 유일한 꿈이었다. 이들에게 인디언 처녀들은 단지 성적 욕구을 해소하기 위한 대상일 뿐이었다. 그들과 새로운 삶을 꾸릴 생각이 선혀 없었다는 얘기다. 따라서 백인들은 인디언 처녀들과의 사이에서 태어난 아이(메스티소)에 대해서는 조금도 관심이 없었다. 자연 그 아이는 인디언 어머니 손에 전통적인 인디언의 방법으로 키워질 수밖에 없었다. 그리고 그들은 무책임한 백인 강탈자들에 대해 불만과 적대감을 키울 수밖에 없었을 것이다. 그러면서 점차 메스티소는 그 수가 늘어갔다.

반면 종교적 박해를 피해 메이플라워호를 타고 아메리카에 온 영국인들은 전 가족은 물론 동물들까지 데리고 이주해 정착했다. 당연히 이들은 인디언과 피를 섞지 않았으며, 영국으로 되돌아가지도 않았고, 그들끼리 신대륙에서 보다 안정된 삶을 추구하기 위해 노력했다. 게다가 박해를 피해온 탓에 기후나 생활 조건이 열악한 곳을 스스로 찾아 들어갔다. 따라서 상대적으로 인디언 수가 적은 곳을 점하게 되었고, 교류가 적은 탓에 혼혈인의 수도 늘어나지 않을 수 있었다.

그런데 혼혈인 중 잠보의 숫자가 의외로 적다. 이는 원주민과 흑인들의 교류가 극히 제한되어 있었다는 것을 의미하는데, 고산지대에 거주하는 인디언과 열대 해안지역에 거주하는 흑인들은 우선 거주지역이 서로 멀었기 때문에 혼혈이 적을 수밖에 없었던 것으로 보인다. 어쨌든 종족간의 결합이 많았던 탓에 다른 대륙에 비해 전통적으로 수용적인 태도를 보이기는 하지만, 라틴아메리카가 미국이나 일부 유럽 국가들에 비해 인종차별 문제가 적으리라고 보는 것은 잘못이다. 앞에서도 여러 번 설명했지만, 라틴아메리카의 지배층은 거의 대부분 백인이기 때문이다.

가장 늦은 이민자 동양인

라틴아메리카에 정착한 동양인, 특히 동아시아인의 수는 별로 많지 않다. 브라질·아르헨티나·페루·파나마·쿠바 등지에 극히 적은 수가 살고 있을 뿐이다. 한국·중국·일본 등에서의 라틴아메리카 이민은 19세기 중반 이후 기아에 굶주린 백성들이 보다 나은 삶을 찾아 하급 노동자, 즉 '쿨리(coolie)'로 팔려가면서 시작되었다. 많은 중국인들이 미국의 대륙간 횡단 철도를 부설하는 데, 또 태평양과 대서양을 잇는 파나마 운하를 건설하는 데 투입되었다. 또한 쿠바의 사탕수수 농장에도 많은 중국인들이 들어와 일했다.

일본인들의 라틴아메리카 이민도 중국의 경우와 마찬가지로 19세기 말경부터 시작된, 먹을 것을 찾아 떠난 이민이었다. 많은 일본인들이 브라질과 페루를 중심으로 농업 이민을 떠났으며, 이들의 후손들이 이 두 국가에서 크게 번창했다. 브라질에서는 일본인 2세나 3세들이 일본보다도 더 넓은 땅을 갖고 있다고 얘기될 정도이며, 상파울루는 완전히 동양인의 상업도시가 되었다. 또 일부 장관이나 의원으로 일본인 2세들이 선출되기도 했다.

페루로도 많은 일본인이 이민했는데, 일본인 2세인 후지모리가 1990년 대통령에 당선되어 세계를 놀라게 했다. 페루인들이 일본인처럼 얼굴을 성형하는 것이 유행이 될 만큼 일본의 라틴아메리카 이민은 성공적이었다고 할 수 있다.

우리나라의 라틴아메리카 이민도 중국·일본과 마찬가지였다. 구한말인 19세기 말에 일부 백성들이 먹을 것을 찾아 하와이의 농장으로 팔려가고, 또 일부는 멕시코 유카탄 반도의 사탕수수 농상에 하급 노동자로 팔려갔다. 하와이로 간 우리의 선조들은 사탕수수 농장에서 온갖 고생을 하며 우리나라의 아메리카 이민 1세가 되었다. 그 하와이 이민보다 조금 늦게 멕시코로 우리의 선조들이 팔려갔다. 〈애니깽〉이라는 연극과 영화가 바로 조선조 말 멕시코로 팔려간 우리 선조들의 애환을 그린 것이다. 그럼에도 불구하고 1960년대까지 중남미는 여전히 우리에게 낯선 대륙이었다.

한민족의 중남미 이민은 1970년대 들어 농업 이민으로 다시 시작되었다. 그러나 대부분의 이민자들은 원래 계획했던 농업 생산을 위해 지방에 정착하지 않고 부에노스아이레스, 상파울루 등 대도시로 진출하여 상업에 종사했다. 이민 수용국에서는 이 같은 이민자들의 대도시 집중을 달가워하지 않았으며, 결국 이들 국가들이 한국인 이민을 받아들이지 않는 정책으로 나타났다. 그래서 1980년대 후반 들어서부터는 아르헨티나·칠레·브라질에 가기 위해 우리나라 사람들은 상당히 까다로운 입국심사를 거쳐야만 했다. 2001년 현재 중남미에 거주하고 있는 우리나라 사람은 약 9만 명 정도로 이들 대다수는 아르헨티나의 부에노스아이레스와 브라질의 상파울루에 살고 있다.

정복과 수탈의 역사

정복사업의 '민영화'

콜럼버스 이후 스페인 왕국은 본격적인 신대륙 정복에 나섰다. 그러나 신대륙 정복은 정규군에 의해서도 아니고 국고(國庫)에 의하지도 않았다. 당시 스페인은 이슬람 세력의 마지막 왕국인 그라나다를 정복함으로써 지난 700여 년간에 걸친 이슬람의 지배를 막 벗어난 상태였다. 따라서 경제적 사정이 별로 좋지 않았던 스페인 왕실은 정복자들과 개별적으로 협정을 맺고 이들에게 식민지를 개척할 수 있도록 법적인 보장을 해주었다. 대신 정복자들은 신대륙에서 얻는 수익의 5분의 1을 왕실에 바쳐야 했다. 물론 인디언을 가톨릭으로 개종시켜야 한다는 의무 규정도 있었지만, 이는 형식적인 것에 불과했다. 오늘날로 말하면 '정복사업의 민영화'인 셈이다. 따라서 이들 정복자들은 마치 정복 지역의 총독처럼 군사·행정·사법의 모든 권한을 스페인 왕실로부터 넘겨받아 전권을 행사했다.

정복자들은 대부분이 상속권이 없는 귀족들의 차남이거나 전직 군인 또는 모험가들이었다. 지배계층만이 아니라 많은 수의 평민, 혹은 하층 출신의 사람들도 자원하여 신대륙 모험에 도전했던 것이다. 이는 무엇보다도 그것이 많은 재산을 얻을 수 있는 기회가 되었기 때문이다. 오로지 일확천금이 목적이었던 것이다. 처자식을 대동하고 볍씨와 소와 말까지 데리고 갔던 영국계의 식민지 개척과는 달리, 스페인인들은 정착은 아예 꿈도 꾸지 않았다. 게다가 잘만 하면 귀족 신분을 획득할 수도 있었다. 그러나 스페인은 피의 순수성을 강조하여 당시 스페인에서 쫓겨났던 북부 아프리카의 무어 족이나 유태인들이 신대륙으로 가는 것을 일절 허용하지 않았다.

신대륙 정복자들의 면면을 보면, 중앙아메리카의 마야 왕국을 정복한 디에고 알마그로, 칠레를 정복하고 산띠아고 시를 설립한 발디비아, 남미 북부의 칩차 왕국을 정복한 께사다, 아르헨티나를 탐험하고 부에노스아이레스 시를 설립한 멘도사 등을 꼽을 수 있다. 그러나 스페인의 라틴아메리카 정복에서 가장 중요한 위치를 차지하는 인물은 두말할 필요 없이 아스텍 제국을 정복한 코르테스(Hernán Cortés, 1485~1547)와 아메리카 최대 왕국인 잉카 제국을 정복한 피사로(Francisco Pizarro, 1476~1541)이다. 이들은 숫자는 적었지만 2000만 명 이상으로 추산되는 잉카와 아스텍 등 고도의 문명 제국을 단기간에 정복했다.

이들에 의해 신대륙 정복이 1560년대를 끝으로 일단락되자, 이후에는 스페인 왕실의 직접적인 식민통치가 시작되었다. 아스텍 제국(1521), 중앙아메리카의 마야 왕국(1525), 페루의 잉카 제국(1535), 콜롬비아의 칩차 왕국(1538), 멕시코 유까딴 반도의 마야 왕국(1545) 등 아메리카 대륙의 거대한 제국들이 불과 50년 안에 완전히 정복·파괴되었다. 그러나 변방의 낙후된 지역에 살던 소수의 인디언 종족은 오히려 정복되는 데 더 오랜 시간이 걸려, 19세기까지 정복되지 않았던 곳도 일부 있었다.

칼을 앞세운 '구원사업'

로마 교황으로부터 '가톨릭 왕 부부'라는 명예로운 칭호를 받은 스페인 왕국의 이사벨 여왕과 페르난도 왕은 유럽에서 종교개혁으로 힘이 약해진 가톨릭(구교)을 수호하고 신대륙에 구교를 전파하기 위해 노력했다. 이사벨 여왕은 "우리가 구원할 인디언이 1명밖에 없다고 하더라도, 우리는 정복에 나서야 한다"라고 신대륙 정복의 명분을 밝혔다. 따라서 처음부터 신대륙 정복에는 고위 성직자가 동행했다. 그러나 가톨릭의 전파는 평화적으로 이루어진 것이 아니라 강요와 폭력에 의한 일방적인 것이었다. 정복자들은 인디언들이 가톨릭으로 개종할 것을 강요했고, 따르지 않을 경우 무참한 살육을 자행했다. 이들은 통역도 없이 인디언들에게 공증인 앞에서 성스런 가톨릭 신앙으로 개종하도록 권고하고 최후통첩을 했다.

"만일 너희들이 그렇게 하지 않으면, 또는 고의로 그렇게 하는 것을 미룬다면 우리는 신의 도움을 받아 너희들과 충돌하게 될 것이며, 우리에게 가능한 모든 방법으로 너희들을 가톨릭교회 및 우리 폐하의 법령과 지시에 따르게 하고, 여자와 아이들을 노예로 만들고, 너희들의 재산을 빼앗으며 (…) 이 같은 것을 너희들에게 확약한다."

　인디언들의 입장에서 보면, 이건 정말 기가 막힐 일이었다. 통역도 없는 상황이니, 마치 귀머거리에게 내 말을 따르지 않으면 죽일 것이라고 하는 것과 마찬가지였던 것이다. 결국은 다 죽이게 되어 있었던 셈이다. 다만 양심의 가책을 벗어나기 위한 절차가 필요했을 뿐인 것이다.

　교황 알렉산더 6세는 스페인과 포르투갈 왕실에 인디언을 가톨릭으로 개종시키도록 허가했다. 게다가 1508년에는 교황 율리우스 2세가 신대륙에서 교회를 설립하고 운영할 수 있는 권한과 교회 성직자 임명권을 스페인 왕에게 부여함으로써, 신대륙에서 활동하기를 원하는 성직자는 로마 교황보다 스페인 왕실의 눈치를 더 살펴야 했다. 물론 다수의 사제들이 인디언 보호를 위해 노력한 바가 없지 않았다. 이들의 헌신과 봉사와 이해는 인디언들의 존경과 사랑을 받았으며, 결국 이들의 노력과 헌신에 의해 이후 라틴아메리카 전체가 가톨릭 대륙이 되었다고도 할 수 있다. 이들 사제들은 인디언 종족의 문화와 관습 등을 연구하고, 이들에게 생활향상 방법을 교육했다. 또한 께추아·과라니어 등 인디언 언어들을 배워 많은 문학작품도 번역했다.

　그러나 이후 국가와 종교는 점차 밀착되어갔으며, 종교는 민중 편을 들지 않았다. 1980년대 중반 한국에서도 개봉된 적이 있는 〈미션〉이라는 영화는, 브라질과 파라과이 국경에 있는 이과수 폭포 주위에 사는 인디언을 개종시킨 신부의 이야기를 담은 것이다. 신부들의 반대에도 불구하고 교회가 국가의 압력에 굴복하여 결국 가톨릭으로 개종한 인디언을 모두 죽이게 방관한다는 내용이다. 이렇듯 가톨릭의 전파는 국가의 이익에 해가 되지 않는 범위 내에서 행해졌을 뿐이다.

교회는 신앙 활동 등 본래의 업무 외에도 사적 업무까지 담당하게 되었으며, 교육·공공복지 문제들에까지 영역을 넓혀갔다. 이는 교회의 권한을 지나치게 비대화시켰으며, 지금까지도 라틴아메리카에서 교회의 힘은 주민들과 사회 곳곳에 미치지 않는 곳이 없을 정도다. 이로 인해 국가에 따라 조금씩 차이는 있지만, 교회는 국가와 밀착해 많은 부를 축적해왔고 군부와 대지주와 더불어 중남미의 3대 세력으로 자리잡았다. 구띠에레스(Gustavo Gutiérrez) 신부에 의해 이론화된 해방신학이 1970년대 이 지역에서 크게 번진 것은 결코 우연이 아닌 것이다.

아스텍 제국과 코르테스

중남미 정복의 두 주역이었던 코르테스나 피사로는 스페인의 산골 오지인 엑스뜨레마두라 지방 출신이었다. 그러나 두 사람의 신분은 큰 차이가 났다. 코르테스는 귀족 출신으로 스페인 최초의 대학인 살라망까 대학에서 공부한데 반해 피사로는 하층민 출신이었다. 그런 두 사람의 개인적 차이만큼이나 신대륙 정복 과정도 많은 차별성을 보였는데, 코르테스가 어느 정도 아스텍 제국을 이해하려 했던 데 비해, 피사로는 잉카 제국을 무척 잔인하고 철저하게 파괴했다.

살라망까 대학에서 법률을 공부한 코르테스는 20살이 되던 1504년 신대륙 인디아를 향해 큰 꿈을 안고 출발했다. 15년 동안 식민지 정복의 전진기지인 쿠바에서 많은 경험을 쌓은 코르테스는 1519년 유카탄 반도를 탐험하라는 명령을 받고 9척의 배에 110명의 승무원, 553명의 병사, 16마리의 말, 14문의 대포를 가지고 멕시코를 향해 출발했다. 멕시코의 유까딴반도에 도착한 코르테스는 수년 전 파나마에서 난파당해 원주민과 살고 있던 스페인군 출신인 아길라를 우연히 만나 인근의 유까떼까 족을 정벌하고 이들로부터 내륙의 거대한 아스텍 제국에 대한 정보를 입수하게 된다. 그 과정에서 코르테스는 원주민 처녀 말린체를 통역 겸 정부로 삼았다. 말린체는 어떤 의미에서는 최초로 백인과 살을 섞은 인디언이다. 즉 지금 아메리카에서 많은 수를 차지하고 있는 메스티소의 어머니(시조)인 셈이다. 그러나 메스티소 국가인 멕시코에서 말린체는 민족을 배반하고 팔아먹은 반역자로 인식되고 있다.

아스텍 제국의 존재를 알게 된 스페인군 내부에서는 의견 분열이 있었다. 일부는 곧바로 진격해야 한다는 것이었고, 다른 일부는 쿠바로 회군해 보다 많은 병력을 동원해서 가야 한다는 것이었다. 코르테스는 여기에서 중대한 결정을 내렸다. 9척의 배에 구멍을 내어 물 속에 가라앉혀버린 것이다. 돌아갈 수 없게 된 병사들은 선택의 여지 없이 아스텍 제국을 향해 진격할 수밖에 없었다. 아스텍 족의 지배에 저항하고 있던 뜨락스깔떼까 족을 점령하고, 이들을 동맹국으로 삼아 아스텍 제국의 수도인 떼노치띠뜨란(지금의 멕시코시티)에 도착한 코르테스는 의외로 아스텍 제국 황제인 목떼수마의 극진한 환대를 받았다. 아스텍 족은 코르테스를 그들의 창조신인 '께짤꼬아뜰'로 생각하고 자진해서 그에게 모든 권력을 넘기려 했던 것이다. 착각도 이만저만한 착각이 아니었다. 수일 후 코르테스가 자신들이 생각했던 신이 아니라 인간일뿐임을 알아차린 아스텍 족의 반발을 먼저 알아챈 코르테스는 결국 황제를 인질로 삼아 권력을 장악해버렸다.

그러나 배를 바다에 가라앉힌 행위를 반란으로 판단한 쿠바 쪽 원정

▲ 아스텍 족의 창조신 께짤꼬아뜰과 정복자 코르테스. 처음에 아스텍 족은 그를 께짤꼬아뜰로 생각해 환대했다.

군이 뒤쫓아오자 이를 피해 코르테스가 궁성을 비웠을 때, 궁성에 남아 동상을 파괴하고 사원에서 학살 등의 만행을 저질렀던 스페인군의 만행은 아스텍 족의 심한 반발을 샀다. 마침내 1520년 7월 1일 저녁, 아스텍 족의 기습공격으로 스페인군이 절반이 넘게 죽는 사건이 발생했고, 코르테스는 후퇴할 도리밖에 없었다. 그러나 코르테스는 추격하는 엄청난 수의 아스텍군에 맞서 사활을 건 총반격을 감행해 적장을 죽이고 아스텍 제국의 문장을 탈취하기에 이른다. 이를 본 아스텍의 병사들은 신이 자신들을 보호하는 것을 거부한 것으로 받아들이고 전장에서 철수했다. 이후 코르테스는 별다른 큰 저항 없이 아스텍 제국을 정복할 수 있었다.

그리하여 코르테스는 스페인 까를로스 국왕으로부터 '새로운 스페인(Nueva España)' 총독이라는 칭호와 후작 작위까지 받았다. 이후 코르테스는 아스텍 제국의 전통을 유지시켜주고 각 부족장들의 권위를 지켜주는 등 어느 정도는 아스텍 원주민들을 다독여주었다. 또한 새로운 질서를 세워나갔으며, 식량생산 증대에도 힘을 기울였다. 그러나 코르테스 사후 상황은 완전히 변하게 된다.

잉카 제국과 피사로

피사로는 코르테스와 마찬가지로 스페인의 오지 출신이지만, 아무런 정규교육도 받지 못했고, 사십이 다 되어서야 아메리카에 갈 수 있었다. 1513년에는 발보아를 따라 항해하다 태평양에까지 이르렀고, 이후 10여 년간 남아메리카 북부 지역을 탐험하면서 금은보화가 가득한 왕국을 찾기에 몰두했다. 1524년에는 114명의 병사를 거느리고 70명의 병사를 거느린 알마그로와 함께 미지의 제국을 찾아 나섰지만 실패했다. 그후 알마그로는 파나마로 되돌아갔지만 피사로는 남았다. 그는 칼을 꺼내 땅에 동서로 줄을 긋고는 부하들에게 죽음을 두려워하지 않는 사람은 그 선을 넘으라며 엄청난 부와 영광을 약속했다.

피사로는 목숨을 건 부하들과 함께 진군을 계속해 잉카 제국의 땅에 접어들었으나 보급품 부족으로 파나마로 되돌아올 수밖에 없는 상황에 이른다. 그런데 다빌라 파나마 총독이 지원을 거부하자, 피사로는 1528년 스페인으로 귀국하여 까를로스 황제에게 잉카 제국에 대해 직접 설명하고는, 아직 그 실체를 정확히 알지도 못할 뿐 아니라 정복되지도 않은 잉카 제국의 총독으로 임명된다. 1531년 피사로는 3척의 배에 180명의 병사와 37마리의 말을 싣고 잉카 제국 정복에 나섰다.

당시 잉카 제국은 1525년 제12대 잉카(황제)로 우아스까르(Huascar)가 취임해 있는 상태였으나, 이복형제인 아따우알빠(Atahuallpa)가 이에 반발해 반란을 일으킨 상태여서 완전히 둘로 나뉘어 있었다. 수년간에 걸친 내전 끝에 결국 아따우알빠가 제13대 잉카가 되었으나 현저히힘이 약해진 잉카 제국은 때맞춰 쳐들어온 피사로에 의해 손쉽게 정복되고 말았다. 수도인 꾸스꼬가 무기력하게 함락되었고, 아따우알빠도 생포되었다. 피사로는 포로가 된 아따우알빠에게 살고 싶다면 한 방 가득히 보물을 가져오라고 요구했다. 그러나 요구대로 금과 은으로 한 방이 가득 차자 더 욕심이 생긴 피사로는 동생 우아스까르를 암살했다는 죄목으로 아따우알빠를 사형시켜버렸다. 피사로는 이렇게 잉카를 죽이고 제국을 멸망시켰다. 그리고 '국왕폐하의 도시(현 페루의 수도인 리마)'를 세웠다.

▼ 잉카 제국의 수도였던 꾸스코. 성벽을 이루고 있는 돌 중에는 60톤이 넘는 것도 있다.

말과 전염병에 무너진 제국

　수백 명에 불과한 스페인인들이 아스텍 · 잉카 등 거대한 제국을 그
토록 쉽게 정복할 수 있었던 이유는 무엇이었을까? 더구나 50년이라는
짧은 기간 안에 이 같은 정복을 가능케 한 것은 무엇이었을까? 물론
여기에는 여러 가지 복합적인 이유가 있겠지만, 주요한 것들을 살펴보
면 다음과 같다.

　첫째, 스페인 무기의 우월성이다. 당시 인디언은 철기를 사용하지 않
았으며 수레바퀴가 없었다. 주요한 무기는 창과 칼, 그리고 화살이었
다. 여기에 비해 스페인군은 대포 · 소총 · 석궁 · 칼 · 철갑옷 등 무기에
있어서 비교가 되지 않았다. 천둥소리 같은 대포소리가 울리면서 한꺼
번에 여러 명이 피를 흘리며 죽어가는 모습을 보면서 원주민들은 공포
에 휩싸였을 것이다. 콜럼버스의 신대륙 '발견' 보다 100년이나 뒤인
1592년의 임진왜란에서 일본의 조총에 조선의 군대는 얼마나 힘없이
밀렸던가? 하물며 철기를 사용치 않았던 원주민과 당시 세계 최강이었
던 스페인군의 싸움은 두말할 필요가 없을 것이다.

　둘째, 말(馬)의 존재였다. 말은 수적으로 절대 열세였던 스페인군이
충분한 기동성을 가지게 했다. 또 스페인군이 말을 타고 내달리는 모습
은 원주민들을 충분히 놀라게, 아니 공포에 떨게 했다. 할리우드 영화
를 통해 인디언이 말을 자유자재로 타는 모습을 보아온 이들은 콜럼버
스 이전에는 아메리카 땅에 말이 없었다면 의아해하겠지만, 잉카 제국
의 교통수단은 말이 아니고 야마였다. 그러니 말을 전혀 본 적 없는 원
주민들이 완전무장을 한 채 말을 타고 돌격해오는 스페인군의 모습을

보았을 때 무엇을 상상했을까? 머리 하나는 투구로 인해 반짝반짝 빛을 내고, 다른 머리는 앞을 바라보며 콧김을 씩씩 뿜어내고, 손은 둘이요 발은 넷인 커다란 괴물이 바람보다 빠른 속도로 달려와 천둥소리를 내며 사람을 죽이는 모습…, 그들에겐 난생 처음으로 그 어떤 악몽보다 더 끔찍한 현실을 맞닥뜨린 것이었으리라.

셋째, 원주민 사이의 분열을 이용한 스페인군의 피지배 종족과의 연합전술이다. 코르테스는 아스텍 제국을 정복하면서 엄청난 수적 열세를 극복하기 위해 아스텍 족의 통치에 반발하고 있던 피지배 종족인 또또나까 족·뜰락스깔떼까 족과 동맹을 결성했다. 피정복 민족을 포함해 여러 민족으로 구성되어 있던 아스텍 제국은 그만큼 결속력이 약했던 것이다. 쿠바를 출발해 유카탄반도에 상륙한 코르테스는 그곳에서 일부 원주민들과 접촉하면서 많은 종족들이 아스텍의 통치에 저항하고 있다는 사실을 알고 이를 군사적으로 이용했던 것이다.

넷째, 아스텍 족의 종교적 믿음을 들 수 있다. 창조신인 께짤꼬아뜰이 땅과 사람을 창조하고 농사법 등 많은 기술을 가르켜주고 사라졌는데, 그때 께짤꼬아뜰은 그들을 통치하기 위해 다시 돌아온다는 약속을 했다는 것이다. 이는 마야 족의 신앙에서 유래한 것으로, 그들의 신인 께짤꼬아뜰은 수염이 많은 하얀 얼굴을 가졌으며, 태양이 돋는 동쪽으로부터 올 것이라고 했다는 것이었다. 이 같은 아스텍 족의 믿음과 코르테스의 등장이 공교롭게도 맞아떨어졌던 것이다. 따라서 아스텍 족은 처음에는 코르테스를 그들의 신이라고 믿었다. 따라서 신과의 싸움이란 생각해볼 수도 없었고, 되돌아온 신을 잘 대접해야 좋을 것이라 생각했던 것이다.

다섯째, 잉카 제국의 내전이다. 잉카 제국 정복에 나섰던 피사로는 당시 잉카 제국의 북부에 있던 형 아따우알빠와 남부를 지배하고 있던 동생 우아스까르 사이의 왕권을 둘러싼 내분을 이용해 어부지리를 취할 수 있었다. 피사로는 아따우알빠를 생포하여 처형한 뒤 새로운 잉카로 망꼬를 임명했다.

여섯째, 전염병 때문이다. 코르테스를 따라온 스페인 병사 중 한 명이 천연두에 감염되어 있었다. 이는 원주민에게 곧 전염되었고, 이후 수없이 많은 아스텍 병사들을 사망하게 하는 요인이 되었다. 천연두는 아메리카에는 없는 병이었다. 다시 말해 아메리카의 원주민은 최근 우리 인류가 에이즈나 사스에 속수무책으로 죽어가듯이 죽어갔던 것이다. 앞에서도 잠깐 설명했듯, 아메리카 원주민의 수가 100여 년 사이에 10분의 1로 줄어든 가장 중요한 이유 중 하나가 바로 유럽인들이 가져온 전염병 때문이었다.

철저한 중앙집권적 식민정책

스페인은 콜럼버스의 신대륙 도착으로부터 50여 년이 지나고부터는 직접 식민지 경영에 나섰다. 도시를 건설하고 광산을 개발했으며, 도로를 개척하여 광대한 지역을 식민화했다. 신대륙의 체제는 본국의 정치·사회·종교·장원제도를 그대로 모방해 옮겨놓은 것이었다. 스페인 남부의 중심 도시인 세빌랴를 식민통치의 중심 도시로 정하고, 신대륙 인디아와 관련된 모든 업무는 이곳을 통하도록 했다.

아메리카는 교황에 의해 스페인 왕실 소유의 땅으로 인정되었다. 아

메리카의 농지와 지하자원이 모두 스페인 왕실에 귀속된 것이다. 국왕
은 스페인의 중세 장원제도와 비슷한 제도인 봉토제도에 의해 정복자
들에게 땅을 분배해주었으며, 이들은 다시 토지를 경작자에게 분배했
다. 그리고 세빌랴에 '통상부'와 '인도위원회'를 설치해 신대륙을 통
치했다. '통상부'는 본국과 식민지 사이의 모든 통상활동 및 일반적 경
제 업무를 총괄했고, '인도위원회'는 식민지의 비경제 분야, 즉 정치·
사법·종교 상의 모든 업무를 관장했다.

스페인은 아메리카를 '누에바 에스빠냐' '페루' '누에바 그라나다'
'라 쁠라따'의 4개 부왕령으로 크게 나누어 통치했다. 부왕령은 세빌랴
에 있는 '인도위원회'의 추천에 의해 왕에게 임명된 '부왕'들에 의해
통치되었는데, 이들은 스페인 국왕의 대리인으로서 관할 지역 내 정
치·경제·행정·군사·시민에 대한 모든 권한을 가졌다. 즉, 식민지
행정관의 임면권을 비롯해 군사와 재정, 인디언 보호 등 식민지 전반에
걸친 모든 권한을 가졌다.

300여 년에 걸친 스페인의 식민통치 기간 동안 170명의 부왕이 임명
되었는데, 이중 4명만이 아메리카에서 태어난 백인인 끄리올요이고 나
머지는 모두 스페인에서 태어난 백인인 뻬닌술라레스(반도인)였다. 또
602명의 총독 중 끄리올요는 14명에 지나지 않았다. 부왕이나 총독은
대부분 뻬닌술라레스로 국왕의 두터운 신임을 받고 있는 측근들이었
다. 다시 말해 스페인은 철저하게 본국 중심의 중앙집권적 통제의 식민
정책을 추구했다.

1534년에 코르테스에 의해 건설된 '누에바 에스빠냐'는 멕시코와 중
앙아메리카, 그리고 필리핀까지를 관할지로 지정했다. 이것은 본국인

스페인보다도 10배 이상 넓은 영토였으며, 모두 18개의 관할지로 분할 관리되었다.

1543년 건설된 '페루'는 지금의 페루 · 볼리비아 · 칠레를 관장했으며, '누에바 그라나다'는 베네수엘라 · 콜롬비아 · 에쿠도르, '라 쁠라따'는 아르헨티나 · 파라과이 · 우루과이 지역이다. 이외에도 일부 지역은 총독령 · 소청지 등으로 세분되었다. 부왕을 포함해 각기 해당지역을 관리했던 이들은 절대적인 권한을 누렸다.

스페인에서 아메리카까지 왕래하는 배는 해적에 대비해 대규모 선단으로 조직되어 1년에 한 번씩 왕래했다. 또 아메리카와 스페인을 오가는 항구는 스페인에서는 세빌랴, 아메리카에서는 쿠바의 아바나와 멕시코의 베라 끄루스, 그리고 나중에는 부에노스 아이레스로 제한했다.

대농장제도와 중남미 경제의 질곡

대농장제도는 스페인과 포르투갈의 국왕이 정복자와 왕실 측근들에게 토지를 하사한 데서부터 시작되었다. 왕실은 인디언 거주지역의 방대한 토지를 정복자들에게 관리하게 했는데, 이를 '엔꼬미엔다(Encomienda)'라고 한다. 즉, 인디언들을 정신적 · 신체적으로 '보호'하는 대신 이들의 노동력을 이용토록 한 것이다. 그러나 본래 의도와는 달리 정복자들은 인디언을 노예화시켰으며, 결국 인디언들은 중세의 농노와 같은 소작인으로 전락했다.

사실 잉카나 아스텍 제국은 토지공동소유제였기 때문에, 인디언들은 스페인 정복자들의 '자유'나 '토지 소유' 개념에 익숙하지 못했다. 반면 부를 획득하기 위해 신대륙에 온 정복자들은 물질에 대한 욕구를 제어하기 어려웠다. 이는 마치 서독과 동독이 통일된 후 사회주의 생활에 젖어온 동독인들이 자본주의의 속성을 전혀 몰라 어려움을 겪는 것과 비슷하다고 할 수 있다.

물론 스페인으로부터 원주민을 보호하라는 법이 전달되어 왔지만 전혀 지켜지지 않았다. 말 그대로 법은 멀고 주먹은 가깝게 있었다. 명령이 전혀 지켜지지 않았던 것이다. 지금처럼 통신수단이 발달된 것도 아니고 1년에 한 번씩 왕래하는 상황에서 본국의 명령이 식민지에서 잘 이행되지 않는 것은 어쩌면 당연한 일이었는지 모른다. 당시의 "복종은 하지만 실행하지는 않는다"는 말이 그런 상황을 잘 설명해주고 있다.

중남미의 대농장제도는 멕시코에서는 아시엔다(Hacienda), 아르헨티나에서는 에스딴시아(Estancia), 쿠바나 과테말라에서는 핀까(Finca), 그리고 브라질에서는 파젠다(Fazenda)라고 불린다. 이 대농장제도는 대체로 중남미 사회에 부정적으로 작용했다. 경제발전의 장애물이 되었을 뿐 아니라 대농장 주위의 소도시를 농장주가 지배하며 소작인들의 경제적·정치적 발전을 저해했다. 농업경영 면에서뿐만 아니라 그 지역의 자연자원이 충분히 그리고 적극적으로 활용되지 않고, 부분적이고 선택적으로 활용되는 폐단도 낳았다. 많은 노동력과 그 지역 농업 생산물에 대한 수요에도 불구하고 대부분의 농지가 충분히 경작되지 못했던 것이다. 농장주는 대농장을 소유하는 데에만 관심이 있었지 생산량이나 생산성 등에는 전혀 신경 쓰지 않았다. 따라서 근대화된 농기구를 사용하기 위한 투자 의욕도 없었고, 그런 압력도 전혀 받지 않았다. 사실 생산성으로 보면, 이들 대농장은 잉카 제국 때보다 더 비효율적이었다. 반면 관리인은 농장관리 이외의 기술에는 무지했으며, 소작인들에게 기술을 배우도록 지도하지도 않았다. 또 소작인들은 생산량이 늘어난다고 수입까지 느는 것은 아니었기 때문에 열심히 일할 필요를 느끼지 않았다.

어쨌든 이 대농장들에서는 사탕수수·커피·바나나 등 국내 및 해외 시장을 대상으로 화폐와 직결되는 곡물만을 집중적으로 생산했다. 이는 지금까지도 중남미 경제의 가장 큰 문제점으로 남아 있는, 한 가지 작물만을 집중 재배하는 단일작물재배 체제를 만들어냈다. 오늘날에도 쿠바와 도미니카는 사탕수수, 콜롬비아와 엘살바도르는 커피, 에콰도르와 온두라스와 파나마는 바나나, 하는 식으로 한 가지 작물이 이들 국가 전체 수출의 50퍼센트 이상을 차지하고 있다. 식민시대에는 말할 것도 없고 제2차 세계대전 이전까지도 대다수 중남미 국가들은 이처럼 한 가지 작물에 심하게 의존하는 경제구조를 갖고 있었다. 브라질은 상품의 다변화를 통해 현재는 심한 단일작물재배 체제를 벗어났지만, 1950년대 초반까지도 전체 수출의 40퍼센트를 커피가 차지하고 있었다. 또 중미 5개국의 별칭이 '바나나 공화국'이었으며, 혁명 이전의 쿠바는 사탕수수가 전체 수출의 85퍼센트를 차지했었다. 대부분의 쿠바 사탕수수를 수입해오던 미국이 어느 날 갑자기 수입을 중단하면, 쿠바 사람들은 아침저녁으로 설탕만 먹고 살게 될 정도로 문제는 심각했다. 실제로 1960년에 그와 같은 상황이 발생했다. 그러나 다행인지 불행인지는 모르겠지만, 그때는 미국 대신 소련을 위시한 사회주의 국가들이 쿠바의 설탕을 수입해주었다.

또 대농장제도는 소작인들의 생활을 대농장 내에서만 이루어지게 했

▲ 19세기 초 브라질의 사탕수수 농장에서 일하는 노예를 벌주는 농장주의 모습.

기 때문에, 이들을 외부로부터 철저하게 단절시켰다. 반면 소작인과 대농장주의 관계는 노동자와 관리자의 관계를 넘어서게 되었다. 즉, 지주는 단순한 고용주의 역할뿐 아니라 대가족의 수장 역할까지 했다. 대농장의 축소를 목표로 한 토지개혁이 중남미에서 여러 차례 시도되었음에도 거의 전부 실패로 끝났는데, 이는 대농장제도가 경제적으로는 비효율적이지만 전통과 사회적 유대에 기초하고 있기 때문이다. 그것의 변혁이 매우 힘든 것이다.

현재까지도 대부분의 옥토를 이들 소수 대농장주들이 장악하고 있다. 중남미 지역을 평균 잡아볼 때 전체 인구의 2퍼센트 내외가 전체 농지의 50퍼센트 이상을 점유하고 있으며, 특히 양질의 옥토는 대부분 이 대농장주들이 점유하고 있다. (이 같은 과도한 토지 소유 집중이 오늘날 중남미 각 지역에서 게릴라들이 생겨나게 하는 원인이 되고 있다.)

대농장제도가 발전하게 된 데는 스페인과 포르투갈의 봉건적 장원제도가 신세계 정복자들에게 이미 관습화되어 있었기 때문이다. 스페인에서는 소유하고 있는 토지의 많고 적음에 따라 특권을 부여했다. 마찬가지로 신대륙에서도 토지는 기본적으로 권력의 초점이었다. 따라서 이들 대농장주들은 경제 발전보다는 농지를 소유하는 데에서 오는 특권에 더 집착했고, 주로 수도나 유럽의 도시에 거주하면서 대농장은 가끔씩 방문하는 정도였다. 지금도 이들 중남미 대농장주들은 미국의 마이애미에서 휴가를 보내며 살고 있다. 마이애미는 분명 미국의 도시지만 영어보다는 스페인어가 더 많이 쓰이는 '중남미의 도시'가 되었다. 중남미 국가들간의 주요 도시와 도시를 직접 연결하는 비행 노선은 없어도 마이애미를 통하는 노선으로는 모두 연결되는 것도 바로 그 때문이다. 마이애미는 이제 '중남미의 수도'로 일컬어지고 있다.

독립투쟁의 영웅들

독립을 이룬 여러 요인

대략 180여 년의 역사를 갖고 있는 현재 라틴아메리카 국가들의 독립 과정은 이들 나라의 이후 역사를 이해하는 데 매우 중요한 디딤돌이 된다. 19세기 초에 이르러 중남미의 대다수 식민지는 유럽 본국과 연결고리를 끊게 된다. 프랑스 식민지였던 아이티는 1790년대부터 시작된 흑인들의 독립투쟁으로 1804년 중남미 최초의 독립국이 되었다. 그러나 실제적인 중남미 독립혁명이라고 할 수 있는 스페인으로부터의 독립전쟁은 1810년에 시작되어 1824년 페루의 아야꾸쵸(Ayacucho) 전투를 끝으로 마무리 지어졌다. 대략 15년간에 걸친 이 독립투쟁은 포르투갈의 식민지 브라질의 경우를 제외하고는 대부분 지루한 유혈투쟁이었다. 이로써 쿠바와 푸에르토리코 등을 제외한 거의 모든 식민지가 독립을 달성하게 된다. 인류 현대사에서 라틴아메리카의 독립전쟁처럼 방대한 지역의 식민지가 단기간 내에 독립을 이룬 예는 없었다.

그러나 라틴아메리카의 독립은 결코 갑자기 이루어진 것이 아니다. 그 직접적인 계기는 1807년 나폴레옹이 스페인과 포르투갈을 침입함으로써 야기된 혼란이었다. 1808년 스페인을 점령한 나폴레옹은 사촌형인 조셉 보나파르트를 스페인 국왕으로 세웠으나 식민지에서는 이를 인정하지 않았다. 그렇다고 프랑스군에 대항해 싸운 스페인측 저항운동의 중심인 '까디스 의회'를 추종한 것도 아니었다. 식민지는 편의상 나폴레옹에게 볼모로 잡혀 실질적인 지배권도 없는 페르난도 7세에게 충성을 맹세했으나, 이는 명목상일 뿐이었다. 후일 페르난도 7세가 스페인 국왕으로 복위하자 식민지는 자치권을 요구했고, 스페인이 이를 거부하자 곧 저항에 돌입했다. 그러나 스페인은 이 같은 식민지의 반발에 효과적으로 대처할 수 없었다. 프랑스와 연합한 스페인 함대가 넬슨 제독이 이끄는 영국 함대와의 트라팔가 해전에서 완전히 괴멸되어버렸기 때문이다. 대서양을 넘어 쳐들어갈 만한 배가 없게 된 스페인은 이제 과거의 스페인이 아니었다. 결국 나폴레옹의 스페인 침입은 아이로니컬하게도 아메리카의 식민지들이 본국으로부터 분리되는 계기를 만들어준 셈이 되었다.

중남미가 독립할 수 있었던 데에는 이외에도 여러 가지 요인들이 있었다.

첫째, 미국의 독립과 프랑스대혁명이다. 1776년 미국의 독립선언에 이어서 폭발된 1789년 프랑스대혁명은 아메리카 식민지의 지식인들에게 많은 영향을 끼쳤다. 특히 이들 혁명에서 나타난 천부인권(天賦人權)의 사상들, 즉 존 로크, 장자크 루소, 몽테스키외 등에 의해 전파된 계몽주의와 민족주의 및 공화주의 사상들은 식민지의 지식인들에게 큰 호응을 받았다.

둘째, 본토인에 대한 끄리올요들의 저항이다. 아메리카 태생의 백인 끄리올요들은 이베리아반도 출신인 뻬닌술라레스들에게 지난 300여 년간에 걸쳐 받은 차별과 불평등에 저항하기 시작했다. 그간의 노골적인 차별정책에 누적된 불만이 터져나오게 된 것이다.

셋째, 스페인의 식민지 경제정책이다. 아메리카 식민지는 그 자체의 발전을 위해서가 아니라 스페인과 스페인 왕실의 발전을 위해 존재했다. 다시 말해 본국의 재정에 기여하는 것이 최우선이었기 때문에 가혹한 관세, 특히 외국 생산품에는 고율의 관세가 부과되었다. 그리고 어쩌다 식민지 상품이 본국의 상품과 경쟁이 될 때는 생산을 즉시 중단당했다. 한 예로 본국의 포도주와 경쟁이 되지 않도록 하기 위해 스페인은 1595년 아메리카에서의 포도 재배를 금지시켰다.

이 같은 스페인의 중상주의 정책은 당연히 라틴아메리카의 상업 발전에 큰 장애요인이 되었으며, 이는 어떻든 식민지에서 살아야 하는 끄리올요들의 거센 반발을 불러일으켰다. 17세기 말, 스페인은 법적으로는 자신들의 식민지와 독점적인 무역을 하고 있었지만, 실제 무역량은 5퍼센트에 지나지 않았다. 전체 무역량 중에서 네덜란드가 30퍼센트, 프랑스가 25퍼센트 가량을 차지했으며, 제노바가 20퍼센트, 영국과 독일이 각각 10퍼센트 내외의 무역을 점하고 있었다. 다시 말해 스페인은 정치적 권력을 장악하고 경제적 이익은 다른 나라들이 가져가고 있던 것이다. 라틴아메리카라는 커다란 젖소의 목줄을 붙잡고 "이 소는 나의 것이다"라고 목청 높이 외치는 스페인과, 젖소 밑에서 열심히 우유를 짜는 네덜란드 · 프랑스 · 영국의 모습이 바로 당시의 상황이었다. "스페인은 입과 같아 음식물을 깨물어 으깨지만, 이는 곧 다른 소화기관으로 보내진다. 잠시의 헛된 달콤함과 잇새에 낀 찌꺼기 이외에 그의 것은 없다"라며, 당시 허구에 가까운 스페인의 독점적 보호무역이 비웃음거리가 될 정도였다.

넷째, 당시 자유무역을 추구한 영국의 태도이다. 영국은 베네수엘라의 카라카스 앞에 있는 트리니다드 섬을 반(反)스페인 기지로 삼아 밀무역을 통해 식민지 무역을 장악했다. 당시 카라카스에서는 총독이 입고 있는 내의까지도 모두 밀무역을 통한 것이었다고 할 만큼, 영국은 이 지역의 경제를 완전히 장악하고 있었다. 영국은 스페인의 힘을 약화시키고 경제를 장악하기 위해 베네수엘라의 끄리올요들이 스페인에 저항하도록 많은 원조를 했다. 특히 남미의 독립 영웅 시몬 볼리바르(Simon Bolivar)보다 먼저 독립혁명을 시작한 미란다에게 상당한 물질적 지원을 했다. 또 아르헨티나의 부에노스아이레스를 2개월간 점령해 통치하기도 했다. 짧지만 그 기간 동안 당시 영국의 정책과 사상은 식민지에 많은 영향을 끼쳤다. 게다가 영국의 자유무역정책은 식민지인들의 환심을 사기에 충분했다.

다섯째, 끄리올요들의 시의회 진출과 정치적 영향력의 행사이다. 끄리올요들은 경제적으로는 부유했으나 정치적으로는 고위직 진출이 극도로 제한되어 있었다. 이들이 부분적으로나마 정치적 영향력을 행사할 수 있었던 유일한 곳이 시의회였다. 8~14명으로 구성되어 있는 시의회 의원 중 국왕이 임명하는 뻬닌술라레스 4명을 제외하고 나머지 구성원은 끄리올요들이었다. 나폴레옹의 침입으로 스페인 왕실이 무너지자

이들은 식민지에서 점차 발언권을 확대해나갈 수 있었다.

　이러한 여러 요인들이 쌓여 결국 라틴아메리카 국가들이 독립하게 됨으로써 스페인과 포르투갈은 그동안 독점적으로 누려왔던 기득권을 모두 잃어버리게 된다. 반대로 미국·영국·프랑스 등의 국가들은 무역의 자유와 새로운 투자지역을 갖게 되었다. 어떤 의미에서 이 신생 독립국가들은 스페인과 포르투갈로부터 정치적 독립을 달성함과 동시에 영국·미국·네덜란드·프랑스의 경제적 식민지로 전락하게 되었다고 하겠다.

독립의 이면

　중남미 독립사에서 가장 중요한 인물은 '남미 해방의 아버지'로 불리는 볼리바르와 아르헨티나·파라과이·칠레 등 남미 남부를 해방시킨 산 마르띤(José de San Martín)장군이다. 이들 이외에도 볼리비아를 해방시킨 수끄레 장군, 칠레를 해방시킨 오히긴스 장군이 있다. 또 '해방자'의 칭호는 아니지만, 멕시코의 독립 영웅인 이달고 신부를 들 수 있다.

　이들은 모두 그들 국가에서 영웅으로 추앙받고 있으며, 도처에 이들의 동상과 기념비가 세워져 있다. 그러나 이들은 독립을 향한 굳은 신념과 탁월한 전략으로 스페인과의 독립전쟁에서는 승리했지만, 정치인이 되어서는 대다수가 실패하고 말았다. 워싱턴·아담스·제퍼슨 등 미국의 독립 영웅들이 후일 대통령을 지내면서 정치적으로도 성공한 반면, 라틴아메리카의 독립 영웅들은 대다수가 정치인으로서는 슬픈

결말을 맺었다. 볼리바르는 중남미는 통치하기가 불가능하다고 탄식하며 대통령직을 사임했으며, 산 마르띤은 아르헨티나를 떠나 유럽에서 말년을 보냈다. 또 볼리비아의 초대 대통령을 지낸 수끄레는 강제 사임 당하고 2년 뒤 암살되었으며, 오히긴스는 국외로 망명을 해야 했다.

중남미는 형식상으로는 시구의 근대국가와 흡사한 체제로 탄생되었지만, 낙후된 사회 구조와 정치의식 때문에 실제로는 전통적인 통치방식에 의거해 그 제도를 운영해 나갈 수밖에 없었다. 이들의 미숙한 국가의식은 중남미 국가들의 독립을 특징짓는 한 측면이다.

당시의 독립은 한 국가의 독립이라기보다는 오히려 독립전쟁의 영웅들이나 시의회 및 대장원이라는 특출한 개인과 소집단의 독립이었다고 하는 편이 보다 적절하다. 독립으로 인해 본국으로부터 물려받은 통치제도가 해체되면서 거대한 통치의 진공상태가 발생했다. 형식적으로는 당시의 미국과 프랑스의 헌법을 모방해 근대적인 헌법을 채택하고 국가적 체제를 갖추었지만, 내부적으로는 민족적 통치의 경험도 없고 또 개방적인 발전을 처음부터 원치 않았기에 제대로 근대적인 국가로서 작동하지 못했던 것이다. 이러한 외형과 실제 사이에 존재하는 갭을 메운 것이 '까우딜요'라고 불리는 각 지역의 군인 수령들이었다. 바로 이들에 의한 수령주의는 이후 지금까지 중남미 정치를 지배해온 가장 중요한 요소 중 하나이다.

라틴아메리카 식민지 중 최초의 독립은 1804년 카리브의 작은 섬나라인 아이티에서 시작되었다. 아이티는 프랑스 식민지로 아프리카에서 데려온 흑인 노예들이 대다수를 차지하고 있었다. 1790년대부터 시작된 아이티의 독립투쟁은 영국의 적극적인 지원을 받았다. 이는 어떤 의미에서는 미국의 독립전쟁을 적극적으로 지원한 프랑스와 스페인에 대한 복수인 셈이었다. 이후 스페인 식민지가 독립투쟁을 할 때 영국은 늘 앞장서서 독립을 부추기고 적극적으로 도와주었다.

프랑스는 인권선언에도 불구하고 백인과 흑인이 동등하다든 것을 인정하지 않고 있었다. 또한 나폴레옹이 아이티에 군대를 파견했으나 크리스토프의 지휘 하에 흑인들의 항쟁은 계속되었고, 때맞춰 발생한 풍토병에 프랑스군은 오래 견디지 못하고 철수하고 말았다. 그리하여 1804년 1월 아이티는 독립을 선언함으로써, 미국에 이어 신대륙에서 두 번째의 독립국이 되었다. 그러나 중남미의 본격적인 독립투쟁은 앞에서 설명한 대로 나폴레옹의 스페인 침입이 이루어지고부터였다. 이 같은 중남미의 독립은 멕시코의 독립전쟁, 시몬 볼리바르가 주도한 남미 북부의 독립혁명, 호세 데 산 마르띤이 이끈 남미 남부의 독립전쟁, 그리고 브라질의 독립 등 크게 4개 지역으로 나누어서 설명할 수 있다.

멕시코 독립의 정신적 지도자, 이달고 신부

계몽주의 사상가의 영향을 받은 메스티소인 미겔 이달고(Miguel Hidalgo y Costilla) 신부는 인디오와 메스티소를 지휘하며 독립투쟁을 전개했다. 사실 최초의 스페인 식민지이자 가장 중요한 식민지였던 누에바 에스빠냐(현 멕시코)는 독립투쟁이 활발하지 않았다. 1810년 9월 16일 이달고 신부는 "스페인인을 물리치고 빼앗긴 땅을 되찾자"라는 독립의 함성인 '돌로레스 선언'을 소리 높이 외쳤다. 그리고 한 달 후인 10월 15일 과달라하라 시에서 정부 수립을 선포하고 노예제도의 폐지,

인디언에 대한 세금 면제 등을 선언했다.

이는 어디까지나 상징적인 것이었을 뿐 실제적인 힘이 이를 뒷받침해주지 못했다. 따라서 철저히 준비되지 못한, 아직 조건이 형성되지 않은 이달고 신부의 독립투쟁은 실패로 끝났으며, 곧바로 체포되어 처형되었다. 그러나 이달고 신부의 독립을 위한 투쟁과 순교는 이 지역의 끄리올요들에게 많은 영향을 주었다. 그후 이달고 신부의 처형에도 불구하고 메스티소인 모렐로스 신부가 계속 독립운동을 이어갔으나, 역시 처형당하고 말았다. 그러나 모렐로스 신부의 독립운동에 처음으로 끄리올요들이 가담하면서 독립운동은 보다 가열되었다. 그럼에도 스페인군의 막강한 무력 앞에서 독립투쟁 세력의 힘은 너무나 약해 무력을 통한 독립은 현실적으로 불가능해 보였다.

그런데 멕시코의 독립은 전혀 엉뚱한 방향에서 찾아왔다. 스페인군 사령관으로 임명된 이뚜르비데가 변심하여 스페인을 배반하고는, 1821년 독립군을 지휘하여 멕시코 시에 입성, 독립을 선언해버렸던 것이다. 남미에서와 같은 무력투쟁 없이 평화적으로 독립이 이루어진 것이다. 물론 이달고 신부나 모렐로스 신부의 순교가 있었지만, 커다란 인명 손실이 없이 스페인으로부터 독립을 이룬 것이다. 그러나 이뚜르비데는 곧바로 개인적 야욕을 드러내어 멕시코 제국을 선포하고는 스스로 황제에 즉위했다. 결국 그는 멕시코의 진정한 독립을 원했던 것이 아니고, 단지 개인적인 야욕을 실현시키기 위해 멕시코의 독립 세력을 이용했던 것이다. 이는 국민의 강력한 저항에 부딪쳐 결국 그는 1824년 총살되고 말았다.

이후 멕시코는 공화국이 되었으며, 빅또리아 장군이 5년 단임의 초대 대통령에 취임했다. 멕시코는 이달고 신부를 독립의 정신적 지도자로 추앙하고, 독립의 함성을 드높인 1810년 9월 16일을 독립기념일로 정해 경축하고 있다.

누에바 에스빠냐에 속해 있던 중앙아메리카는 1821년 멕시코와 더불어 독립되었으나, 이뚜르비데의 제국이 끝나자 과테말라 · 온두라스 · 엘살바도르 · 니카라과 · 코스타리카 등 5개 지역이 '중앙아메리카 합중국'이라는 명칭으로 멕시코로부터 독립했다. 그러나 각 지역의 까우딜요들이 해당 지역의 이익을 앞세워 정치적 투쟁을 가속했으며, 결국 합중국으로 독립된 지 15년 만인 1835년 5개의 공화국으로 분열되었다.

이후 이들 중미 5개 국가들은 분열된 지 120여 년이 지난 1962년 유럽공동시장(EEC)의 영향을 받아 '중미공동시장(CACM)'을 결성했다. 재통합을 위한 새로운 시도로 경제적인 통합부터 시동을 걸었던 셈이다. 그러나 1968년 엘살바도르와 온두라스 간의 어이없는 '축구전쟁'으로 새로운 통합 실험은 실패로 끝나고 말았다.

같은 누에바 에스빠냐에 속해 있던 필리핀은 지리적으로 멀리 떨어져 있었던 탓에 스페인의 식민지로 계속 남아 있었다. 이후 필리핀은 1898년 스페인과의 전쟁에서 미국이 승리함으로써 미국의 식민지로 바뀌었다.

'남미 해방의 아버지' 볼리바르

베네수엘라 · 콜롬비아 · 에콰도르 · 페루 지역인 남미 북부지역 독립전쟁의 영웅은 카라카스에서 태어난 시몬 볼리바르(1783~1830)다.

그는 스페인 귀족 출신의 끄리올요로 스페인에서 사관교육을 받았다. 임관 후 베네수엘라로 신혼여행을 오던 중 아내가 죽게 되자, 그의 인생 항로는 일대 전환을 맞게 된다. 그는 베네수엘라에 도착한 후 스페인으로 돌아가지 않고 곧바로 독립혁명에 깊이 관여하게 된다.

1810년 7월 미란다는 베네수엘라 독립을 선포했다. 마침 베네수엘라에 와 있던 볼리바르는 미란다 장군의 막료로 스페인군과의 전쟁에 참여했다. 혁명군은 스페인군과의 일전을 앞두고 카라카스에 주둔하고 있었다. 일촉즉발의 긴장된 시간, 혁명군이 주둔하고 있던 카라카스에 2만 명 이상의 목숨을 빼앗은 대지진이 발생해 독립군의 사기에 큰 영향을 주었다. '신이 도와주지 않는 전쟁'은 더이상 지속될 수 없었다.

▼ '해방자'라는 칭호를 받은 시몬 볼리바르. 그는 중남미 국가들의 '연방'만이 미래를 보장한다고 생각했다.

결국 미란다는 체포되었고 독립군은 뿔뿔이 흩어지고 말았다. 아직 독립의 시기가 아니었는지, 아니면 볼리바르라는 영웅이 전면에 나서도록 하기 위해 신이 조화를 부렸는지는 모를 일이었다.

2년 후인 1812년 제2차 독립혁명을 시작한 볼리바르는 스페인군을 격파하고 베네수엘라를 해방시켰으며, 카라카스 시는 볼리바르에게 '해방자(Libertador)'라는 명예로운 칭호를 부여했다. 그는 1814년 베네수엘라의 대통령으로까지 취임했으나 이내 스페인군의 반격으로 카라카스를 내주고 다시 퇴각하게 된다.

전열을 재정비해 제3차 독립전쟁을 시작한 볼리바르는 다시 베네수엘라를 탈환하고 임시정부를 구성했다. 그리고 1819년 콜롬비아 대통령에 추대되었다. 1821년 까라보 전투에서 결정적 승리를 얻었으며, 이어 에콰도르의 키토도 점령했다. 베네수엘라·콜롬비아·에콰도르 각 지역을 해방시킨 볼리바르는 각 지역 대표로 구성된 양원제 의회를 구성하고 종신 대통령에 취임하여, 강력한 중앙집권적 정부의 '그란 콜롬비아(Gran Colombia)'를 창설했다.

그는 과야낄에서 산 마르띤과의 역사적 회담 이후 2년간에 걸친 투쟁 끝에 페루마저 해방시켰다. 1824년 아야꾸초 전투에서 수끄레 장군과 함께 그 수가 배가 넘는 페루의 스페인 부왕군을 격파하고 결정적 승리를 얻음으로써 페루와 볼리비아를 해방시켰던 것이다. 이 같은 볼리바르의 업적을 기념하여 북부 페루는 지명을 '볼리비아'로 바꾸었다. 또한 이로써 14년간 계속된 남미의 독립전쟁은 끝을 맺게 된다.

볼리바르는 하나로 통일된 남미 대륙을 원했다. 미국이 하나의 연방으로 커가고 있는데, 이에 대항해서 중남미도 하나로 합쳐야 한다는 것이 볼리바르의 지론이었다. 그렇지 못하면 결국에는 미국에 끌려갈 수밖에 없다고 생각했던 것이다. 남미 전체가 어렵다면 적어도 남미 북부의 '누에바 그라나다' 지역이라도 하나로 통일되기를 바랐다. 이 같은 꿈은 볼리바르가 생존해 있을 때까지는 '그란 콜롬비아'로 부분적이나마 유지되었다. 그러나 1830년 볼리바르가 46세를 일기로 사망한 지 2년 만에 '그란 콜롬비아'는 베네수엘라·콜롬비아·에콰도르 3개 국가로 분열되고 말았다.

볼리바르는 1825년 그의 꿈을 실현시키기 위해 당시 콜롬비아의 영토였던 파나마 시에서 아메리카 국가간의 모임인 '아메리카 회의'를 개최했다. 그러나 거대한 대륙에 산재한 국가들 간의 지리적 소통의 어려움, 각 국가가 서로 다른 인종 혼혈로 인해 갖고 있던 다양한 입장, 각 지역 까우딜요들의 욕심과 이들의 볼리바르에 대한 의심, 독립 직후 국가들 간의 대립과 미국·영국의 중남미 분열정책 등이 결국은 하나의 강력한 중남미 국가가 탄생하는 것을 가로막았다. 뿐만 아니라, 오히려 4개의 부왕령이 20여 개의 국가로 나누어지게 했다.

볼리바르는 자신의 묘비명에 "연방, 연방"이라고 적었다. 그는 중남미가 하나로 합치는 것만이 미래를 보장받을 수 있다고 생각했던 것이다. 물론 그의 이상은 꿈으로만 끝나고 말았지만, 지금 라틴아메리카에 불고 있는 경제통합의 움직임은 어쩌면 150년 전 볼리바르의 이상이 부분적으로나마 실현되고 있는 것인지도 모른다.

탁월한 군사전략가, 산 마르띤

볼리바르와 함께 남미 독립의 영웅으로 추앙받고 있는 산 마르띤(Jos de San Mart n, 1778~1850)은 아르헨티나·파라과이·칠레 등 남미 남부지역을 해방시켰다. 그는 아르헨티나 태생의 끄리올요로 스페인에서 군사교육을 받았으며, 20여 년간 스페인군에 복무했다. 북아프리카 전투, 나폴레옹과의 전투에 참여해 대령까지 진급했으나 끄리올요라는 신분 때문에 장군 진급이 불가능했다. 이것이 그가 1812년 아르헨티나로 귀국해 독립운동에 적극적으로 참여하게 한 계기가 되었다.

당시 아르헨티나는 끄리올요 중심의 혁명군이 부왕제를 폐지했지만 중앙집권제와 연방제를 놓고 갈등을 보이고 있는 상태였다. 또 군을 이끌 마땅한 사람도 없었다. 1813년, 때맞춰 귀국한 산 마르띤은 신생 아르헨티나의 군을 맡아 많은 전투를 승리로 이끌었다. 1816년 7월 9일에는 북부의 뚜꾸만에서 의회를 소집해 노예제와 대농장, 귀족계급의 폐지 등을 천명하고 아르헨티나의 독립을 선언했다. 특히 1817년에는 해방군을 이끌고 해발 2000미터대의 고산들이 즐비한 안데스산맥을 넘어 칠레의 스페인군을 공격, 승리를 이끌어냈다. 이는 산 마르띤의 뛰어난 전술이 빛을 발한 것으로, 알프스를 넘어 로마를 공격했던 한니발보다 세계 전쟁사에서 더 뛰어난 전략으로 평가받고 있다.

'안데스 군대'로 이름 붙여진 5200명의 해방군은 칠레에서 오히긴스 장군과 협력해 차까부꼬 전투에서 스페인군을 격파하고 칠레 지역도 해방시켰다. 오히긴스 장군은 이후 칠레의 초대 대통령이 되었으며, 지금도 국가 영웅으로 존경받고 있다.

이후 산 마르띤은 칠레에서 영국 해군의 도움을 받아 발파라이소를 출발, 페루에 상륙해 리마에 입성했다. 1822년 7월 26~27일 이틀간에 걸쳐 페루 해방을 놓고 볼리바르와 산 마르띤은 과야낄에서 회담을 가졌다. 과야낄 회담은 두 영웅 간의 비밀회담이었다. 지금까지도 둘 사이에 어떤 이야기들이 오갔는지는 정확히 알려져 있지 않다. 회담 후 현실주의자인 산 마르띤이 이상주의자인 볼리바르에게 페루 해방의 모든 권한을 넘기고 아르헨티나로 퇴각했다. 그런 의미에서 산 마르띤은 용맹한 군인이었으며, 동시에 현명한 정치인이고 탁월한 전략가였다.

그러나 부에노스아이레스에 돌아온 그는 기대했던 만큼 환영을 받지 못했다. 이에 산 마르띤은 더 이상 정치에 개입하지 않고 프랑스로 가 남은 여생을 보냈다.

산 마르띤은 말 그대로 순수한 정열의 군인이었다. 탁월한 전략과 전술을 구사해 전쟁을 승리로 이끌었으니 정치에는 전혀 관여하지 않았다. 칠레를 해방시키고 정치적인 영광은 오히긴스 장군에게 넘겼다. 또 볼리바르에게는 페루의 해방을 넘겨주었다. 아르헨티나에 돌아와서도 정치에는 개입하지 않았다. 그래서 더더욱 산 마르띤은 영원한 남미 남부의 해방자로, 또 탁월한 군사전략가로 기억되는지도 모른다.

포르투갈 왕좌를 포기한 동 뻬드로

브라질은 스페인 식민지들과는 달리 격렬한 투쟁 없이 무혈의 독립을 달성했다. 나폴레옹이 영국을 고립시키기 위해 대륙봉쇄령을 내렸으나 포르투갈은 이에 응하지 않았다. 이에 1806년 나폴레옹이 포르투갈을 침입하자 여왕 마리아는 왕세자인 동 주앙에게 권력을 양위했다. 왕위를 계승한 동 주앙 6세는 리스본 함락 하루 전 왕족과 귀족, 정부 고관들을 포함해 약 1만 명을 데리고 16척의 배에 올라 영국 함대의 호위를 받으며 아메리카의 리오 데 자네이로로 피신했다.

당시 브라질은 금광과 면화 경기의 쇠퇴로 경제가 위축되어 있었으며, 인구도 약 300만 명에 불과했다. 그러나 여타 스페인 식민지들과 마찬가지로 계몽주의 사상의 영향을 받아 끄리올요들이 독립에 대한 열망을 가지고 있었다. 이 같은 상황에서 왕실과 정부가 옮겨와 외국과의 직접 교역이 이루어지게 되고 1785년부터 금지되어온 상공업도 자유화되었다. 스페인의 식민지와는 전혀 다른 상황이 연출된 것이다. 이제 브라질은 식민지가 아니라 포르투갈의 한 주, 아니 왕실이 옮겨와 있으니 오히려 본국이 되어버린 셈이 되었다. 이렇게 브라질은 우연찮게 식민지에서 벗어나 본국과 동등한 지위에 서게 되었다.

동 주앙 6세는 브라질을 식민지가 아닌 근대적인 왕국으로 만들기 위해 사관학교 · 중앙은행 · 대학 · 박물관 · 도서관 · 극장 · 식물원 등을 세웠다. 인구 4만5000명의 리오 데 자네이로는 10년 만에 인구 13만의 근대적 도시로 탈바꿈했다. 또 나폴레옹에게 선전포고를 하고는 남미 북부에 위치한 프랑스 식민지 가이아나를 공격하기도 했으며, 영국과는 우호통상조약을 체결했다. 그에 따라 영국은 대륙봉쇄령으로 인한 손실을 브라질과의 무역을 통해 보존할 수 있었다. 영국 해군은 브라질을 보호했고, 그리하여 브라질 시장은 서서히 영국의 지배 하에 들어가게 되었다.

포르투갈 의회는 전쟁이 끝난 후에도 계속된 영국 총독의 섭정을 1820년에야 타파하고 국왕 동 주앙 6세에게 귀국을 요청했다. 이에 동 주앙 6세는 왕세자인 동 뻬드로를 남기고 포르투갈로 돌아갔다. 그러나 본국은 왕세자의 귀국마저 강력히 요청했다. 왕위를 계승할 왕세자가 귀국하지 않음으로써 오히려 포르투갈이 식민지로 전락할지도 모른다는 불안감을 가졌던 것이다.

포르투갈은 브라질을 확실한 식민지로 하기 위해 노골적인 태도를 취했으며, 지속적으로 왕세자의 귀국을 종용했다. 그러나 브라질의 동 뻬드로는 포르투갈 왕실로 귀국을 거부하는 편지를 보냈다. 사실 동 뻬드로는 포르투갈에서 태어나긴 했지만 어려서부터 브라질에서 교육을 받고 자란, 어떤 의미에서는 아메리카인이었다. 그러니 당연히 끄리올요들과 많은 공감대를 가지고 있었다.

1822년 9월 7일 상파울루 교외의 이삐랑가 언덕에서 동 뻬드로는 두 통의 편지를 동시에 받았다. 하나는 귀국 거부 성명은 무효이니 곧바로 귀국할 것을 명령하는 본국 정부로부터의 편지였으며, 다른 하나는 브라질의 독립선언을 촉구한 브라질 정계 원로 조세 보나파시오의 편지였다. 동 뻬드로는 모자의 포르투갈 군대 휘장을 뜯어내며 "독립이 아니면 죽음을 달라"고 외쳤다.

이후 브라질은 동 뻬드로 1세가 다스리는 입헌군주국이 되었다. 3년 후 포르투갈의 동 주앙 6세는 브라질의 독립을 승인했으며, 이듬해 동 뻬드로 1세는 포르투갈의 왕위 계승을 포기했다. 브라질의 군주제는 1889년까지 지속되다 공화제로 바뀌어 현재에 이르고 있다.

그런데 지난 1992년 브라질의 콜로르 대통령이 부정부패로 탄핵을 받아 대통령직을 도중 사퇴한 사건이 있었다. '콜로르게이트'로 알려진 이 사건은 대통령제에 대한 실망으로 이어졌고, 이후 브라질의 정치 체제를 어떻게 할 것인가를 묻는 국민투표가 시행되었다.

여러 대안 중 하나로, 유럽의 예에서 보듯이, 군주의 중립적 역할로 군주국가가 보다 민주적인 정치안정을 이루고 있으며 국민화합 측면에서도 훨씬 유리하다는 이야기가 나왔다. 브라질도 유럽의 몇몇 국가들처럼 군주제를 실시하면 어떻겠느냐는 것이었다. 이런 이야기들은 뻬드로 1세의 후예들을 잠시나마 흥분시켰다.

'절대권력자' 까우딜요

'까우딜요 정치(Caudillismo)' 란 힘센 자가 절대권력을 행사하는 정치를 말한다. 여기서 '까우딜요' 라는 단어는 스페인어로 정치·군사 및 모든 면에서의 '절대 지도자' '수령' 을 뜻한다. 이들은 카리스마에 의한 개인적 지배를 바탕으로 하고 있으며, 정권 장악을 위해 무력을 사용하고, 권력을 장악한 후에는 철저한 탄압을 통해 권위를 지키는 특성이 있다. 예컨대 스페인에서 40년 가까이 독재의 철권을 행사했던 프랑코, 또는 북한의 김일성, 우리나라의 박정희 등이 전형적인 까우딜요라고 할 수 있다.

중남미의 정치를 논할 때 결코 빼놓을 수 없는 것이 바로 이 까우딜요이다. 18세기 초 중남미 독립 이후, 정치는 기본적으로 독립전쟁에서 싸웠던 각 지방의 까우딜요들에 의한 경쟁 무대로 바뀌었다. 특히 1850년대 중반까지는 '까우딜요의 시대' 라고 정의할 만큼 혼돈과 무질서의 시대였으며, 이들에 의한 끊임없는 권력투쟁으로 시민전쟁 상태가 계속된 시기였다. 지금까지도 중남미 국가들 하면 먼저 '정치 불안' 을 떠올리게 되는 것은 독립 이후 반세기가 넘도록 지방의 토호들이나 군 장성들이 정치권력을 장악하기 위해 투쟁을 벌였기 때문이다. 이들 까우딜요들에 의한 통치는 당연히 백인들에 의한 지배를 말하는 것으로, '끄리올요 파시즘' 이라고도 할 수 있다.

이들 간의 다툼으로 인해 중남미의 나라들은 통일되고 안정된 국가를 이루기는커녕 늘 분열과 정치적 혼란을 겪어야 했다. 금세기 들어서도 중남미 국가들은 까우딜요들의 잔인하고 탐욕스러운 독재정치에 시

달려야 했으며, 이는 쿠데타와 역쿠데타, 민중혁명 등이 계속 이어지는 악순환을 낳았다. 중남미가 스페인으로부터 독립할 당시는 4개의 부왕령이 그대로 '멕시코' '그란 콜롬비아' '라 쁠라따 연합' '태평양연합'의 4개 국가로 되었다. 그러나 약간의 시간차는 있었지만, 곧바로 분열되어 20여 개의 국가로 나누어졌다. 북쪽의 미국이 하나의 연방국가로 통일된 것과 달리 이렇게 된 것은 결국 이 까우딜요들 때문인 것이다.

자발적으로 독립전쟁에 참여했다가 전쟁이 끝난 후에도 사병을 계속 거느리고 있었던 까우딜요들은 권력경쟁을 하는 과정에서 정권장악을 위해 암살·음모·재산몰수 등 온갖 권모술수를 다 동원했다. 당연히 권력투쟁 양상은 선거를 통한 합법적이고 제도적인 방법이 아니라 적나라한 정권찬탈의 모습이었다. 물론 미국의 헌법과 제도를 본뜬 헌법과 삼권분립 등의 제도가 있었지만, 이는 아무 의미가 없는 휴지조각에 불과했다.

군 장성과 각 지방의 토호인 까우딜요들은 어떤 의미에서는 중남미를 대표하는 정치인의 모습이다. 독립으로 인해 식민지 사회에서 국왕이라고 하는 절대적 충성 대상은 사라지고, 아직 근대국가 의식은 발달되지 않은 상황에서 까우딜요에 대한 충성만이 남아 지탱되고 있는 것이다. 그러한 일종의 주종관계가 형식적인 제도의 이면에서 실질적인 통치방식으로 기능하고 있는 것이다. 물론 중남미 각국의 발전에 까우딜요들이 수행한 역할도 일정 정도 없지는 않다. 말하자면, 소사회의 집합으로서 독립을 얻은 중남미는 까우딜요에 의해 처음으로 어쨌거나 통일적인 독립국가로 발전하게 되었다. 따라서 까우딜요의 등장을 후원자와 추종자의 정치 전통에서 나타난 질서 확립이라는 측면에서 긍정적으로 보는 시각도 있다. 그러나 이들은 끊임없이 정치 불안을 야기했으며, 정권 장악 후 대부분이 부패정치, 족벌정치 등 야만적이며 비민주적인 정치행태를 보여 중남미 정치에 악영향을 끼쳤다. 그 폐해는 20세기에 들어서도 계속되었다.

19세기의 대표적인 까우딜요로는 베네수엘라의 빠에스 블랑꼬, 아르헨티나의 로사, 멕시코의 산타 안나 등을 들 수 있다. 고전적 의미의 베네수엘라 마지막 까우딜요인 고메스 대통령, 브라질에 파시스트적인 '신국가'를 창설한 바르가스 대통령, 노동자를 중심으로 민중주의에 바탕을 둔 국가사회주의를 만든 아르헨티나의 페론 대통령, 피델 카스트로의 혁명에 의해 1959년 권좌에서 쫓겨난 육군상사 출신의 바티스타 대통령, 미국에 의해 권좌에 앉은 뒤 암살된 도미니카공화국의 뜨루히요 대통령, 아이티의 두발리에, 1979년 니카라과의 산디니스타 혁명에 의해 쫓겨난 소모사 부자 등 많은 독재자들이 나타나 정권을 무력으로 장악하고 철권통치를 해왔다. 우리가 갖고 있는 중남미에 대한 부정적인 시각은 주로 이들의 잔인하고 기이한 정치행태로부터 만들어졌다고 할 수 있다.

중남미에서의 전쟁

멕시코전쟁, 알라모를 기억하라

미국과 멕시코가 전쟁을 치렀다는 것이 지금은 믿기 어렵겠지만, 150년 전이라면 그리 놀랄 일이 아니다. 당시 미국은 여러 가지 면에서 세계 2류 국가였고, 멕시코는 독립한 지 얼마 되지 않았지만 과거 스페인 식민시대의 중심지였던 국가였다.

1800년대에 들어서 신생독립국 미국을 향해 쏟아져 들어온 수많은 이민은 더 이상 뉴욕과 보스턴 등 동부지역에만 머물 수 없었다. 사람들은 보다 넓고 기회가 많은 서부를 향해 정착지를 찾는 행렬을 계속했다. 그리하여 당시 스페인 식민지였던 텍사스와 애리조나로 모여들었으며, 이에 스페인은 가톨릭을 믿는 미국인들의 거주만을 허용했다. 그러나 그건 말뿐이었고, 실제로는 가톨릭 신자가 아니어도 별 문제가 되지 않았다. 정작 문제는 이주민의 수가 점차 많아지면서 발생하기 시작했다.

1835년 11월 미국의 사주를 받은 텍사스는 멕시코로부터 분리를 선언했다. 이 갑작스런 분리선언을 좌시할 수 없었던 멕시코는 1836년 2월 텍사스의 알라모 요새를 공격했고, 이에 항전하기 위해 급조된 텍사스 수비대는 전멸했다. 이 사건을 소재로 했던 〈알라모의 요새〉라는 서부영화를 보면, 미국의 최고 인기배우인 존 웨인이 '의리의 카우보이'로 출연해 멕시코의 '포악하고 부패한' 군대를 맞아 끝까지 싸우다 전원이 장엄하게 전사하는 모습으로 그려진다. 알라모 요새와는 아무 상관이 없으면서도 지역민을 위해 멋있게 싸우다 죽는 미국의 카우보이들, 돈 때문에 왔지만 결국은 멕시코의 폭정에 대항해 정의롭게 죽어가는 의리의 사나이들의 이야기는 생각만 해도 가슴 벅찬 이야기다. 물론 이는 철저하게 미국의 시각만을 대변하는 할리우드의 영화일 뿐이지만 말이다.

그렇게 알라모 요새가 파괴되자, 이를 계기로 텍사스는 곧 독립을 선언하게 된다. 그러자 미국은 곧 바로 텍사스를 승인하고 상호방위동맹을 맺었다. 텍사스에 대한 공격은 곧 미국에 대한 공격으로 간주한다는 선언이었다. (이런 수법은 나중에 미국이 파나마 운하를 건설하기 위해 콜롬비아로부터 파나마를 독립시킬 때도 사용되었다.)

어쨌든 멕시코는 4월 다시 텍사스를 공격했으나 이번에는 미국의 간접적인 지원을 받은 산하신또 전투에서 패해 퇴각하고 말았다. 그후 정치적 불안과 혼란에 빠져 있던 멕시코 중앙정부는 텍사스 사태에 대해 효율적으로 대처하지 못하고 시일만 보내고 있었다. 이럴 때 미국의 '명백한 운명론(Manifest Destiny)'을 주장한 제임스 K. 폴크가 대통령에 당선되면서 텍사스를 아예 미국의 한 주로 편입시켜버렸다. 물론 겉으로는 텍사스가 미국에 합병을 요청한 것이었지만. (이런 식이라면, 조선이 일본 제국에다 '을사보호조약'을 통해 합병을 요청한 것이라 해도 말이 안 될 게 없다.) 명백한 운명론이란, 미국이 만든 정치·경제·사회 제도가 지구상 어느 곳의 제도보다 훌륭하므로 이를 다른 지역으로 전파하는 것이 미국의 책무이자 운명이라는 것이었다. 따라서 이 같은 미국의 '명백한 운명'을 수행하는 것 역시 미국 대통령으로서의 당연한 의무가 되는 것이다. 폴크 대통령은 캘리포니아·애리조나·네바다 등의 서부지역 구입 의사를 멕시코에 전달했다. 멕시코는 당연히 이를 거부함과 동시에 잃어버린 텍사스를 되찾기 위해 군대를 동원했다.

그러자 텍사스와 미국은 "알라모를 기억하라!"를 외쳤다. 결국 미국과 멕시코는 국가의 운명을 걸고 어쩔 수 없는 '한판 승부'를 벌이게 되었다. 그러나 양국의 전쟁은 의외로 쉽게 끝났다. 병력 규모는 비슷했지만 조직이나 훈련, 명령체계 등에선 미국과 상대가 되지 않았던 것이다. 독립할 당시 인구가 400만이 채 되지 않았던 미국은 1840년대에 이미 2000만 명으로 늘어나 있었고, 정치적으로도 안정되어 있었다. 따라서 독립한 지 20여 년이 흘렀어도 여전히 정치적으로 불안정한 상태를 벗어나지 못하고 있던 멕시코와의 싸움 결과는 불을 보듯 뻔한 것이었다. 스코트 장군이 이끄는 1만2000명의 미 해병대는 멕시코의 베라크루스 항에 상륙하여 수도 멕시코시티를 점령했다. 300년 전 스페인의 정복자 코르테스가 갔던 길을 그대로 미국이 따른 것이었다. 이 싸움은 멕시코의 대통령 산따 안나가 포로로까지 잡힌 완전한 멕시코의 참패였다.

지금도 라틴아메리카에서 미국인들을 경멸하는 뜻으로 쓰이는 '그링고(Gringo)'라는 단어는 베라크루스 항에 상륙한 "'녹색(Green)' 복장의 미 해병대들이여 '꺼져라(go)'"는 말에서 유래한 것이다. 미국의 남북전쟁에서 남군이 북군을 경멸하는 뜻으로 쓴 '양키'와 같은 뜻인 셈이다.

전쟁에 패한 멕시코는 1848년 미국과 '과달루뻬-이달고(Guadalupe-Hidalgo) 평화조약'을 체결할 수밖에 없게 되었다. 이 조약으로 멕시코는 텍사스를 미국의 영토로 인정해야 했을 뿐 아니라 전쟁 배상금으로 325만 달러를 물어내야 했다. 게다가 미국이 눈독들이고 있던 서부 영토(캘리포니아 · 애리조나 · 뉴멕시코 · 네바다 · 유타 · 콜로라도 일부 지역)를 1500만 달러의 헐값에 팔아넘겨야 했다. 현재 리오 그란데 강이 미국과 멕시코의 국경으로 정해진 것은 바로 이 조약에 따른 것이다. 이것은 미국에게는 엄청난 행운의 서막이었고 멕시코에게는 불행의 서곡이었다. 1848년 1월 24일, 캘리포니아에서는 엄청난 금이 발견되었다. 바야흐로 '골드 러쉬(Gold Rush)'의 팡파르가 울린 것이다. 또한 텍사스에서는 '검은 황금' 석유도 쏟아졌다. 지금도 칼텍스 등 세계 굴지의 석유회사 본부가 모두 텍사스에 있을 정도다.

이로써 멕시코는 스페인으로부터 독립한 지 불과 20년 만에 원래 영토의 절반을 미국에 빼앗기게 되었다. 이로 인한 정신적 충격과 굴욕감은 이후 멕시코 여러 지방에서 인디언의 소요로 이어졌으며 곳곳에서 분리운동이 나타났다. 멕시코에서의 반미감정은 우리가 일본에 대해 느끼는 것보다 더하면 더했지 결코 덜하지 않다. 전쟁 이후 대통령을 지낸 떼하다와 독재자 디아스는 이 같은 멕시코의 불행한 운명을 한탄하면서 "불쌍한 멕시코야, 너는 하느님으로부터는 참 멀리도 떨어져 있고, 미국과는 너무 가깝게 있구나"라고 말하곤 했다.

물론 이 같은 멕시코의 지정학적 위치가 긍정적으로 작용한 측면도 없진 않다. 세계 초강대국인 미국과 더 이상 뭘 얻겠다고 맞붙을 것이며, 그렇다고 남쪽의 인구 1000만도 안 되는 소국 과테말라가 무일 믿고 덤벼들겠는가. 따라서 멕시코는 전쟁을 생각할 필요가 없으므로, 군사력을 키우는 데 많은 돈을 들일 필요도 없게 된 셈이다. 멕시코는 1993년 GNP의 0.5퍼센트를 군사비로 썼다. 이는 전체 중남미 국가 가운데 GNP 대비 군사비 지출이 가장 적은 것이다. 같은 시기 아르헨티나는 2.4퍼센트, 칠레 3.6퍼센트, 쿠바 3.7퍼센트, 페루 1.4퍼센트, 베네수엘라 2.4퍼센트, 브라질 1.0퍼센트의 군사비를 썼다. 따라서 군부의 힘이 약할 수밖에 없는 멕시코는 군이 아예 없는 코스타리카와 함께 군의 정치 개입 없이 지난 70여 년 동안 비교적 정치 안정을 이룰 수 있었다.

미국과 멕시코 간의 지정학적 관계를 보여주는 또 다른 예를 보자. 제1차 세계대전 중인 1917년 2월의 이른바 '짐머만 사건'이 그것이다. 독일의 짐머만 외무장관이 멕시코 외무장관에게 전문을 보냈는데, 멕시코가 독일과 동맹을 맺으면 잃어버린 옛 땅을 되찾게 해주겠다는 것이었다. 물론 이는 해프닝에 불과했지만, 미국을 아연 긴장시켰던 일이기도 했다. 비록 멕시코가 이를 단호히 거절했지만, 미국으로서는 멕시코가 갖는 지정학적 의미를 새삼 느끼지 않을 수 없었으리라. 상상해보라. 독일의 육군과 전차군단이 텍사스 남쪽으로부터 쳐올라가는 것을 말이다.

그래서였을까? 1939년 멕시코의 까르데나스 대통령이 미국의 석유회

▲ 1848년 이전 미국 · 멕시코의 국경과 현재의 국경.

사를 포함해 외국의 석유회사를 모두 국유화했을 때, 영국은 이에 심히
반발했지만 중남미 국가들과 선린정책을 추구한 미국의 루즈벨트 대통
령은 이를 수용하는 조치를 취했다.

파라과이의 남녀성비를 1:9로 만든 삼국동맹전쟁

면적은 한반도의 2배, 인구는 500만이 채 안 되는 남미의 파라과이는
우리에게 잘 알려진 나라는 아니다. 그런데 1996년 4월 봄바람과 함께
와시모시 대통령이 이끄는 시민정부가 오비에도 장군이 장악한 군부에
맞서 승리했다는 소식이 전해졌다. 군부의 노골적인 정치 개입과 쿠데
타 위협을 국민의 힘으로 막아낸 것이다. 모처럼 파라과이로부터 전해
진 싱그런 소식이었다. 이어 6월에는 해외토픽 하나가 눈길을 끌었다.

파라과이와 국경을 접하고 있는 아르헨티나의 챠꼬 주에서 보물찾기 붐이 일고 있다는 것이다. 정복자의 학살을 피해 도주하면서 파묻어놓은 보물이라는 설명이었는데, 언뜻 듣기에는 스페인의 신대륙 정복 당시 얘기 같았지만 아마도 '삼국동맹전쟁' 시의 이야기를 전하는 것인 듯했다.

삼국동맹전쟁은 1864년부터 6년간에 걸쳐 브라질 아르헨티나 우루과이 3국의 연합군과 파라과이가 싸운 라틴아메리카 최대의 유혈 전쟁이었다. 얼핏 보면 이 역시 말이 안 되는 싸움이다. 인구와 면적에 있어서 대략 남미대륙의 절반을 차지하고 있는 브라질과 스페인어권에서 남미 최강의 국가인 아르헨티나와 우루과이가 연합하여 그 자그마한 나라 파라과이와 6년이 넘게 싸웠으니 말이다. 세 나라가 힘을 합쳐 맘에 안 드는 파라과이를 아예 없애버릴 작정이었을까?

그런데 사실은 그렇지 않다. 지금부터 130년 전의 파라과이는 남미 최강의 국가 중 하나였다. 물론 인구는 적었지만 남미에서 가장 공업화된 국가 중 하나였고, 외국의 힘에 의존하지 않고 독자적으로 철도를 놓고 공장을 가동시킨 나라였다. 아담 스미스의 자유주의 이론에 근거해 자유무역을 주장한 영국이 아르헨티나와 브라질 등에서 경제를 장악하고 있을 때, 파라과이는 보호무역을 내세워 착실하게 경제 발전을 이룩하고 있었던 것이다.

전쟁 발발의 표면적 이유는 독재통치를 했던 로뻬스 파라과이 대통령의 개인적 야욕 때문이라는 것이었다. 로뻬스 대통령은 스스로를 '남미의 나폴레옹 3세'로 자칭하며 강력한 군사력을 바탕으로 파라과이를 남아메리카의 프랑스로 만들려고 했다. 이는 이웃 국가들의 입장에서 보년 아주 위험한 생각이었다. 그러나 진쟁의 내면적 원인은 파라과이의 경제발전과 성장이 영국의 이 지역 지배에 방해가 된다는 점에 있었다. 영국으로서는 파라과이가 이 지역에서 경쟁상대로 떠오르기 전에 제거해야 할 필요가 있었던 것이다.

당시 파라과이는 브라질과 아르헨티나의 완충지대격인 우루과이에 대한 영향력을 놓고 서로 경쟁하고 있었다. 독립한 우루과이에서 내전이 발생하자 브라질은 우루과이의 내정에 간섭하여 꼴로라도당을 지원했다. 이에 파라과이는 반대파인 블랑꼬당을 지원했다. 결국 이런 우루과이에 대한 내정 간섭이 양국의 전쟁으로 번지게 된 것이다. 파라과이는 아르헨티나에 브라질을 공격하기 위한 길을 빌려달라고 요구했고, 이를 거부한 아르헨티나가 브라질과 연합하여 파라과이에 선전포고를 했다. 그리고 브라질의 지원을 받았던 꼴로라도당이 정권을 장악함으로써 우루과이도 이 선전포고에 가세했다.

전쟁은 세 나라의 집중적인 공격을 맞아 파라과이가 자국 영토 안에서 방어하는 형태로 진행되었다. 1868년 12월 파라과이의 수도 아순시온이 함락되었음에도 전쟁은 끝나지 않고 2년 동안이나 지속되었다. 6년간의 잔인했던 전쟁은 1870년 로뻬스 대통령이 전사함으로써 비로소 끝나게 되었다.

예상을 넘어 6년간이나 지속된 이 전쟁을 통해 승전국인 브라질·아르헨티나·우루과이는 국가통일을 공고히 할 수 있었으며, 아르헨티나와 브라질은 승리의 대가로 파라과이 영토의 일부를 자국에 병합했다. 그러나 패전의 결과는 파라과이에게 너무나 참혹한 것이었다. 한반도만한 영토(15만5400제곱킬로미터)를 빼앗겼으며, 패전에 따른 과중한

보상금(1900만 페소)도 지불해야 했다,

　그러나 무엇보다 가장 큰 피해는 인구 손실이었다. 거짓말 같은 이야기지만 6년간의 전쟁을 통해 12세에서 60세에 이르는 파라과이 남성 거의 다가 죽었다. 전쟁 전 파라과이는 52만5000명의 인구가 있었는데, 전쟁이 끝났을 때 인구는 22만 명뿐이었다. 전체 인구의 60퍼센트가 죽은 것이다. 그나마 생존자 22만 명 중 남자는 겨우 2만8000명에 불과했다. 게다가 그 대다수가 60이 넘은 노인이거나 어린아이였다. 이런 상황이니 전쟁이 끝난 후, 불법이긴 했지만 사실상 일부다처가 허용될 수밖에 없었다. 남녀의 성비가 1대 9였으니, 아마 전설상의 여인국인 아마조네스를 제외하고는 세계사에 그런 나라는 처음이었을 것이다.

　그러나 파라과이를 완전히 폐허로 만든 원인 제공자 로뻬스 대통령은 지금 국민적 영웅으로 추앙받고 있다. 강대국들의 사주에 저항하여 국가를 방어하기 위해 목숨이 다할 때까지 싸운 인물로 받아들여지고 있는 것이다.

　로뻬스 개인의 욕망에 의한 것이었든 외국의 사주에 저항을 한 것이었든, 한 가지 분명한 사실은 그 이후 파라과이는 라틴아메리카에서 가장 낙후된 국가가 되어버렸다는 것이다.

칠레 성장의 디딤돌 된 태평양전쟁

　'태평양전쟁' 하면 우리는 제2차 세계대전 당시 미·일 간에 벌어졌던 전쟁을 연상하기 쉽지만, 중남미에서의 태평양전쟁이란 페루·볼리비아 연합군과 칠레 사이에 벌어졌던 전쟁을 말한다. 1879년부터 1883

년까지 4년간에 걸쳐 치러진 이 전쟁을 통해 태평양 연안 국가간의 세력판도는 확연하게 달라져버렸다. 이 전쟁을 통해 칠레가 새로운 강국으로 등장하게 된다.

지금도 라틴아메리카에서 '칠레 군인' 하면 용감하고 강력한 군대의 상징으로 통하며, 정확하고 절도 있는 독일군의 이미지를 연상한다. 이는 아마도 태평양전쟁시 예상을 깬 칠레군의 승리와, 제2차 세계대전 이전까지 독일군에 의해 훈련된 칠레군의 모습에서 그러한 이미지가 만들어진 것일 것이다. 게다가 우리에게는 1973년 피노체트의 군사 쿠데타를 통해 비친 칠레군의 모습이 무척 강하게 인상에 남았을 것이다. 1970년 선거를 통해 집권한 아옌데 사회당 정부를 전복시킬 때, 피노체트 참모총장이 탱크와 전투기들을 동원하여 대통령궁을 공격하는 모습은 여느 쿠데타의 장면과는 사뭇 다른 것이었다.

태평양전쟁은 세계에서 가장 척박한 땅이라는 칠레 북부의 아따까마 사막에 대한 소유권 분쟁으로 시작되었다. 해안을 따라 약 1000킬로미터에 달하는 불모의 아타카마 사막은 그동안 칠레 · 페루 · 볼리비아 3국에 의해 공동 관리되고 있었으나 별다른 관심을 끌지 못한 버려진 땅이었다. 그러나 1860년대에 들어 이 지역에서 비료와 폭탄 제조의 원료가 되는 초석(Sodium Nitrate)이 발견되면서 상황은 달라졌다. 풍부한 지하자원의 매장지로 판명 난 아타카마 사막은 이제 불모지가 아니라 국가 경제를 좌우할 수 있는 중요 지역이 되었던 것이다. 그러자 볼리비아는 칠레의 초석회사에 이미 허가해주었던 볼리비아 지역 내 아타카마 사막 개발권을 회수해버렸다. 또 페루와 볼리비아는 이 지역에서 경제활동을 선점하고 있던 칠레의 팽창을 저지하기 위해 비밀군사동맹을 체결하고, 칠레 기업에는 고율의 과세를 부과했다.

　이러한 것들이 원인이 되어 전쟁이 시작된 것이다. 페루와 볼리비아는 수적인 면에서 훨씬 유리했다. 그러나 칠레는 고도로 훈련된 군대를 갖고 있었다. 1879년 5월 21일 칠레군은 에스메랄다호 함장인 쁘라트가 페루 해군과의 이끼께 해진을 승리로 이끎으로써 결정적 승기를 잡게되었다. 칠레판 이순신 장군이라 할 쁘라트는 이끼께 항구 앞에서 마지막 순간까지 장렬히 싸우다 침몰하는 에스메랄다호와 운명을 같이했다. 그리하여 그는 칠레를 스페인으로부터 독립시킨 오히긴스 장군과 함께 칠레 최고의 영웅이 되었다. 특히 칠레 해군은 쁘라트의 승리를 기리기 위해 이 날을 '해군의 날'로 기념하고 있다. 칠레는 볼리비아군을 격파하고 뒤이어 볼리비아를 돕기 위해 참전한 페루를 공격하여 1881년 리마를 점령함으로써 전쟁을 종식시켰다.

　평화협상을 통해 칠레는 해안지방의 볼리비아 소유의 사막과 페루의 영토였던 따끄나·따라빠까·아리까를 차지했다. 1929년 미국의 중재로 따라빠까와 따끄나는 페루에 반환되었지만, 아리까는 칠레의 영토로 편입되었다. 지금도 아리까는 아타카마 사막의 중심지이고 볼리비아로 가는 통로인 동시에 칠레 북부의 상업 요충지로 우리나라의 기업들도 많이 진출해 있다.

　태평양전쟁의 승리로 칠레는 이 지역의 정치·군사적 강국으로 부상했다. 경제적으로는 지하자원이 풍부한 북부지역의 영토를 차지하게 됨으로써 초석·동 등 광물 수출 중심의 '불균형한 번영기'를 맞아 초석 수출 자금이 40년간 국고의 대부분을 충당할 정도였다.

　반면 패전국인 볼리비아는 아타카마 지역에서의 수입원 상실로 심한 경제적 타격을 입었다. 게다가 해안을 빼앗겨 내륙국이 되는 바람에 태평양으로의 진출도 막혀버렸다. 이 때문에 1932년 바다로의 진출을 위해 파라과이와 챠꼬 전쟁을 벌이게 되지만, 다시 패함으로써 완전한 내륙국이 되었다.

상징적인 것이긴 하지만, 볼리비아는 아직도 독자적인 해군을 갖고 있으며 함정도 보유하고 있다. 1994년 영국전략문제연구소의 보고에 의하면, 볼리비아는 4500명의 해군 병력과 24척의 초계정을 보유하고 있다. 또 해발 3800미터 높이에 위치한 띠띠까까 호수에서 해상 기동훈련도 하고 있다. 호수에서 군사 훈련을 한다니까 좀 우습게 들리겠지만, 띠띠까까호는 평균 수심이 281미터가 넘으며 면적은 우리의 전라북도와 비슷하다. 그러니 바다에서 훈련하는 것과 별다를 것이 없다고 볼 수도 있겠다.

1970년대 후반, 볼리비아 · 페루 · 칠레는 회담을 갖고 볼리비아가 태평양으로 자유롭게 통행할 수 있도록 볼리비아에서 태평양의 아리까항까지 도로를 내는 문제를 논의했다. 그러나 칠레가 그에 상응하는 영토 보상을 요구하는 바람에 협상은 실패로 끝났다. 이는 지금까지도 인접국인 볼리비아와 칠레가 불편한 관계를 갖게 된 가장 중요한 이유다.

페루 역시 칠레와의 전쟁에서 자존심에 심한 상처를 입었다. 스페인 식민시대 남미 최강이었던 페루가 칠레에게 패해 지역 내 약소국으로 전락하고, 주요 수입원이었던 아타카마 지역을 빼앗김으로써 국가 재정 수입의 3분의 1이 줄어들게 된 것이다. 게다가 전쟁배상금 지불과 외채 증가는 페루의 경제를 최악의 상태로 몰아넣었다. 이 같은 패배의 정신적 충격과 경제적 쇠퇴는 전쟁 이후 계속되는 시민전쟁의 주요 원인이 되었다.

　전쟁과는 직접적인 관계가 없지만 페루의 최근 역사에서 중요한 사건 중 하나가 '미주인민혁명당(APRA)'의 태동이다. 1924년 아야 데 라 또레가 중남미 자생의 급진적이고 혁명적인 정당을 창당했다. 미주인민혁명당은 다양한 계급을 포괄하는 대중정당으로 농지개혁, 산업의 국유화, 노동자·농민 등 압박받는 모든 계급의 연대를 주창했다. 또한 페루 국내 문제뿐만 아니라 파나마 운하의 국제화, 미 제국주의 반대, 중남미 대중의 정치적 단결 등 중남미 전체의 문제에도 많은 관심을 보였다.

　미주인민혁명당은 이후 페루에서 가장 영향력 있는 정당으로 발전했으며, 여타 중남미 국가 정당들의 사회개혁 프로그램에 지대한 영향을 끼쳤다. 일반적으로 중남미의 좌파 민주주의 혁명정당을 'APRA 타입의 정당'이라고 할 만큼 하나의 모범이 되었다. 그러나 미주인민혁명당은 군부의 견제를 계속 받았으며 정당 활동을 금지당하기도 했다. 1969년 미주인민혁명당이 선거에서 승리할 것으로 예상되자 군부가 쿠데타를 일으켜 집권을 막아버렸던 것이다.

　이후 1985년 가르시아가 대통령이 됨으로써 미주인민혁명당은 창당 60년 만에 처음으로 정권을 장악했다. '페루의 케네디'라고 불리던 40세의 젊은 대통령 가르시아는 독자적이고 급진적인 정책을 폈다. 그 한 예로 페루 수출상품의 10퍼센트 내에서만 외채를 상환하겠다고 선언했던 것을 들 수 있다. 이는 국제통화기금(IMF), 세계은행 등 국제금융기관의 반발뿐 아니라 미국과의 대립까지 유발했다. 이로 인해 페루의 경제는 국제사회로부터 고립되고 말았으며, 가르시아 정부의 부정과 부패는 경제를 더욱 악화시켰다.

결국 60년 만에 정권을 장악했던 미주인민혁명당은 1990년 일본인 2세인 후지모리에게 정권을 내주고 말았다. 2부에서 상세히 설명하겠지만, 이후 후지모리의 통치는 10년 동안 지속되었으나, 2002년 민중 봉기에 의해 권좌에서 축출되어 일본으로 도주하고 최초의 인디오 출신 똘레도 대통령의 등장과 가르시아의 재등장을 가져왔다.

작은 국가들의 패자부활전, 챠꼬전쟁

20세기 들어서 라틴아메리카 최초의 전쟁은 '꼬맹이 국가' 들이라 할 만한 볼리비아와 파라과이 사이에서 벌어졌다. 이미 한 차례씩 패전을 경험했던 국가들인지라 결코 물러설 수 없는 한 판이었다. 1932년부터 3년간에 걸친 이 전쟁은 최고의 승자가 되기 위한 영예로운 전쟁이라기보다는 탈락하지 않기 위해 이겨야만 하는 '패자 부활전' 과 같은 것이었다.

양국간 분쟁지역은 볼리비아와 파라과이 사이에 있는 챠꼬(Chaco)였다. 이곳은 브라질 서쪽, 그리고 아르헨티나 북쪽에 있는 거대한 저지대인 그란 챠꼬의 일부였다. 칠레와의 전쟁에서 패해 태평양으로의 진출이 막힌 볼리비아에게 파라과이 강을 통해 대서양으로라도 나아가기 위해 챠꼬 지역 확보는 필수불가결한 일이었다. 게다가 볼리비아는 이 지역에 방대한 석유가 매장되어 있다는 잘못된 정보를 갖고 있었다. 반면 3국동맹전쟁에서 아르헨티나와 브라질에게 상당한 국토를 빼앗긴 파라과이로서는 더 이상의 국토 상실을 용납할 수 없었다. 그래서 인구

부족으로 개발할 수도 없었던 챠꼬 지역이었지만 굳건히 지켜왔었다.

전쟁은 수적으로나 무기의 질에서나 볼리비아가 백배 유리했으나 뜻밖에도 파라과이의 승리로 돌아갔다. 해발 3000미터대의 고산지대에 사는 볼리비아인들이 저지대로 내려와서 싸웠던 게 문제였다. 도둑도 숨이 차서 뛰지 않고 걸어다닌다는 볼리비아다. 기압 차에 적응이 안 된 볼리비아군은 시쳇말로 실력 발휘 한 번 못하고 패했던 것이다. 볼리비아는 6만여 명의 사상자를, 파라과이는 4만여 명의 사상자를 내고 휴전이 이루어졌다. 평화협정 결과 파라과이는 챠꼬 지역의 75퍼센트를 소유하고 볼리비아는 대서양으로의 항해권을 보장받았다. 양국이 조금씩 양보를 하고 전쟁을 마친 셈이다. 그러나 이 챠꼬전쟁으로 양국은 엄청난 빚을 지게 되었고, 이는 두 나라 모두에게 경제발전의 큰 짐으로 작용했다. 그래서 아직까지도 남미에서 가장 발전이 안 된 나라들로 남아 있게 된 것이다.

정치적으로도 두 나라는 모두 어려움에 처하게 되었다. 파라과이는 전쟁에서 승리했다지만 전통적 정치질서가 완전히 붕괴되어버렸다. 전쟁에서 돌아온 재향군인들이 1936년 2월 평화협정에 불만을 품고 무력으로 정권을 장악해버렸던 것이다. 이들은 민족주의적 성향을 보이면서 '2월 운동(movimiento febrerista)'이라는 이름으로 사회·경제 개혁을 시도했으며, 경제 민족주의와 국가의 시장 개입, 사회계층의 통합을 통해 새로운 질서를 확립할 것을 강조했다. 이는 당시 유럽에 번지고 있었던 조합주의 또는 국가사회주의적인 경향을 모방한 것이었다. 그러나 1937년의 군부 쿠데타에 의해 이들의 개혁은 좌절되었으며, 이후 2월 운동은 군부독재 기간 동안 정치적 탄압을 받으며 겨우 명맥만 유지했다.

볼리비아 역시 전쟁 패배의 충격에서 쉽게 벗어나지 못하고 지속적인 정치적 불안을 겪어야 했다. 무엇보다 챠꼬전쟁에 참가했다 귀향한 수많은 재향군인들이 커다란 불안 요인이었다. 특히 인디언 출신 재향군인들을 중심으로 중산층 이하의 농민과 노동자들이 단결하기 시작했다. 이들은 '국가혁명운동(MNR)'을 창당한 뒤 대중의 지지를 기반으로 1952년 혁명을 일으켜 정권을 장악하고 정치·경제·사회 등 제 분야에서의 개혁을 시도했다. 이것은 스페인으로부터 독립을 달성한 후 이루어진 최초의 개혁이었다.

혁명정부는 광산을 국유화했으며, 농민들에게는 대지주에게서 몰수한 농지를 나누어주는 광범위한 토지개혁을 실시했다. 혁명정부의 농지개혁은 1950년대 후반에 어느 정도 마무리되었다. 1960년대 초 사회주의 혁명을 위해 자원하여 볼리비아의 산골로 들어가 무장투쟁을 했던 체 게바라가 기대했던 만큼 농민들의 도움을 얻지 못하고 결국 혁명에 실패했던 것은, 어쩌면 볼리비아 혁명정부의 농지개혁이 이미 어느 정도 농민들이 불만을 해소시켰기 때문인지도 모른다.

온두라스와 엘살바도르의 축구전쟁

감정이 격해지기 쉬운 축구경기장에서는 압사사건이 발생하는 예가 종종 있는데, 지난 1989년 영국 셰필드 경기장에서 95명이 숨진 이래 최대의 사건은 1996년 과테말라시티에서 벌어진 과테말라와 코스타리카 대표팀 간의 월드컵 예선전에서 83명이 사망하는 사고였다. 이처럼 중남미 지역은, 축구 실력은 물론 관중의 열기(?)에 있어서도 유럽 지역과 더불어 세계 축구의 양대 산맥을 이룬다.

1968년 7월 더운 여름, 엘살바도르와 온두라스는 정말 한 판의 '축구 전쟁'을 치렀다. 이는 전쟁을 방불케 하는 경기였다는 식의 비유적인 표현이 아니다. 축구를 하다 진짜 전쟁으로까지 이어졌기 때문이다. 물론 전쟁이라기보다는 한판 싸움에 가까운 장난 같은 전쟁이기는 했다. 말 그대로 축구를 하다가 성질이 나서 결국 전쟁으로 발전하고 만 꼴이긴 했으나, 그 속내를 들여다보면 꼭이 축구 때문에만 일어난 전쟁이라고 하기도 힘들다. 울고 싶은데 뺨 때려주더라고, 축구시합이 전쟁을 하기 위한 빌미를 제공한 셈이었다고 보는 것이 더 정확할 것이다.

그 경과는 이랬다. 1970년 멕시코 월드컵 본선 진출권을 놓고 중앙아메리카의 6개 국가가 예선전을 치렀다. 축구를 국기로 아는 라틴아메리카에서 예선전을 통과하기란 낙타가 바늘구멍을 지나가는 것만큼이나 어려운 일이다. 1969년 6월 8일, 온두라스의 수도 테구시갈파에서 벌어진 예선 결승 1차전은 온두라스가 엘살바도르에 1대 0으로 승리했다. 그러나 1주일 후 엘살바도르의 수도인 산살바도르에서 벌어진 2차전에서는 격렬한 몸싸움 속에 엘살바도르가 3대 0으로 이겼다. 승부가 다시 원점으로 돌아가고 만 것이다.

그런데 이 경기장에서 흥분한 양국의 관중들이 난투극을 벌였고, 수많은 온두라스 응원단이 구타를 당하고 쫓겨났다. 이 소식을 접한 온두라스 국민들은 흥분하여 당시 온두라스에 살고 있던 엘살바도르인들에게 살인·약탈 등의 보복을 가하고 국경 밖으로 내쫓았다. 이 과정에서 많은 사람들이 사망하고 2000만 달러에 달하는 재산 피해가 발생했다.

온두라스는 엘살바도르 상품의 수입을 금지시키기까지 했다. 그러자 엘살바도르는 온두라스와 단교를 선언하고, 세계인권위원회에 온두라스의 만행을 규탄하고 제소했다. 물론 최종 승자를 가리기 위한 3차전은 예정대로 제3국인 멕시코시티에서 삼엄한 경비 아래 열려 엘살바도르가 이겼지만, 양국의 관계는 이미 전쟁 일보 직전까지 가 있었다.

'도토리 키 재기'에 불과하지만, 굳이 따지자면 엘살바도르는 역내 선진국이고 온두라스는 후진국이었다. 따라서 1962년 중앙아메리카 국가들의 경제성장과 통합을 위해 출범한 '중미공동시장(CACM)'에서도 온두라스에 대해서는 관세 상 특혜조치를 취하는 등 많은 배려를 하고 있었다.

온두라스는 영토가 엘살바도르보다 5배나 컸지만 인구는 엘살바도르의 반이 조금 넘었다. 이에 반해 엘살바도르는 국토에 비해 인구가 많아 이 지역에서 가장 인구밀도가 높은 국가였다. 따라서 좁은 땅에 살던 많은 엘살바도르인들이 야금야금 온두라스 쪽으로 이주해 살기 시작했다. 처음에 온두라스는 국경지역에 수많은 엘살바도르인들이 불법으로 정착해 살고 있어도 모른 체했다. 그런데 그 수가 점차 많아져 전체 인구의 10퍼센트를 넘게 되자 당연히 이들은 온두라스인들과 경쟁을 하게 되었다. 더욱이 이들 엘살바도르인은 '중미의 유태인'이라고 불리며 이 지역의 상권을 장악해가고 있었다. 이런 상황에서 온두라스 정부는 눈엣가시 같은 이 엘살바도르인들을 제재할 명분을 찾고 있었다.

1969년 7월13일 엘살바도르는 선전포고를 하고 파죽지세로 쳐들어가 온두라스의 수도 테구시갈파를 점령했다. '꼬마국가'들인 이들의 전쟁은 구식 장비에 의한 싸움으로 숫자가 많은 엘살바도르의 일방적인 우세로 진행되었으나, 아메리카 국가들의 국제기구인 '미주기구(OAS)'의 개입과 중재로 5일 만에 끝나게 된다. 결국 엘살바도르는 온두라스와의 전쟁에는 이겼지만 아무런 실익도 없게 되었다. 전쟁 결과 두 국가 간의 충돌요인을 제거하기 위해 직업이나 농지를 갖지 않은 엘살바도르인은 그 다음해부터 온두라스로 이민을 갈 수 없게 했다. 이러한 조치는 그렇지 않아도 사람은 많고 농지는 적어 어려움을 겪던 엘살바도르에게 큰 부담이 되었다.

또 양국간의 전쟁으로 중미 5개국에 의해 1962년 출범된 '중미공동시장'이 침체되어버렸다. 중미공동시장은 유럽공동시장의 성공을 모델로 하여 이 지역 경제발전을 위해 만들어진 경제 공동체로, 19세기 초 '중미합중국'이라는 이름으로 독립을 달성한 후 지금의 5개 국가로 나뉘진 뒤 다시 하나의 국가로 합쳐질 수 있는 기회이기도 했다. 그러나 시작부터 이렇게 어긋나버린 것이다.

대영제국과 맞붙은 말비나스전쟁

아르헨티나 남쪽 끝으로부터 동쪽으로 약 400킬로미터 정도, 그리고 영국으로부터는 1만4000킬로미터가 떨어진 한 섬의 소유권을 놓고 영국과 아르헨티나가 1982년 일전을 벌였다. 우리나라에서는 언론사들이 미국과 영국 등 서구의 뉴스를 그대로 전송받아 소식을 전하므로 '포클랜드전쟁'으로 알려져 있다.

문제의 그 섬은 스페인어로는 말비나스(Malvinas)라고 하고, 영어로는 포클랜드(Falkland)라고 불린다. 지리적으로는 아르헨티나로부터 비행기로 한 시간도 안 되는 거리에 있는 반면, 영국으로부터는 무려 20시간 이상 비행기를 타야 갈 수 있는 곳이다. 비유를 하자면, 우리가 아프리카 근처에 있는 한 섬의 소유권을 놓고 부근의 국가와 소유권 분쟁을 하고 있는 것이다. 그곳은 제주도의 3배 이상 되는 두 개의 큰 섬으로 이루어져 있는, 전체 면적 1만2000제곱킬로미터의 경상남도만한 크기의 섬이었다. 하지만 돌이 많고 추운 기후라서 약 2000명의 주민들이 겨우 양이나 키우며 살아가는 신통찮은 섬이었다. 그러던 것이 1980년대 들어와서 새우와 고래잡이의 어업기지로서 그 중요성이 부각되기 시작한데다 해저석유 매장에 관한 정보가 나오면서 비상한 주목을 받기 시작했다.

그런데 여기서 섬의 명칭이 상당히 중요한 의미를 지닌다. 상황을 잘 모르는 제3자에게는 선입견을 갖게 만들기 때문이다. 영어로 인식했을 때는 이 섬이 영국령이라는 암시를 받게 될 것이고, 스페인어로 인식했을 때는 아르헨티나령이라는 암시를 받을 것이다. 동해상의 '독도(獨島)'를 '다께시마(竹島)'라고 표기했을 때 생기는 문제와 마찬가지라는 말이다.

어쨌든 말비나스(포클랜드)를 놓고 제2차 세계대전 이후 늘 한 편이던 영국과 아르헨티나가 전쟁에 돌입함으로써 세계의 이목을 끌었다. 이 전쟁은 또 제2차 세계대전 이후 일어난 모든 전쟁의 배후에는 소련 공산주의가 있다던 당시 미국 레이건 대통령의 주장을 김빠지게 만든 사건이었다. 사실 말비나스(포클랜드)전쟁을 놓고 가장 고민에 빠진 국가는 영국도 아르헨티나도 아닌 바로 미국이었다. 미국은 '북대서양조약기구(NATO)'를 통해 영국과 동맹국의 관계에 있었으며, 아르헨티나와는 '리오조약(Río Treaty)'을 통해 공수동맹을 체결하고 있었다. 리오조약은 "아메리카의 한 국가가 타 대륙의 국가로부터 공격을 받으면, 이는 전체 아메리카 국가를 공격한 것으로 간주하고 무력을 포함한 모든 행동을 할 수 있다"라고 규정하고 있다. 그런데 유럽대륙의 국가이자 혈맹 우방인 영국이 아메리카대륙 국가인 아르헨티나를 공격했으니 얼마나 난감했겠는가.

미국은 진퇴양난에 빠졌다. 영국을 돕자니 지난 150년간 강조해온 먼로주의의 기본이 무너지는 것은 물론 라틴아메리카 국가들의 반발이 일어날 것이 불 보듯 뻔한 일이었고, 아르헨티나를 돕자니 미국과는 어쩌면 피로써 이어진 '모국'인 영국을 버리는 것이 되고, 정말 난감한 일이었을 것이다. 그러다 결국 내린 결정이 팔은 안으로 굽는다고 영국 편에 서는 것이었다. 이는 중남미 국가들로 하여금 미국에게 엄청난 배신감을 느끼게 했다. 적어도 미국이 중립적인 자세를 취하리라 기대했던 것이다. 전쟁이 끝난 직후, 그 같은 결정을 내린 알렉산더 헤이그 미 국무장관은 끝내 사임하고 말았다.

말비나스(포클랜드)는 1520년 마젤란의 세계일주에 참여했다 중도에 탈락한 고메스에 의해 발견된 후 스페인 소유로 되어 있었다. 그러다 1763년에는 프랑스가 점령했다가 다시 스페인의 소유로 넘어갔다. 그 후 아르헨티나의 독립과 함께 아르헨티나의 소유가 되었으나 1833년 영국이 점령해 오늘에 이르고 있다. 제2차 세계대전 이후 아르헨티나가 그 소유권 문제를 제기하여 협상이 지속되다 1977년에는 홍콩과 같은 방식의 해결책을 모색해보기도 했다. 그러나 섬에 거주하는 영국인들이 거절하는 바람에 시일만 끌고 있었다. 원래 섬에는 소수의 원주민들이 고기를 잡으며 원시적인 생활을 하고 있었는데, 영국이 섬을 점령한 후 원주민들을 다른 곳으로 이주시키고 영국인들을 이곳에 거주시키는 정책을 펴왔다. 그래놓고는 민주주의의 기본원리인 주민자결원칙에 따라 섬의 운명을 결정하자고 주장하는 것이었다. 즉, 그곳에 살고 있는 2000여 주민의 뜻에 따라 섬의 소유를 정하자는 것이었는데, 물론 아르헨티나가 이에 동의할 리 없었다.

사실 아르헨티나는 한없이 드넓고 비옥한 땅을 가지고 있었기 때문에 이 말비나스 문제는 어쩌면 자존심의 문제였다. 뾰족한 대책 없이 시간만 지나가고 있었을 즈음, 1982년 4월 2일 아르헨티나 군부는 말비나스를 기습 공격해 점령해버렸다. 사실 말이 기습 공격이고 전쟁이지, 본국에서 1만4000킬로미터나 떨어져 있는 섬을 지키는 영국 수비대는 수십 명에 불과했다. 그리고 지난 수십 년 동안 아르헨티나는 말비나스를 공격한 적이 한 번도 없었다. 그러니 영국 수비대가 특별히 중무장을 하고 있던 것도 아니었고, 따라서 그저 어느 날 수척의 아르헨티나 군함이 몰려가 상륙하면 그냥 점령되는 상태였다. 물론 영국으로서는 국가적 체면이 상하는 일이었다. 영토가 침범되도록 아무런 정보도 입수하지 못하고 있었으니, 과거 대영 제국을 건설했던 위신이 말이 아니었다.

당시 영국의 대처 정부는 경제문제로 어려움에 처해 있었는데, 마침 아르헨티나가 전쟁을 걸어왔으니 국내 정치에서 잃은 점수를 대외정책에서 딸 수 있는 좋은 기회였다. 영국은 어떤 형태로든 성과가 필요했다. 대처 정부는 아르헨티나의 섬 점령을 마치 제2차 세계대전 시 독일의 나치가 폴란드를 침공한 것처럼 호들갑을 떨었다. 따라서 민주주의를 파시스트 독재로부터 보호하기 위해 과거에 그랬던 것처럼 전 국민이 일치단결하여 강하게 대항해야 한다고 주장하고, 야당의 신중론에도 불구하고 아르헨티나에 대한 반격을 과감히 추진했다. 포클랜드를 아르헨티나의 독재 군부로부터 보호하는 것이 자유와 민주주의를 사랑하고 신봉하는 문명국 영국이 당연히 취해야 할 태도라는 것이었다.

대처 영국 수상이 이끄는 보수당은 많은 반대에도 불구하고 대서양을 완전 종단하는 전후 최대의 원정대를 구성했다. 사실 전쟁을 수행하기 위해 드는 비용이 엄청났다. 무엇보다 원정대는 전쟁을 수행하기 위해 1만4000킬로미터나 떨어진 곳으로 가야 했다. 함대가 항진을 하는 동안 어떤 위험이 있을지 몰랐으며, 특히 미국의 태도도 아직 확실하지 않았다.

전쟁이 개시되고 두 달이 조금 넘은 6월 14일 1000여 명의 사상자를 내고 아르헨티나가 항복했다. 물론 영국군도 250여 명이 전사하는 손실을 입었다. 사실 영국과 아르헨티나 간의 전쟁은 상대가 안 되는 싸움이었다. 영국의 국력이 쇠퇴했다지만, 그것은 미국이나 소련에 비해서 그렇다는 것이지 아르헨티나와 같은 제3세계 국가와 비교할 건 아니었다. 그렇다면 아르헨티나는 왜 승산도 없는 싸움에 덥석 덤벼들었을까?

사실 아르헨티나 군부는 1976년 쿠데타 이후 국가안보를 지킨다는 명분으로 '더러운 전쟁(dirty war)'을 통해 1만 명이 넘는 사람을 살해했었다. 이로 인한 국민의 불만은 커져갔으며, 이를 상쇄시킬 수 있는 경제성장도 실패하고 있었다. 오히려 450억 달러의 외채, 1000퍼센트에 달하는 인플레이션, 15퍼센트의 실업률이라는 총체적인 경제파탄을 유발시켰다. 따라서 궁지에 몰린 군부는 국내 위기를 극복하기 위한 유일한 방법은 국민의 관심을 외부로 돌리는 것이라고 생각했던 것이다. 짐작대로 전쟁기간 동안 아르헨티나 국민들은 하나로 단결해 군부의 결정을 지지했다. 단 며칠간이었지만 일치단결된 아르헨티나 국민들의 모습을 외부에 보여줄 수 있었으며, 칠레를 제외한 중남미의 모든 국가들도 아르헨티나의 편을 들어주었다.

사실 아르헨티나는 미국이 영국의 편을 들리라고는 예상치 않았다. 적어도 분쟁에 개입하지 않고 중립을 지킬 것으로 판단했던 것이다. 이것이 아르헨티나 군부의 첫번째 실수였다. 두번째는 영국의 반격이 그렇게 강경하리라고 예상치 못한 점이다. 엄청난 경비를 들여가면서까지 대단한 이익도 없는 전쟁에 초강경 자세로 나올 이유가 없어 보였던 것이다. 그러나 영국은 최고의 함대를 동원하여 대서양을 종단, 신속하게 말비나스(포틀랜드)로 출동했다. 엘리자베스 여왕의 둘째아들 에드워드 왕자도 직접 헬기를 조종해 전쟁에 참여했다. 영국을 위해 왕실이 모범을 보인 것이다.

그후 전쟁의 승패에 따라 양국은 확연히 달라졌다. 승리한 영국은 1956년 수에즈 운하 위기 이후 심리적으로 느껴왔던 '제국의 몰락' 분위기에서 벗어날 수 있었다. 초강대국은 아니지만 아직까지는 강대국이라는 위안을 받을 수 있었던 것이다. '철의 여인'이라는 별명을 가진 대처 수상의 인기는 하늘 높이 솟았고, 전후 가장 오래 집권한 수상이 되었다. 또한 보수당은 이후 집권 연장에 성공했다. 물론 2000명도 채 되지 않는 주민이 살고 있는 섬에 주민 수만큼이나 되는 2000여 명의 군대를 주둔시키고, 또 모든 생필품과 물자를 가까운 아르헨티나가 아닌 수천 킬로미터나 떨어진 곳에서 공급해야 하는 경제적 부담은 지게 되었지만 말이다.

반면 아르헨티나 군부는 전쟁에서 패함으로써 더 이상 정권을 유지할 수 없게 되었다. 말비나스전쟁을 계획하고 주도한 갈띠에리 장군은 대통령직을 사퇴했고, 이어 대통령직을 승계한 비요네 예비역 상군은 시민정부를 구성하기 위한 선거를 실시해 알폰신 대통령에게 권력을 이양했다. 이렇게 아르헨티나의 민주화는 군부의 자충수에 의해 시작되었다. 즉, 마지막 갈 데까지 간 군부가 어쩔 수 없이 내린 선택이 최악의 결과를 낳아 보다 빨리 권력에서 물러나게 된 것이다.

사실 말비나스(포클랜드)전쟁에서 가장 재미를 본 국가는 전쟁에서 승리한 영국도 아니고, 미국도 아니고, 프랑스였다. 영국이 아르헨티나의 군 수송선인 벨그라드호를 격침시킨 데 대한 보복으로 아르헨티나는 영국 해군이 가장 자랑하는 최신 기술의 레이더와 온갖 장비를 갖춘 쉐필드호를 프랑스제 '엑소세' 미사일 한 방으로 격침시켜버렸던 것이다. 누구도 상상할 수 없던 일이었다. 더구나 아르헨티나의 구식 비행기에서 발사된 미사일이 수백 킬로미터나 되는 수면 위를 낮게 날아가 정확하게 명중한 것이다. 전쟁이 끝난 후 프랑스제 '엑소세' 미사일 가격은 천장지부로 뛰어올랐으며, 각국에서는 이것을 구입하기 위해 혈안이 되었다. 싸움은 영국과 아르헨티나가 하고 실제 재미는 프랑스가 본 것이다.

영국과 아르헨티나는 한때 말비나스(포클랜드) 문제로 국교가 단절되었다가 1990년, 아르헨티나 메넴 대통령이 취임하고서야 국교를 재개했다. 유엔에서는 1988년 11월 양국이 소유권 문제를 해결하기 위해 포괄적으로 협상해야 한다는 결의를 찬성 109, 반대 5(영국 포함), 기권 37로 가결시켰다. 물론 영국은 영토주권 문제는 협상의 대상이 아니라며 비토권을 행사해 이 결정의 실질적 효과는 없었지만, 국제사회에서 이 문제를 어떻게 보는지를 알 수 있는 의미 있는 표결이었다.

중남미의 혁명 1

'**토지와 자유**' 외친 멕시코혁명

디아스의 독재와 마데로의 혁명

멕시코는 1813년 독립했지만 1824년에 이르러서야 식민 종주국이었던 스페인으로부터 독립국가로 승인받고 '멕시코합중국'이라는 이름으로 국가를 정비할 수 있었다. 그러나 1846년 미국과의 전쟁에서 패해 텍사스를 포함해 국토의 반을 상실했다. 또 1862년에는 나폴레옹 3세의 프랑스군이 침입하여 막시밀리아노 황제를 내세운 꼭두각시 제정이 선포되기도 했다. 이는 인디오 출신인 베니또 후아레스 대통령의 영도 아래 제2의 독립전쟁으로 이어졌다. 이렇듯 멕시코는 독립 이후 50여 년 동안 외부로부터는 국가로서의 존립 자체를 위협받는 국가누란의 위기를 겪었으며, 국내적으로는 정치 불안이 계속되었다.

1876년 대통령이 된 디아스는 1911년 혁명으로 쫓겨날 때까지 35년간을 권좌에 있었다. 독립 이후 계속된 정치 불안이 민주정부의 수립에 의해 사라진 것이 아니라 한 독재자의 철권통치에 의해 마감된 것이다. 독재자 디아스는 8번에 걸쳐 대통령에 재선되면서 절대권력을 행사했다. 이는 후일 '재선 반대'가 멕시코 혁명의 구호가 되게 했고, 지금까지 멕시코에서 대통령의 6년 단임 원칙이 철저히 지켜지게 하는 시발점이 되었다. 이제 아무도 대통령의 단임 원칙을 의심하는 사람이 없으며, 이는 멕시코 정치의 철칙이자 불문율이 되었다.

디아스는 통치 기간 동안 교회와 외국 자본의 적극적 지원을 받았으며, 국내 정치는 철저히 '당근과 채찍'에 의한 통제로 일관되었다. 어떤 면에서는 독립 이후 처음으로 강압적 정치 안정을 통해 경제적 발전도 이룰 수 있었다. 외국인 투자도 증가했다.

디아스 대통령은 '과학자(científicos)'라는 별칭으로 불리던 전문 관료들의 정치적 조언을 받았는데, 이들은 멕시코가 안고 있는 모든 사회·경제 문제들이 과학적 방법으로 해결 가능하다고 믿었다. 특히 각료로 임명된 이들은 정치 안정을 통한 경제발전을 위해서는 일정 정도의 독재통치가 필요하다고 여겼다. 1960년대 제3세계국가들에 번졌던 개발독재논리와 비슷한 것이었다. 그러나 이들은 지나치게 정책의 효율성만을 강조해 소수에게 부가 집중되고, 결국에는 멕시코 경제가 외국인의 손에 장악되게 하는 결과를 가져왔다. 당시 멕시코의 철도와 석유, 광산의 95퍼센트가 외국인의 소유였다. "멕시코는 외국인에게는 어머니고, 멕시코인에게는 계모다"라는 자조가 나올 정도였다.

35년간에 걸친 디아스의 장기집권과 무자비한 탄압, 외국인과 소수 대토지 소유자 위주의 경제경책, 인디오·농민·노동자의 경제적 빈곤, 디아스의 장기집권에 대한 염증, 물가상승과 경기침체, 1910년의 전면적 부정선거 등은 국민들의 반발을 점차 거세게 만든 요인이었다.

1910년 마데로는 강제로 빼앗은 농지를 인디언에게 되돌려줄 것과 공정선거와 대통령 재선 반대를 혁명의 기치로 내걸고 투쟁에 나섰다. 혁명의 불길은 빠른 속도로 멕시코 전역을 뒤덮었으며, 결국 이 같은 압력에 못 이겨 디아스는 이듬해 대통령직을 사임하고 미국으로 망명했다. 그 뒤를 이어 마데로가 대통령에 취임했으나, 우유부단한 성격으로 개혁을 추진하지 못하다가 1913년 우에르따 장군에 의해 암살되고 말았다.

판초 비야와 사파타

정권을 장악하고 대통령에 취임한 우에르따는 디아스와 다를 바 없었다. 혁명이념이나 농지개혁은 다 사라진 이야기였다. 그나마 허용했던 자유로운 출판도 탄압받았으며, 곤잘레스 같은 혁명 지도자들은 암살되었고, 1914년에는 의회마저 해산되었다.

마데로의 혁명이념에 보다 충실했던 까란사와 알바로 오브레곤 장군은 시민혁명군을 조직해 우에르따에 저항했다. 따라서 멕시코는 시민혁명군과 우에르따를 추종하는 정부군으로 나뉘어 시민전쟁 상태에 돌입하게 된다. 멕시코혁명의 제2막이 시작된 것이다.

시민혁명군은 크게 세 그룹이었다. 까란사를 중심으로 한 '헌정수호파'는 멕시코시를 중심으로 중부지방에서 투쟁했으며, 북부지방은 비적 출신인 판초 비야(Francisco Villa)가 주도했고, 남부는 농민군 출신의 사파타(Emiliano Zapata)가 농민혁명을 주장하며 농민들을 지휘해 정부군과 싸웠다.

두 진영 간의 전쟁은 자주 미국 쪽 접경지대로도 번졌다. 한 번은 우에르따의 정부군을 추격하던 판초 비야가 국경을 넘어 미국 뉴멕시코의 국경마을을 공격했다. 미국은 이에 대한 보복으로 비야를 체포하기 위해 멕시코 북부까지 쳐들어왔으나 결국 게릴라전에 지쳐 비야를 잡지 못하고 돌아갔다. 이는 혁명 기간 중에 일어난 한 에피소드지만, 지금까지 미국 역사상 본토를 공격한 사람은 판초 비야가 처음이자 유일한 사람일 것이다. 당시 미국은 멕시코인들을 열등한 민족으로 보고 멸시해 내전에 깊이 개입했으며, 혁명 기간 내내 노골적으로 우에르따를 지원했다.

1917년 우에르따의 정부군이 완전히 평정되고 혁명이 성공하자, 이들 혁명군 사이에 다시 내분이 일었다. 혁명의 마지막장이 펼쳐진 것이다. 고생은 나눌 수 있어도 기쁨은 나누기 어려운 법이듯, 북부지방의 판초 비야나 농민들의 우상 사파타는 까란사나 오브레곤 장군에게 눈엣가시 같은 존재였다.

판초 비야는 '멕시코판 임꺽정'이라 할 수 있는 인물이다. 고아로 태어나 20여 년간을 도적질로 살아왔지만, 빼앗은 돈과 물건을 가난한 사람들에게 나눠줘 '가난한 사람들의 친구'라는 별명을 얻고 있었다. 그런 비야였기에 멕시코혁명이 일어났을 때 3000여 명의 병사를 이끌고 곧바로 마데로의 혁명군에 가담해 북부지방을 평정할 수 있었다. 그는 스스로 북부군 사령관이 되어 농토를 농민들에게 나누어주고 수많은 학교를 설립하고 상업지대를 설치하는 등 농민을 위한 정책을 실시했다. 까란사와 결별한 후에는 사파타와 동맹을 추진하기도 했으나 실패했다. 이후 그는 까란사군에 암살당했지만 멕시코혁명사에 큰 발자취를 남겼다고 할 수 있다.

또한 사파타 역시 계략에 의해 암살당했지만, 그의 꿈과 이상은 아직도 멕시코 농민들의 마음속에 살아 있다. 최근 멕시코 남부 치아파스 주에서 활동하는 농민해방군 부사령관 마르코스 역시 그 맥을 잇고 있는 셈이다. 멕시코의 농민을 상징하는 하얀 옷을 입고 흰말을 타고 달리던 사파타의 모습이 1990년대의 새로운 농민혁명을 위해 마르코스를 통해 다시 환생한 것인지도 모른다.

어쨌든 멕시코혁명 후 계속된 시민전쟁은 까란사와 오브레곤에 의한

▼ 디에고 리베라가 멕시코혁명을 그린 National Palace의 벽화.

통일로 마감되었다. 그 과정에서 사파타의 과감한 농업개혁, 즉 농민들에게 무상으로 농지를 배분하는 것을 주요 골자로 한 개혁들이 혁명정부에 의해 부분적으로 받아들여졌다. 또 디아스 혁명정부는 1917년, 헌법에 국토와 그 지하자원이 국가 소유임을 명확히 함으로써 외국 자본이 국내 경제를 장악하지 못하도록 했다. 특히 디아스 독재를 적극 지지했던 교회를 교육과 정치로부터 완전히 분리시켰다. 정치·경제·사회질서에 있어 대변혁을 가져온 멕시코혁명은 20세기 최초의 사회혁명으로 소련의 볼셰비키혁명보다 7년이나 앞선 것이었다.

또한 혁명에 참여했던 메스티소와 인디오의 사회 진출이 활발해져, 이들의 문화와 전통이 멕시코를 대표하는 문화로 자리매김되었다. 즉, 멕시코는 백인의 국가가 아니라 '메스티소의 국가'라는 인식이 확실히 뿌리내려졌으며, 아스텍과 마야 문화에 대한 자긍심을 갖게 된 것이다. 이는 여타 라틴아메리카 국가와 차별성을 갖게 하는 동시에, 특히 미국과 국경을 맞대고 있는 상황에서 국민적 정체성과 일체감을 얻는 결과를 낳았다.

71년간 지속된 혁명정부

혁명정부는 중남미 역사에서 가장 성공적인 정당으로 간주되는 '제도혁명당(PRI)'을 1929년 창당하여 2000년 '국민행동당(PAN)'에게 정권을 넘겨주기까지 71년 동안 집권해왔다. 대다수의 중남미 국가들이 독재, 군부 쿠데타, 역쿠데타, 민중혁명 등 정치적 불안을 겪고 있는 데 반해 멕시코는 지난 70여 년 동안 나름대로의 '정치적 안정'을 이뤄왔던 것이다. 물론 멕시코의 정치체제가 민주주의적인 제도가 아님은 분명하다. 멕시코는 제도혁명당이 모든 정치를 독점해버리는 정당국가적 모습을 보이고 있다. 창당 이후 2000년 선거까지 한 번도 대통령선거에서 패한 적이 없으며, 각 지방의 주지사선거와 상·하의원 선거에서 1990년대 중반까지 95퍼센트 이상을 독점해왔다. 진정한 의미의 야당이 존재하지 않는 상태로 70여 년을 이어온 것이다. 과거 우리나라의 독재자들이 집권야욕을 연장시키기 위해 멕시코의 정치제도를 연구·조사하게 했다는 이야기가 있을 정도다.

이 같은 일당의 정권 독점으로 인한 많은 부작용에도 불구하고 중남미에서 멕시코가 예외적으로 정치안정을 보여주었다는 점은 특기할 만하다. 1990년 노벨문학상을 수상한 옥타비오 파스는 멕시코의 정치제도는 서구의 정치제도와는 다른 것이며, 이 같은 멕시코의 독특한 제도에 의해 달성된 정치 안정과 경제발전은 높이 평가되어야 한다고 언급한 바 있다.

멕시코의 혁명정신은 1934년에 취임한 까르데나스 대통령에 와서 보다 확립되었다. 까르데나스 대통령는 후아레스 대통령과 함께 멕시코인들에게 가장 존경받는 대통령으로, 혁명시 직접 전투에 참가했던 까우딜요였다. 또한 대통령의 자리에 오른 마지막 장군이자 대통령의 6년 단임원칙을 최초의 실현시킨 인물이었다.

멕시코 대통령은 헌법과 법률에 의해 주어진 법률적 권한과 정치적으로 형성되어온 수많은 정치적 권한을 갖고 있다. 멕시코헌법 제89조에 의하면 대통령은 각부 장관, 군과 경찰, 고위장성의 임면 권한을 갖고 있으며, 제71조에는 법률의 제안·집행 권한과 국회에서 통과된 법안에 대한 거부권을 갖고 있다. 또한 법관을 임명하고 정부공사의 고위직에 대한 임면권도 행사한다. 그러나 이 같은 법률적인 권한보다 더 중요한 것은 대통령 후계자를 지명하는 권한과 실질적으로 각 주지사 및 상·하원 의원을 지명하는 권한 및 제도혁명당을 장악하는 정치적 권한이라고 할 수 있다. 오죽하면 '6년간의 황제'에 비유되겠는가.

그런데 1994년에 대통령에 당선된 세디요 대통령은 선거 때의 공약대로 후계자 지명권을 과감히 포기하고 공정한 선거관리를 통해 멕시코 민주화를 촉진시켰다. 이는 결과적으로 2000년 제도혁명당의 선거 패배와 71년 만의 여야간 정권 교체를 가져왔다.

까르데나스 대통령은 혁명 이후 그때까지 분배한 것보다 더 많은 농지를 농민들에게 나누어주는 과감한 토지개혁을 통한 농지분배는 물론 군과 까우딜요들을 제도혁명당에 흡수하여 정치안정을 도모했다. 철도를 국유화했으며, 특히 1939년에는 미국과 영국의 석유회사를 국유화해 멕시코의 자존심을 한껏 높였다. 당시 제2차 세계대전을 목전에 둔 상황에서 미국은 석유 국유화 조치를 그대로 수용하고 영국의 반발을 무마시켜주기까지 했다. 물론 이는 당시의 상황 때문이기도 했지만, 다른 한편으로는 미국 루스벨트 대통령의 대중남미 선린정책의 결과이기도 했다.

이러한 혁명정부의 전통은 멕시코가 중남미 국가 가운데 미국에 가장 비협조적이고 비판적인 국가라는 데서도 드러난다. 게다가 국민들 사이의 반미감정 역시 높아 어느 정치 지도자도 미국에 우호적인 제스처를 취하지 않는다. 물론 현실적으로는 멕시코 경제의 75퍼센트 이상이 미국시장에 의존되어 있지만, 외형적으로는 미국에 대해 도도한 자세를 취할 수밖에 없는 것이다. 정치 지도자가 미국에 휘둘린다는 인상을 줄 경우 그의 정치생명은 이미 끝난 것이나 다름없다. 따라서 정치 지도자들은 경제적인 손실은 둘째 문제로 삼고 가장 먼저는 국민들의 대미감정을 거슬리지 않기 위해 애쓴다.

중남미 국가 중 미국과 지리적으로는 가장 가까우면서도 정치 · 외교적으로는 가장 멀리 있어온 국가가 바로 멕시코였다. 하지만 1910년 혁명의 횃불을 높이 들고 폭정에 대항하여 투쟁한 지 90년이 넘었다. 그동안 혁명 이념도 많이 퇴색해버렸고, 1990년대 들어서는 '북미자유무역협정(NAFTA)'을 통해 미국과 긴밀한 협조관계를 유지하고 있다.

미국에 대한 저항, 까란사 독트린

제2차 세계대전 이후 중남미에서 일어나는 쿠데타 · 혁명 · 정변 등 모든 중요한 사건들에는 항시 미국이 어떤 형태로든 개입되어 있다. 따라서 중남미에서 불간섭원칙이란 당연히 미국의 중남미 국가들에 대한 간섭을 방지하기 위한 것이지, 중남미 국가들의 미국 내정 간섭을 우려하는 건 결코 아니다.

멕시코는 혁명 이후 1970년대 초까지도 수동적이고 방어적인 외교정책을 펴왔다. 대외정책에서 '까란사 독트린'과 '에스뜨라다 독트린'에 근거해 불간섭, 주민자결, 분쟁의 평화적 해결 등 전통적인 원칙들을 수호하고 유지시켜나가는 데에만 주력했다. 이 같은 소극적 외교정책은 멕시코가 겪은 역사적 경험의 결과이다.

독립 직후에는 스페인의 재침에 대비해야 했고, 그후엔 미국에게 영토의 반을 빼앗겨야 했으며, 또 수년 뒤에는 프랑스에 의한 막시밀리아노 괴뢰 정부의 통치를 겪었다. 게다가 혁명 기간 동안에는 노골적으로 우에르따 정부군을 지원하는 미국에 시달려야 했다. 미국은 혁명이 끝나고 나서도 자신들의 국가이익에 위협이 된다고 한동안 멕시코 혁명 정부의 정통성을 인정하지 않았다. 이와 같은 미국의 내정 간섭은 혁명이 끝난 후 취임한 까란사 대통령이 국가주권과 불간섭원칙을 강조하는 정책을 펴게 했다. 1918년 까란사 대통령은 혁명정부 대외정책의 기본원칙을 발표하고, 이것이 국제적 원칙으로 인정되어야 한다고 강조했다.

까란사 독트린으로 불리는 이 원칙은 이후 멕시코 대외정책의 초석이 되었다. 그 기본 정신은 모든 국가는 평등하고, 각국의 법과 국권, 제도는 상호간에 존중되어야 하며, 또한 어떤 나라도 타국의 국내 문제에 어떤 이유에서건 어떤 방법으로라도 간섭해서는 안 된다는 것이었다.

그러나 미국은 그렇게 만만한 상대가 아니었다. 사실 초창기 멕시코 혁명정부는 미국과 일부 서구열강들에게 합법정부로 인정받지 못했고, 특히 미국의 압력에 의해 국제 사회에서 고립되어 있었다. (멕시코는 1923년 칠레의 산티아고에서 열린 '제5차 범미주회의'에도 초청받지 못했고, '국제연맹'에도 1932년에 가서야 가입할 수 있었다.) 결국 혁명정부는 미국의 압력에 굴복해 1923년 부까렐리조약에 서명할 수밖에 없게 되었다. 이는 미국이 혁명정부를 인정해주는 대가로 헌법 제27조에 명시된 석유와 농업에 관한 국유화 규정을 미국 국적의 회사에 대해서는 적용하지 않는다는 내용이었다.

대외정책의 기조, 에스뜨라다 독트린

이 같은 쓰라린 역사는 멕시코로 하여금 '합법정부 승인'이라는 것이 타국의 내정에 간섭하기 위한 수단으로 사용되어서는 안 되겠다는 생각을 절실히 하도록 만들었다. 1930년 9월 27일 에스뜨라다 멕시코 외무장관은 타국의 새로운 정부에 대한 승인이 그 나라의 내정을 간섭하는 수단으로 사용되는 것에 대한 명확한 반대의사를 표시했다. 그리고 앞으로 멕시코는 정부승인을 발표하지 않을 것임을 천명했다. 물론 그렇다고 이 '에스뜨라다 독트린'이 자동적인 정부승인이나 사실상의 정부 인정을 의미하지는 않는다. 다시 말해, 멕시코는 오직 타국 정부에 대한 승인 또는 불승인에 대한 표현을 하지 않겠다는 것이다. 그것을 타국에 대한 내정 간섭이라고 판단했기 때문이다.

이후 에스뜨라다 독트린은 멕시코의 대외정책 기조가 되었다. 이는 쿠바의 카스트로 혁명정부가 수립되었을 때 잘 나타났다. 1959년 1월 5일, 멕시코는 새로운 쿠바 정부에 대해 승인이나 불승인 언급을 하지 않고 "쿠바 정부와 정상적인 관계를 유지하고 있다"고만 발표했다. 또한 1973년 쿠데타로 집권한 피노체트 군사정부에 대해서도 정부승인이나 불승인에 대해 아무런 발표를 하지 않고 약 800명에 달하는 정치망명자들을 받아들였다. 그리고 1년 후 대사관을 폐쇄함으로써 피노체트 정부와 국교를 단절했다. 그러나 공식적으로는 단지 주 칠레 멕시코대사관을 철수한 것일 뿐, 피노체트 정부에 대해 아무런 공식 표명도 하지 않았다.

이렇듯 멕시코에게 '불간섭'은 곧 '국가주권'과 같은 뜻이었다. 따라서 대외정책에 있어서 '불간섭원칙'의 기치를 확고히 함은 물론 라틴아메리카 지역에서 이 원칙이 명확히 지켜질 수 있도록 많은 외교적 노력을 기울였다. 특히 '미주기구' 내에서 이 불간섭원칙이 확립되도록 애썼는데, 이는 기실 멕시코 역사상 또다시 미국의 개입을 허용해서는 안 되겠다는 두려움 때문이기도 했다. 1985년 4월 데 라 마드리드 대통령은 "중미에서의 외부 간섭은, 간섭이 어느 곳에서 오든 멕시코는 이를 결코 용인하지 않을 것이다"라고 천명함으로써 불간섭원칙에 대한 멕시코의 변치 않은 태도를 보여주었다.

중남미의 혁명2

'분노의 그림자' 사파티스타혁명

게릴라의 국회 연설

2001년 3월 28일, '사파티스타 민족해방군(EZLN)' 여성사령관 에스떼르를 포함한 4명의 대표가 멕시코 의회에서 연설했다. 이들은 '평화와 화해를 위한 위원회(COCOPA)'가 발의한 원주민들의 문화와 권리를 보장하는 법률안이 연방의회에서 통과되도록 자신들의 입장을 국민의 대표 앞에서 설명한 것이다. 그리고 "폭스 대통령의 평화협상 의지에 대한 대답으로 멕시코 연방군이 철수한 지역에서 사파티스타 민족해방군(EZLN)은 어떠한 군사행동도 하지 않을 것"임을 천명했다. 그리고 '사파티스타 정규군과 비정규군의 대장'인 마르코스 부사령관에게 전투 중지 명령을 내렸음을 공식적으로 발표했다. 이 평화 메시지에 연방의회에 참석한 의원들은 기립박수를 보냈다.

2000년 12월 1일 대통령 취임식장에서 비센떼 폭스 대통령은 선거 공약이었던 치아파스 문제의 평화적 해결을 약속했다. 다음날인 12월 2일 사파티스타는 평화협상의 선행조건으로 3가지를 제시했다. 첫째, '산안드레스 협정'을 이행하고 평화와 화해를 위한 위원회(COCOPA)가 발의한 법안을 국회에서 통과시킬 것, 둘째, 사파티스타 정치범을 석방할 것, 셋째, 치아파스 내 일곱 개 군사기지를 폐쇄하고 연방군을 철수시킬 것 등이었다. 그리고 의회에서 사파티스타의 연설이 이루어졌다.

이로써 지난 1994년 1월 1일 사파티스타 민족해방군이 멕시코 정부에 선전포고를 한 이후 멕시코 남부 치아파스 라간도나 정글에서 7년간 계속되었던 투쟁이 종식되고 평화가 정착될 수 있는 첫 걸음이 시작된 것이다.

그런데 여기서 한 가지 쉽게 납득하기 어려운 것은 게릴라 또는 반군의 대표가 국민을 대표하는 국회에서 연설을 했다는 사실이다. 그것도 다섯 시간 동안이나 멕시코 전역에 TV로 생중계되는 가운데 연설을 한 것이다. 이는 멕시코 의정사상 처음 있는 일이었다. 아니 어쩌면 세계 의정사상 처음일 것이다. 합법적이고 정통성을 가진 정부를 부정하며 무장투쟁을 전개한 게릴라나 반군에게 국민을 대표하는 의회에서 연설하게 한다? 중남미를 포함해 세계 도처에서 활동하고 있는 게릴라들에게는 더할 수 없이 환영할 만한 소식이었겠지만, 분명 쉬운 일은 아니었을 것이다.

연방 상원과 하원은 사파티스타 민족해방군을 의회에 초청하는 문제로 한바탕 논란을 벌였다. 집권당인 국민행동당은 사파티스타 민족해방군이 스키 마스크를 쓰고 있으며, 신원도 불분명하고, 또 완전히 무기를 내려놓지도 않았기 때문에 연설을 듣지 않겠다고 선언했다. 그러나 논란 끝에 치러진 전자투표 결과 하원의 경우 찬성 220, 반대 210, 기권 7로 가결되었고 상원은 찬성 44, 반대 52로 부결되었다. 집권당 소속의원 전원이 반대했지만 여소야대 국회에서 사파티스타 민족해방군 대표와 전국원주민의회(CNI) 대표들에 대한 국회 초청이 통과된 것이다.

결국 멕시코 의회는 2월 24일 사파티스다 민족해빙군의 본부가 있는 멕시코 남부 치아파스 주의 라 레알리다드를 출발해 멕시코시티까지 12개 주 35개 도시를 거쳐 15일간 비무장평화대행진을 해온 사파티스타의 요구를 수용했다. 3월 11일 멕시코시티에 도착한 이후 수십만의 지지자들과 함께 평화를 위한 협상을 요구하는 사파티스타를 멕시코 의회는 모른 체할 수 없었다. 더구나 제2야당인 민주혁명당을 비롯한 노동자 단체들과 1000만 원주민들, 농민과 수많은 시민단체가 이들과 함께하고 있었다. 그 속에는 전 프랑스 대통령의 부인 다니엘 미테랑, 주제 사마라구 노벨문학상 수상작가, 그리고 미국·프랑스·이탈리아·스페인·독일 등 세계 도처에서 온 수많은 청년들과 시민사회 단체들도 있었다.

75년 만에 되살아난 혁명 영웅, 사파타

1910~1917년 7년간에 걸친 멕시코혁명은 30년 이상 지속된 디아스 독재정권에 저항해 일어났다. 멕시코 남부 원주민 출신들인 농민들을 이끌고 '토지와 자유'를 외치며 북부지방의 판초 비야와 함께 혁명의 선봉에 선 사파타는 "토지는 경작하는 사람들의 것"이라고 주장하고, "무릎 꿇고 사느니 차라리 서서 죽겠다"며 '가난한 농민들을 위해 잘못

된 것을 고치는 데 확신과 신념을 가진 순수한 혁명가'였다.

1911년 11월 6일 '아얄라 선언(Plan de Ayala)'을 통해 농지개혁을 천명한 사파타는 까란사 혁명정부의 미지근한 개혁정책을 수용하지 않았다. 그리고 혁명군에 대항해 투쟁을 계속했다. 그러나 1919년 4월 10일 협상을 위해 치나메까 회담에 참석했다가 까란사 혁명군의 흉계로 암살되고 말았다. 많은 농민들은 사파타 장군의 죽음을 믿으려 하지 않았다. 아니 믿고 싶지 않았을 것이다. 농민의 상징인 흰옷을 입고 한 손에 총을 들고 백마를 타고 산을 달리는 사파타 장군은 원주민과 농민들의 '수호신'이 되어 영원히 살아 있는 것이다.

이후 사파타를 통해 표출된 농민들의 요구는 1917년 멕시코혁명 헌법 제27조에 포함되었으나, 1934년 까르데나스 대통령에 의해 농지개혁이 전면적으로 시행될 때까지 혁명정부에게 철저히 무시되었다. 1991년 살리나스 대통령은 헌법 제27조를 수정해 외국인이 토지를 소유할 수 있도록 했다. '사파타 장군의 정신을 반영하기 위하여'라는 이유로 개정되었지만 이는 누구나 알 수 있듯이 미국과 '북미자유무역협정'을 결성하기 위한 전제조건이었다. 이로써 문서로나마 남아 있던 농민을 위한 조항이 사라져버린 것이다.

그리고 사파타가 죽은 지 75년이 지난 1994년 1월 1일 멕시코의 남부 원주민 마을 치아파스 주에 다시 사파타가 나타났다. 아니 '사파티스타 민족해방군'이란 이름으로 다시 태어났다. 80년 전 대지주와 외국자본의 탄압과 횡포에 저항하여 "무릎 꿇고 사느니 차라리 떳떳하게 서서 죽겠다!"며 무기를 들고 일어섰던 사파타의 외침이 다시 울려 퍼진 것이다.*

멕시코가 경제적으로 미국, 캐나다와 함께 공동시장을 형성해 출범하는 날, 이번에는 스키 마스크를 쓰고 인터넷이라는 현대식 장비로 무장한 부사령관 마르코스가 원주민과 농민의 '명령'에 따라 사파티스타의 이름으로 멕시코 정부에 전쟁을 선포한 것이다.

2001년 3월 6일 평화대행진이 사파다의 고향인 모렐로스에 도착하자 마르코스 부사령관은 사파타를 민족해방군 최고 사령관으로 예우하고 한 통의 편지를 읽었다. 이는 82년 전 암살된 사파타 장군이 보내온 편지였다. "이 형제자매들은 자신들의 권리를 찾기 위해 저항하려는 의지가 아주 높았습니다. 그들은 비천한 제게 경의를 표하면서 '사파티스타'라고 이름을 짓고 군대를 만들었답니다. (…) 자유! 민주주의! 정의! 그것이 실현될 세상의 공기를 들이마시려고 말입니다."

뜨거운 태양 아래 멕시코와 세계 곳곳에서 온 수천의 관중이 마르코스 부사령관이 읽어내려가는 편지에 귀를 기울였다. 그리고 멕시코시티로 향한 평화대행진은 90여 년 전 사파타 장군과 2만5000명의 농민군이 걸어갔던 길을 그대로 따라갔다. 마치 90여 년 전 있었던 멕시코혁명이 되풀이되는 것처럼. 마르코스 부사령관은 길을 떠나기 전 "우리는 과거에 걸었던 길을 걸어갈 것입니다. 그러나 과거를 반복하지 않을 것입니다. 우리는 과거에서 왔습니다. 그러나, 우리는 새롭습니다"라고 말했다.

---

* 마르코스는 13살 먹은 바하 깔리포르니아의 소년에게 보내는 편지에서 "여기서 우리는 개만도 못한 생활을 하고 있단다. 하지만 우리는 짐승처럼 살 것인지 아니면 고귀한 사람들처럼 죽을 것인지 선택해야 했단다. 미겔, 영원히, 절대 잃어버려서는 안 될 것이 하나 있다면, 그것은 바로 인간의 존엄성이란다"라고 말하고 있다. Marcos, 『분노의 그림자: 멕시코 한 혁명가로부터 온 편지』, 삼인, 1999, p.223.

21세기 새로운 투쟁방식

사파티스타는 과거부터 있어왔던 수많은 혁명 중 하나가 아니라 전혀 새롭고 독창적인 투쟁이다. 즉 내용과 형식 모두에 있어서 새로운 투쟁인 것이다. 까를로스 푸엔떼스가 지적했듯이 사파티스타혁명은 막스·레닌이나 카스트로 또는 산디니스따 식의 혁명과는 전혀 다른 최초의 탈공산주의 혁명이다.

사파티스타 투쟁의 첫번째 특성은 원주민들이 지속적으로 자신들을 통제하도록 허용했다는 것이다. 사파티스타는 다른 중남미 반군단체와 아무런 연결 없이 대부분 원주민들로 구성되어 있다. 따라서 수천 명의 사파티스타 민족해방군 뒤에는 수만 명의 원주민들이 있는 것이다. 그리고 원주민 공동체는 사파티스타의 모든 행동을 결정하고 있다. 마르코스는 부사령관으로서 원주민 대표들로 구성된 '원주민 혁명 비밀위원회(CCRI)'의 지시를 충실히 따르고 있는 것이다.

멕시코 의정사상 처음 있었던 게릴라의 국회연설에서 마르코스 부사령관이 불참한 것에 대해 여성 사령관 에스떼르는 "우리는 원주민 혁명 비밀위원회를 대표해 명령을 내리는 사령관이고 부사령관은 우리의 명령을 듣고 실행하는 역할을 하므로 이 자리엔 우리 원주민 사령관들만 참석했다"고 설명했다. 또한 그 평화대행진에 참석한 24명의 사파티스타 대표단 중 원주민이 아닌 사람은 부사령관이자 대변인인 마르코스가 유일했다.

둘째, 사파티스타의 혁명은 인간의 존엄성을 찾기 위한 것이다. 따라서 결코 잘못에 무릎을 꿇지 않는다. 이는 사파타의 정신에도 잘 나타나 있다. 이들의 투쟁은 인간의 존엄성에 기반을 둔 것이지 결코 사회주의 혁명에서 말하는 빈부 격차나 노동 등에 기초하지 않는다는 것이다. 따라서 국가의 강력한 획일적 지시를 거부하고 민주주의와 자유, 정의를 강조하면서 각자의 차이를 인정하는 모습을 보이고 있다. 그리고 힘(무력)보다는 이성(대화)을 통해 분쟁을 해결할 것을 강조한다. 힘은 전투에서 이길 수 있지만, 결국 전쟁에서 이기는 것은 이성이라는 것이다.

셋째, 이들의 목표는 권력을 장악하는 것이 아니라 민중의 삶을 더욱 윤택하게 하기 위한 것이다. 따라서 권력을 장악하기 위한 것이라기보다는 행사해야 할 것으로 인식하고 있다. 무기를 든 것은 오직 그들의 목소리가 들리도록 하고 민주적 투쟁을 위한 공간을 확대하기 위한 것이지 권력을 장악하기 위한 것이 아니라는 것이다.

노벨문학상 수상작가인 콜롬비아의 마르께스와의 인터뷰에서 마르코스 부사령관은 "사파티스타 민족해방군이 권력을 장악하고 혁명군이 되고자 한다면 그것은 우리에게는 실패"라고 분명히 말했다. 어쩌면 치아파스 원주민들이 인간으로서의 존엄성을 가진 삶을 찾기 위해 투쟁하면서 동시에 자신들의 얼굴에서 전쟁의 모습을 지우려 했던 노력이 결국 수많은 국민들의 지지를 받을 수 있게 만들고, 또 국회에서 이들이 대 국민 연설을 할 수 있게 한 이유 중 하나일 것이다.

넷째, 마르코스는 자신들의 전쟁을 '무기의 전쟁'이 아닌 '언어의 전쟁'이라고 정의하고 인터넷을 가장 중요한 투쟁 도구로 활용했다. 가상 세계에서의 전쟁에서 사파티스타는 완전한 승리를 거둔 것이다. 팩스와 인터넷을 통한 사파티스타들의 투쟁은 라깐도나 정글의 한가운데에 있으면서도 전 지구적 연대를 이끌어낼 수 있었다. 또한 그들의 투쟁에 고무된 또 다른 다양한 투쟁들을 이끌어내었다. 국경을 넘은 전 세계적 연대는 사파티스타를 멕시코 치아빠스에 국한된 현상이 아니라 전 지구적 현상으로 만들었다. 이제 사파티스타 문제는 멕시코만의 문제가 아니라 신자유주의에 저항하는 제3세계 국가들, 그리고 전 세계의 소외받고 탄압받은 사람들의 상징이 된 것이다.

사파티스타의 발의로 1996년 치아빠스에서 열린 '신자유주의에 대한 반대와 인간성 옹호를 위한 대륙간회의'는 정보유통 및 투쟁의 전 지구적 네트워크를 탄생시키는 중요한 계기가 되었다. 사파티스타는 1996년 1월 신자유주의적 자본주의 정책들과 싸우는 문제에 대해, 그리고 자본주의를 넘어서서 인간성을 회복하기 위해 전 지구적 수준의 토론을 개최하자고 제안했다. 그리고 봄에 대륙별 회의를 갖고 여름에 대륙간 회의를 열었다. 이에 대한 반응은 한마디로 극적이었다. 1996년 7월, 5대륙 43개국에서 온 3000여 명의 풀뿌리 조직가들과 투쟁가들이 치아빠스에 있는 다섯 개의 사파티스타 공동체에서 열린 일주일간의 회의에 모여든 것이다.

이에 고무되어 1997년에 열린 제2차 대륙간 회의는 스페인에 4000여 명이 참석한 가운데 다시 열렸다. 이 같은 연대투쟁은 멕시코 정부로 하여금 사파티스타에 대한 군사적 해결방법을 철회하고 협상에 임하도록 만들었다. 1998년에는 '지구적 민중행동'을 탄생시켰다. 이는 전통적 혁명운동의 국제주의를 새로운 조건 속에서 새로운 방식으로 계승하는 것이다. 인터넷을 통한 풀뿌리 투쟁이 지구화되었다.

사파티스타를 통해 되살아난 꿈

2001년 3월 11일 사파티스타들은 멕시코 시내 한복판에 있는 대통령 궁 앞의 소깔로 광장에 도착했다. 멕시코 전역에서, 그리고 전 세계 곳 곳에서 이들을 보기 위해 수십만의 인파가 모여들었다. 7년 전 멕시코 남부 오지인 치아파스에서 원주민의 인간다운 삶의 권리를 주장하며 시작된 사파티스타의 투쟁이 이제는 멕시코는 물론이고 전 세계인의 관심과 지지 속에서 진행되고 있는 것이다. 아무도 상상할 수 없었던 일이 현실이 된 것이다.

1994년 1월 1일 '북미자유협정' 결성일을 기해 멕시코 정부에 선전 포고를 한 사파티스타 민족해방군은 미국 주도의 신자유주의에 대해 세계 그 누구보다 강력한 도전을 한 것이다. 그리고 부사령관 마르코스 는 정부군과의 전투 과정에서 인터넷을 이용해 인상적인 모습을 보여 주었다. 그의 쉽고 간결한 문체와 그 속에 담긴 깊은 내용, 그리고 날카 로운 비판은 수많은 멕시코인과 전 세계 진보적 인사들을 매혹시키고 흠뻑 빠지게 만들었다.

사파티스타의 투쟁은 권력과 돈을 가진 자와 가지지 못한 자, 순수한 이와 불순한 이, 정직한 사람과 타락한 사람 간의 대결이자 모호함으로 가득 찬 세상에서 벌이는 선명하고 단순한 투쟁인 것이다. 또한 사파티 스타의 투쟁은 원주민을 위한 투쟁이지만 동시에 여성 · 어린이 · 동성 애자 · 장애인 · 노인 · 소수민족 등 차별받는 모든 '다른 이' 들을 위한 것이다. 모든 것이 혼합되고 애매모호한 포스트모더니즘 시대에 무모 하리만치 고상하고 순수한 것이다. 따라서 전 세계 진보적 지식인이나 단체들은 이 같은 사파티스타들의 모습에서 자신이 하지 못한 투쟁과 희망을 보고 느낄 수 있었다. 잃어버린 꿈을 사파티스타를 통해 다시 꾸게 된 것이다.

판도라의 상자가 열리면서 우리 인간에게 수많은 고뇌와 고통이 생겼지만, 그럼에도 '희망'이 남아 있어 우리가 살아갈 수 있는 것처럼, 사파티스타는 과거 투쟁에서 좌절한 수많은 사람들에게 다시금 희망을 느끼게 해주었다.

'현대판 로빈 후드' 카스트로의 쿠바혁명

이리 피하려다 호랑이 만난 쿠바

카리브에 위치한 섬나라 쿠바는 콜럼버스의 첫 항해 이후 스페인의 대륙정복 전진기지였으며, 식민시대에는 영국 해적에 대항한 요새이자 본국과의 중요한 무역중개지였다. 그래서 19세기 초 아메리카의 모든 식민지가 독립 될 때에도 쿠바와 푸에르토리코는 스페인의 식민지로 남아 있었다.

19세기 말 쿠바 독립의 영웅 호세 마르티에 의해 독립운동이 시작되긴 했지만, 그는 1895년 스페인군에 의해 참혹하게 처형되고 말았다. 그런데 독립은 오히려 엉뚱한 곳에서 다가왔다. 이 지역에서 세력 확대를 꾀하던 미국이 스페인을 약화시키기 위해 쿠바의 독립을 노골적으로 지원했는데, 1898년 쿠바 독립군을 지원하던 미국 전함 메인호가 아바나 항에서 알 수 없는 이유로 폭발했다. 그러자 이를 구실삼아 미국은 스페인과 전쟁을 개시했다. 전쟁은 5개월 만에 미국의 승리로 끝났고, 파리강화조약에 의해 스페인은 쿠바·푸에르토리코·필리핀을 미국에 넘겨주게 되었다.

결국 쿠바는 스페인으로부터의 독립은 달성했지만, 다시 미국의 실질적 지배 아래 놓이게 된 것이다. 이리를 피하려다 호랑이를 만난 꼴이었다. 미국은 쿠바를 무력 점령하고 군사통치를 실시했으며, 1902년 철수 이후에도 내정 개입은 그치지 않았다. 미국의 뜻을 거스르는 어떠한 행동도 좌시되지 않았던 것이다. 형식적으로는 독립을 했지만 식민지와 다름없는 상황이었다.

미국의 내정 개입을 가능케 한 것은 1902년 미국이 철수하면서 만든 '플랫트 법'이었다. 이 법에 따라 미국은 쿠바 내에 미 해군과 육군의 군사기지를 설치할 권리, 쿠바의 내정에 간섭할 권리를 보장받았다. 물론 이 법 자체가 미국의 의도에 의해 만들어진 것이므로, 법에 따라 행동했다고 미국이 '죄'가 없다는 얘기는 결코 아니다.

이후 1930년대 들어서 중남미 국가에 대한 선린정책을 주장한 프랭클린 루스벨트 대통령에 의해 '플랫트 법'은 무효화되었다. 그러나 미국은 쿠바의 동남쪽에 위치한 관타나모 기지를 2000년까지 할양해 사용할 수 있도록 계약을 체결했다. 쿠바혁명 이후 관타나모 기지는 미국의 대(對) 쿠바전진기지로 이용되고 있다. 지금도 3500여 명의 미군이 주둔하고 있으며, 10만여 명에 가까운 아이티의 난민들이 이곳에 수용되어 있다. 지난 1994년 여름부터는 쿠바 난민들도 이곳으로 수용되었다. 그리고 2001년 9·11 테러 이후 미국은 아프가니스탄에서 생포한 탈레반 전사들도 이곳에 분산 수용시켰다.

기지를 반환하기로 되어 있던 2000년이 지난 지 벌써 3년이 되었건만 미국이 카스트로 정부에 기지를 순순히 돌려줄 것이라고 믿는 쿠바인도 미국인도 별로 없는 것 같다. 어쨌든 관타나모는 공산 쿠바와 직접 맞대고 있는 미국의 최일선 군사기지로 약간은 살벌한 느낌이 들지만, 우리나라에는 이주 흥겹고 즐기운 〈관다나메라(관타나모의 아가씨)〉라는 노래로 많이 알려져 있는 곳이기도 하다.

선린정책을 표방한 이후 미국은 직접적인 무력 개입은 자제했지만, 카스트로 혁명 이전까지는 쿠바 내 대다수 생산시설을 소유하는 등 실질적으로 식민지배와 다를 바 없는 정책을 폈다. 1933년 미국의 지원을 받아 정권을 장악한 바티스타는 쿠바를 발전과는 거리가 먼 나라로 만들었다. 외국인 관광객과 범죄가 득실거리는 곳, 또 외국 범죄자들의 돈 세탁 장소로 쿠바는 그렇게 변해갔다.

가장 드라마틱한 혁명

카스트로는 1953년 쿠바 제2의 도시인 산티아고에서 무장봉기해 몬까다 경찰서를 습격했으나 실패해 잡히고 말았다. 당시 바티스타 정권은 군인 1명이 사망하고 게릴라 10명의 총살로 보복했다. 그런데 마침 카스트로를 생포한 군 수색대장이 초등학교 동창이었다. 카스트로는 덕분에 즉결처분은 면할 수 있었다. 법정에서 15년형을 선고받은 카스트로는 "역사는 나를 무죄로 석방할 것이다"라고 말하는 당당함을 보였다.

이후 바티스타에 의해 사면된 카스트로는 멕시코로 망명했다. 그리고 기기에서 체 게바라와 만났으며, 1956년 82명의 동지들과 함께 그란 마호를 타고 새로운 혁명을 위해 다시 쿠바로 잠입했다. 그러나 이를 알고 미리 기다리고 있던 군에 의해 일행은 섬멸되었고, 가까스로 도주한 10여 명만이 산 속으로 숨어들어가 기나긴 게릴라전을 시작하게 된다.

1957년 미국의 허버트 매튜스 기자는 시에라 마에스트라 산맥에서 카스트로와 인터뷰를 하고 미국의 주요 일간지에 이를 상세히 보도했다. 카스트로는 하루아침에 무명의 게릴라에서 독재에 항거 투쟁하고 있는 '현대판 로빈 후드'로 알려지게 되었다. 이후 카스트로는 바티스타 독재에 항거해 게릴라전을 계속했고, 마침내 1958년 11월 하바나에서의 시민봉기와 맞물려 부패한 바티스타 정권은 무너지게 된다.

쿠바혁명은 20세기 중남미 역사에서 가장 드라마틱한 사건이다. 1959년 반미 성향의 카리스마 있는 정치 지도자 피델 카스트로가 권력을 장악한 이래, 지난 44년간 쿠바의 운명은 카스트로 한 개인에 의해 결정되어왔다고 해도 과언이 아니다. 카스트로는 쿠바를 정치·경제·사회 등 모든 면에서 이전의 쿠바와는 전혀 다른 모습으로 변화시켰다. 혁명을 통해 쿠바를 현대 소비에트 사회로 탈바꿈시켰으며, 아메리카의 급진적 사상들을 쿠바식으로 변형된 사회주의에 용해시켰다. 쿠바혁명은 1910년의 멕시코혁명, 1979년의 니카라과의 산디니스타혁명과 함께 20세기 중남미 3대혁명이라고 할 수 있으며, 진정한 의미의 사회주의 혁명으로 여타 국가들에게 큰 영향을 미쳤다.

카스트로는 정권을 잡은 뒤 제일 먼저 미국계 기업과 대지주의 토지를 몰수했다. 이어 석유법과 대기업 국유화법을 제정하여 대다수가 미

▲ 1961년 1월 하바나에서 피델 카스트로의 연설을 듣고 있는 혁명군들.

국인 소유로 되어 있는 설탕·석유 회사를 접수하는 등 개혁을 단행했다. 또 집단농장 운영을 통해 농업생산을 장려하는 동시에 군비를 강화해 미국의 침공에 대비했다. 집단 교육 프로그램에 의한 문맹퇴치정책을 통해 모든 국민들에게 최소한의 교육과 양질의 교육서비스를 제공했으며, 보건과 복지정책 향상을 통해 중남미 지역에서 최고의 의료서비스와 주민복지정책을 추구했다.

이 같은 혁명정부의 노력과 소련을 위시한 사회주의 국가들의 지원으로 중남미에서 가장 뒤진 국가였던 쿠바는 빠른 경제발전을 이룩할 수 있었으며, 교육과 체육, 의료 분야에서는 선진국에 버금가는 수준을 이뤘다. 60년대 말 일부 종속이론가들은 쿠바를 그들 이론의 실천국가로 간주할 정도였다.

식량배급이 제대로 안 되고 석유가 부족해 버스 운행을 중단할 만큼 쿠바의 경제가 위기에 처하고 카스트로 정부의 존립 자체가 의심스러웠던 1990년대에 들어와서도, 유럽이나 미국의 많은 관광객들이 쿠바의 값싸고 수준 높은 의료 진료를 받기 위해 쿠바를 찾은 것은 역설적이다. 1995년에는 약 7000여 명의 외국인이 의료서비스를 받기 위해 쿠바를 찾았다. 쿠바의 의료 수준은 당뇨병과 안과 시술에서는 세계 최고를 자랑하고 있어, 최근 경제위기 타개책의 하나로 '의료관광'을 개발해 큰 성과를 거두고 있을 정도다.

발전동맹과 케네디 신화

카스트로 공산정권의 등장은 당연히 이 지역에 이데올로기의 대립을 가져왔다. 다시 말해, 미국이 주도하는 자본주의가 공산주의보다 훨씬 민주적이고 효율적이라는 것이 증명되지 않을 경우 여타 중남미 국가들이 쿠바의 예를 따를 위험이 있었던 것이다. 결국 쿠바의 사회주의화는 케네디 행정부가 1961년 '발전동맹'을 창설하고 이 지역에 경제적 원조를 대대적으로 시행하게 하는 계기가 되었다. 미국은 처음 10년간 약 200억 달러를 저이자 또는 무이자로 중남미 국가들에게 지원할 것을 약속했다. 발전동맹은 쿠바를 제외한 모든 중남미 국가를 근대화시키고 발전시키기 위한 장기계획이었다.

먼로 독트린 이후 미국의 대 중남미 정책은 테오도르 루스벨트 대통령의 '곤봉정책(Big Stick Policy)'으로 상징될 수 있는 것이었다. 물론 1930년대 프랭클린 루스벨트의 '선린정책(Good Neighbour Policy)'으로 많이 유화되긴 했으나, 기본적으로는 미국의 이익에 크게 반하지 않는 한 현상유지가 그 골간이 되었다. 즉, 대상이 독재정권이든 무엇이든 상관하지 않았다. 이러한 미국의 현실유지 정책이 현실변혁 정책으로 바뀐 것이다. 이는 획기적인 변화로 평화적 혁명이라고 할 수 있었다.

이 같은 정책 전환은 모든 중남미 국가들의 절대적인 지지를 받았다. 당연히 발전동맹을 주도한 미국의 케네디 대통령은 중남미인들에게 영웅이 되었다. 게다가 그의 암살은 그를 '순교자'로 만들어 중남미에 '케네디 신화'가 휘몰아치게 했다. 케네디는 젊고 매력적이었을 뿐만 아니라, 미국 대통령이 된 최초의 가톨릭 신자이기도 했던 것이다.

'중남미 마샬플랜'이라는 이름으로 불린 발전동맹의 목적은 명확했다. 여타 중남미 국가에 쿠바 공산혁명의 침투를 저지하려는 것이었다. 즉, 이 지역의 생활수준을 향상시킴으로서 궁극적으로 공산 세력의 준동을 막을 수 있다고 보았던 것이다. 그런 의미에서 카스트로가 발전동맹은 쿠바혁명이 없었다면 결코 만들어지지 않았을 것이라고 한 것도 부분적으로는 옳은 지적이다.

그러나 발전동맹은 미국의 정책을 적극적으로 따르는 국가들만을 대상으로 한 것이었다. 미국의 대 쿠바정책을 적극 지지하고 따르는 국가들에게 경제적인 지원을 확대한 것에 다름 아니었다.(이 같은 미국의 정책은 1980년대 초반 니카라과혁명을 제압하기 위해 레이건 대통령에 의해 똑같은 방식으로 다시 추진된다.) 미국은 미주기구를 통해 아메리카의 모든 국가가 쿠바와 외교관계를 포함한 모든 관계를 끊도록 종용했다. 이에 멕시코를 제외한 모든 중남미 국가들이 동참했다.

그러나 케네디를 이어 대통령직을 승계한 존슨 등 미국의 보수 세력은 중남미 발전동맹에 부정적이었다. 더구나 미국의 월남전 개입과 1968년 미 상원의 외부 지원자금 대폭 삭감 등 미국의 일방적인 정책 결정에 따라 발전동맹은 무력화되었다. 동시에 중남미 국가들의 보수적 지배층 역시 농지 개혁, 노동조건 개선, 민주제도 건설 등 개혁 바람이 조성되는 것을 원치 않았다. 사회개혁과 공업발전을 추진한다는 발전동맹이 중남미 정부들과 미국 내 자유주의자들로부터는 좋은 호응을 얻었지만, 막상 실행 단계에 들어가서는 미국 내에서뿐 아니라 중남미 여러 나라에서도 큰 저항을 받았던 것이다. 결국 케네디 대통령에 의해 많은 중남미인들의 기대 속에서 시작되었던 발전동맹은 실패로 끝나고 말았다.

피그만 사건과 미사일 위기

1961년 4월 케네디 행정부는 쿠바 난민들의 쿠바 본토 침투를 간접 지원했다. 그러나 미국 CIA에 의해 기획 추진된 이 작전은 완전한 실패로 끝나고 말았다. 쿠바 내 미국 군사기지인 관타나모 옆 피그 만에 상륙한 1500여 명의 쿠바반군들은 상륙 이틀 만에 완전히 진압당했다. 기대했던 반(反)카스트로 민중봉기가 일어나기는커녕 오히려 카스트로를 중심으로 일치단결해 반군을 순식간에 섬멸해버린 것이다. 피그만 침공 1년 반 뒤 카스트로는 5300만 달러 상당의 식량과 의약품을 받고 포로들을 미국에 송환했다. 이 피그만 사건으로 미국과 쿠바의 관계는 더욱 멀어졌으며, 그해 12월 카스트로는 공식적으로 공산주의자임을 선

▲ 피델 카스트로. 그는 혁명을 이해하고 원하는 사람만이
쿠바에 머물 수 있는 정책을 추구했다.

언하게 된다.

이에 미국은 쿠바를 해상 봉쇄하여 여타 국가들로부터 완전 고립시켰다. 멕시코를 제외한 모든 중남미 국가들은 쿠바와 단교조치를 취했으며, 여타 서방국가들도 미국의 결정에 따라 쿠바와 국교를 단절했다. 결국 이 같은 미국의 대 쿠바 정책은 쿠바를 소련을 위시한 사회주의 국가들에 더욱 다가가도록 강제한 셈이다.

또한 1962년의 '미사일 위기'는 제2차 세계대전 이후 미·소 양대 강국이 맞부딪친 가장 위험한 순간이었다. 미국의 압박에 불안을 느낀 카스트로는 소련의 원조를 받아들였고, 소련은 미국의 코앞에 핵미사일 기지를 건설하려 했다. 미국이 북대서양조약기구 동맹국인 터키에 핵미사일기지를 설치해 소련을 압박한 것과 마찬가지였던 셈이다. 소련으로서는 미국에 일격을 가할 절호의 찬스였을 것이다.

그러나 미국은 이 정보를 미리 확보하고 소련에 미사일기지를 철수할 것을 강력하게 요구했다. 그러자 소련은 쿠바에 설치하는 미사일이 방어용이며, 미국의 재침을 막기 위한 것이라는 이유로 이를 거절했다. 이에 미국은 쿠바 해상 밖에서 미사일을 선적한 소련 함대를 힘으로 저지했다. 소련 선박들이 해상 봉쇄선을 넘을 경우 소련과의 핵전쟁도 불사하겠다는 케네디 대통령의 최후통첩이 후르시초프 서기장에게 전달되었다. 소련과 미국의 함대가 일촉즉발의 대결 상황에 돌입하자 전 세계는 아연 긴장할 수밖에 없었다. 핵전쟁이 실제로 발생할 수도 있었던 것이다.

그 같은 상황에서 케네디와 후르시초프는 극적으로 타협했다. 소련이 미사일을 철수하는 대신 미국은 쿠바를 침입하지 않겠다는 약속을 내놓았던 것이다. 쿠바의 안전이 보장된 것이다. 이후 쿠바는 사회주의권에 완전히 포함되었다. 쿠바는 그후 20여 년 동안 이데올로기적으로 아메리카에서 완전히 고립된 섬이었다.

미국의 근시안적 대 쿠바정책

카스트로는 쿠바에는 혁명을 이해하고 원하는 사람만 머물 수 있는 정책을 추구했다. 즉, 쿠바혁명에 동의하지 않는 사람은 쿠바 밖으로 자유로이 갈 수 있도록 했다. 그 대표적인 예가 1980년 마리엘 사태와 1994년 여름 보트피플의 쿠바 탈출 사태다. 카스트로는 미국이 쿠바 내에서 '대학살'을 일으키고 있다며, 미국이 계속해서 탈출을 조장한다면 난민 탈출을 제한하지 않겠다고 선언했다. 쿠바인에 대한 공식적인 비자 발급은 제한하면서도 해상을 통해 불법 입국한 쿠바인들을 계속 받아들이는 미국의 정책이 쿠바인들의 위험을 무릅쓴 '해상 탈출'을 부추기는 결과를 낳고 있었다. 따라서 이제 더 이상 '미국의 국경 수비대' 노릇을 하지 않겠다고 한 것이다.

이는 클린턴 대통령에게 기억하고 싶지 않은 악몽을 떠오르게 했다.

1980년 정치적인 이유로 발생한 마리엘 사태 때, 쿠바 정부가 주민들의 탈출 제한을 철폐하자 단 6개월 만에 12만5000명의 난민이 미국으로 몰려들었다. 당시 아칸소 주 주지사였던 클린턴은 쿠바 난민을 수용했고, 결과적으로 이로 인해 주지사 재선에 실패하고 말았다.

미국 내 쿠바 교민의 본국 송금 제한, 마이애미와 아바나 간의 전세 항로 폐쇄 등 43년간에 걸친 미국의 쿠바경제봉쇄 정책들과 소련과 사회주의국가들의 붕괴, 그리고 이로 인한 교역 감소로 쿠바 경제는 급속히 악화되었다. 1994년 쿠바는 그 타개책의 하나로 1967년부터 없앴던 대부분의 세금을 다시 부활시켰다. 과거 자본주의와의 경쟁에서 사회주의의 우월성을 과시하기 위해 폐지했던 주택·선박·농장 등에 약 2퍼센트의 세금을 부과시키는 새 세금법을 제정했다. 또 부분적으로 자본주의 생산방식을 도입해 변화를 추구하며 미국에 화해 제스처를 보였으나 미국은 강경 자세로 일관하고 있다.

1994년의 보트피플 대량 탈출 사태는 전 세계를 경악시켰다. 이는 과거와 같은 정치적인 난민이 아니라 단지 경제적인 어려움 때문에 발생한 것이었다. 쿠바의 아바나 항에서, 또 인근의 바닷가에서 나무상자나 스티로폼으로 만든 조악한 뗏목을 타고 해류에 의지해 미국의 마이애미에 가겠다는 숫자가 급증했다. 반수 이상이 도중에 죽게 될 것이라는 이야기도 이들의 탈출을 막지는 못했다. 또 남아 있는 쿠바인들 중에 이들을 매국노나 조국의 반역자, 배반자로 생각하는 사람은 하나도 없었다. 경제적으로 어려운 상황에서 새로운 삶을 찾아 떠나는 사람들을 무관심하게, 그리고 피할 수 없는 현실의 일부로 받아들였던 것이다.

미국 의회와 학계 일부에서는 미국의 대 쿠바정책이 너무 근시안적이라는 비판이 일었다. 쿠바봉쇄정책이 결국 카스트로 정부를 소련으로 가게 했으며, 40년 동안 계속되고 있는 경제봉쇄정책이 마리엘 사태 또는 해상난민 사태를 유발시켰다는 지적이었다. 1995년 『뉴욕타임스』는 한 사설에서 "현재의 미국 외교정책은 과거 냉전시대의 잘못된 산물이다"라고 비판하며, "33년째 계속되고 있는 쿠바에 대한 금수조치를 해제하라"고 클린턴 행정부에 촉구하기도 했다. "냉전의 유령이 사라진 지금, 쿠바는 그저 가난한 이웃 국가에 불과하다"는 것이다. 경제적으로 쿠바를 고립시켜 반카스트로 폭동을 일으키려는 클린턴 행정부의 시나리오는 비인간적일 뿐 아니라 실현 가능성도 없다는 지적이었다. 또한 부시 정권 때 국무차관보를 지낸 버나드 아론슨도 쿠바의 민주화 없이는 문제가 해결될 수 없다며, 쿠바의 경제봉쇄를 풀어 항로도 개설하고 관타나모 기지도 반환해주는 등 가능한 카스트로의 요구사항을 수용하여 문제를 해결해야 한다고 주장했다.

그러나 미국 내의 현실 정책은 전혀 방향을 달리하고 있다. 미국의 뜻에 맞지 않는 카스트로 정권은 몰락시켜야 한다는 것이 먼로정책 이후 미국의 전통적 입장이고, 또 현실적으로는 플로리다에 정착해 살고 있는 반카스트로 성향의 쿠바계 미국인들의 영향력도 무시할 수 없는 것이다. 이 같은 미국의 태도는 1996년 쿠바와 통상하고 있는 외국의 회사들을 제재하는 '헬름스-버튼(Helms-Burton) 법'에도 잘 나타나 있다. 거의 폐기처분까지 이르렀던 이 법안이 재미 쿠바인 단체 소속 민간 항공기 2대의 격추 사건으로 다시 부활했는데, 이 법은 쿠바 내 미국인 자산을 소유하거나 이를 이용해 이득을 취하는 외국 기업들을 미국 법정에 고소해 보상을 받을 수 있도록 하고, 쿠바에 투자하는 외국 기업의 임원·대주주 및 그 가족들의 미국 입국을 불허한다는 것이 그 골자다. 쿠바가 미국 땅인지 독립된 국가인지 구분이 잘 안 될 정도다. 미국 정부는 카스트로가 '미국 땅'인 쿠바를 일정 기간 강제로 점령하고 있는 것으로 간주하고 있는 것은 아닌지 모르겠다.

'엘리안 곤잘레스 사건'의 진실

1999년 11월 25일 처음 미국에 등장한 6살의 천진난만한 꼬마 엘리안 곤잘레스(Elian González)는 5개월 만에 미국뿐 아니라 세계 뉴스의 초점이 되었다. 미국 연방정부의 무장 특공대는 2000년 4월 22일 새벽 5시 엘리안의 마이애미 친척집을 급습해 그를 친척들로부터 강제로 떼어내 워싱턴에 머물고 있는 아버지와 상봉시켰다. 마치 영화에 나오는 한 장면과도 같았다. 이로써 2000년 1월 5일 미국 '이민 귀화국(INS)'이 쿠바 난민 엘리안을 쿠바로 돌려보내기로 결정한 후 107일 만에 송환 약속이 이행된 셈이다. 그리고 엘리안은 쿠바로 돌아갔다.

어쨌든 엘리안 문제는 미국 대통령 선거의 쟁점이 되었으며, CNN이 정규방송을 중단하고 몇 시간에 걸쳐 속보를 내보낼 정도였다. 도대체 무엇 때문에 엘리안을 둘러싸고 세계의 이목이 집중되었을까?

1999년 11월 엘리안은 어머니를 따라 미국에 밀입국하기 위해 쿠바를 떠났다. 그러나 마이애미 해안에 도착하기 직전 풍랑으로 배가 뒤집혀 어머니를 잃고 고무 튜브에 의지한 채 바다를 떠다니다 이틀 만에 다른 두 사람과 함께 극적으로 구조되었다. 이 같은 엘리안의 생존은 말 그대로 하나의 드라마였다. 이 소식을 접한 쿠바 정부는 미국 정부에

▲ '엘리안 곤잘레스 사건'은 미국과 쿠바 간에 펼쳐진 한 편의 정치 드라마였다. (『중앙일보』 2000년 1월 25일)

엘리안을 쿠바에 살고 있는 아버지에게 즉각 돌려보낼 것을 요구하는 외교각서를 보냈다. 엘리안을 되돌려달라는 쿠바 정부의 요구에 미국은 선뜻 응할 수 없었다.

마이애미 시에는 80만 명이 넘는 쿠바계 미국인들이 살고 있다. 이들은 대부분 1959년 쿠바혁명을 피해 미국에 망명한 반카스트로주의자들이다. 이들은 40년이 지난 지금까지도 카스트로 정권을 붕괴시키기 위해 〈라디오 마르띠(Radio Martí)〉 방송을 통해 쿠바인들이 쿠바를 탈출하도록 부추기는 등 다양한 정치활동을 하고 있다. 이들에게 엘리안은 죽음의 파도를 넘어 자유의 땅 미국에 상륙한 어린 '자유 투사'였다. 그리고 목숨을 걸고 쿠바를 탈출한 '어머니의 뜻'은 엘리안을 자유롭고 풍요로운 미국에서 살게 하려는 것이었기에, 공산 독재의 쿠바로 돌려보내지 않는 것이 그를 위한 최선의 선택이라고 생각했다.

그러나 미국 정부는 아버지가 친권을 갖고 있기 때문에 엘리안을 쿠바로 돌려보내야 한다고 결정했다. 다시 말해, 클린턴 정부는 카스트로 정부의 입장을 법적인 면에서 지지한 것이다. 그리고 여론조사 결과 플로리다 주민 60퍼센트 이상이 엘리안의 송환을 지지하고 있었다. 문제는 엘리안을 어떻게 돌려보낼 것인가였다.

쿠바계 미국인이 장악하고 있는 마이애미 시 정부가 연방정부의 협조 요청을 거부한 것은 당연했다. 쿠바계 미국인들은 엘리안이 머물고 있는 집 주위에 인간 사슬을 형성해 강제 구인을 저지했다. 그러한 복잡한 구도 속에 미국의 대통령선거가 겹치면서, 표를 의식한 어느 정치인도 플로리다 주, 특히 마이애미를 중심으로 살고 있는 쿠바 출신들의 표를 무시할 수는 없었다. 플로리다는 선거인단이 25명으로 캘리포니아(54명), 뉴욕(33명), 텍사스(32명)에 이어 네번째로 많고, 쿠바계 미국인이 전체 유권자의 15퍼센트를 차지하고 있었기 때문이다. 따라서 이들의 입장에 반대했다가는 대선 전략에 당연히 차질을 빚을 수밖에 없는 상황이었다.

그런데 왜 목숨을 걸고 쿠바를 탈출할까? 확실한 통계는 없지만, 바다를 건너는 도중 반수 이상이 목숨을 잃게 되는데도 쿠바를 떠나 미국으로 가는 사람이 수없이 많다는 것이다. 왜 쿠바를 떠날까? 이것은 어쩌면 엘리안의 이야기를 이해하는 첫걸음일 것이다.

1960년대 초부터 미국은 카스트로 정권을 전복시키기 위해 쿠바봉쇄 정책을 취해왔고, 이로 인해 지난 40여 년 동안 쿠바는 경제적 어려움을 겪어왔다. 또한 미국은 쿠바인들의 불법이민을 부추기는 '쿠바 조정법'을 만들었다. 이 법에 따라 미국으로 오는 어떤 쿠바 불법이민도 즉

각 '피난권'을 획득할 수 있고, 미국 체류 1년 후면 합법적인 영주권을 얻는 것이다. 합법적인 이민은 엄격히 제한하지만 불법 이민은 언제든 받아들이는 미국의 모순적인 정책은 지금까지 그 어떤 국가의 불법 이민자에게도 준 적이 없는 엄청난 특혜다. 그러니 수많은 사람들이 떠나는 것이다. 사실 해류상으로 보면 쿠바 북부에서 배를 타면 자연스럽게 플로리다 남부에 도착하게 된다. 그리고 거리가 145킬로미터밖에 되지 않으니 사람들이 한 번 해볼 만하다고 생각했던 것일까?

지난 40년간 미국은 철저하게 쿠바를 봉쇄했다. 그러나 카스트로 정권은 붕괴되기는커녕 강력한 통치력을 바탕으로 세계 최강의 미국에 대항해 굳건히 버티고 있다. 이제 미국은 대 쿠바 봉쇄정책에 변화를 모색하고 있는지도 모른다. 그러나 쿠바계 미국인들은 그것을 원치 않고 있다. 그 갈등이 표출된 것이 바로 엘리안 문제였다. 지금도 미국 내 반카스트로 단체가 만든 '엘리안에게 자유를(www.libertyforelian.org)'에서는 엘리안을 '돌고래에 의해 보호된 사람'으로 신격화하고 있다. 어떤 의미에서 엘리안은 최근 영향력을 잃어가고 있는 반카스트로 전선을 결집시킬 수 있는, 모처럼 나타난 '전쟁 영웅'과도 같은 것이었다.

미국과 중남미의 관계

한 마리 고양이와 스무 마리 쥐

흔히 미국과 중남미의 관계는 '한 마리 고양이와 스무 마리의 쥐' 또는 '한 마리 코끼리와 스무 마리의 개미'에 비유된다. 여기에는 첫째, 미국과 중남미는 서로 불편한 관계이고 둘째, 한편의 일방적인 공격만이 있는 관계라는 뜻이 들어 있다. 고양이와 쥐는 만화영화에서나 장난하고 함께 노는 친구이지 현실에서는 결코 같이 있을 수 없는 상대이다. 미국과 중남미의 관계가 그렇다는 것이다. 배부른 고양이는 쥐를 잡아먹지 않지만 배가 고파지면 상황은 달라진다. 또 코끼리가 잠을 자다가 뒤척이기라도 하면 그 옆에 있던 개미는 말 그대로 묵사발이 될 수밖에 없다. 의도했건 의도하지 않았건 미국의 일거수일투족은 중남미 국가들에게는 심대한 영향을 미치고 있는 것이다. 이것은 지금까지의 미국과 중남미의 역사가 증명해주고 있다.

국제 정치에 있어 '국제법'은 국가간의 합의에 의해 지켜져야 할 약속이다. 대개 강대국들은 자국의 이익뿐 아니라 '인류 공존의 영원한 가치'를 지키기 위해서라는 명분으로 국제 정치를 주도적으로 이끌어 왔다. 그러나 결정적인 순간에는 자국의 이익을 위해 무력 사용까지 불사하곤 했다.

그러나 그럼에도 불구하고 그나마 국제 정치 무대에서 약소국가들을 지켜줄 수 있는 것은 법이다. 법이란 강자에겐 장애물이 되겠지만 약자에겐 방패가 될 수 있다. 따라서 국제법의 엄격한 준수를 통해서만이 약소국들이 그들의 주권을 침해당하지 않고 살 수 있다. 그러나 우화에도 나오듯이, 누가 고양이 목에 방울을 달겠는가?

1930년대 후반부터 멕시코를 중심으로 중남미 국가들이 타국에 대한 '불간섭원칙'을 국제법으로 제정할 것을 강조했었다. 물론 이것은 미국이 이 지역에 군사개입을 하지 않도록 하기 위한 것이었다. 1948년 제9차 보고타 미주회의에서 미국을 제외한 중남미 국가들의 전체 찬성으로 '국가의 기본권리와 의무 선언'이 미주기구헌장에 삽입되었다. 이로써 중남미 국가들은 1933년 몬테비데오 미주회의에서 채택된 '회원국의 권리와 의무'를 재확인하고 강화시켰다. 즉 '불간섭원칙'을 아메리카 지역국가들 사이의 중요 국제법으로 선언한 것이다. 물론 미국은 표면적으로는 반대할 수 없어 기권했다.

이로써 미국의 다른 국가에 대한 개입이 국제법적으로 금지되었다. 그러나 앞에서도 얘기했듯이 미국은 필요하다면 언제든 군대를 파견하고 무력개입을 해왔다. 아마 고양이와 쥐의 관계는 과거에도 그랬듯 지금도, 그리고 앞으로도 똑같을 것이다. 고양이 목의 방울 때문에 소리는 나겠지만, 그렇다고 쥐를 못 잡는 건 아니다. 더구나 1980년대 말부터 시작된 소련의 해체와 사회주의권의 붕괴로 국제질서는 미국 중심으로 재편되고 있다. 팍스 아메리카나의 기운은 이제 고양이가 아예 방울소리에 신경 쓸 필요가 없어졌음을 의미하는 것인지도 모른다. 쥐들이 더 이상 도망갈 곳이 없어져버린 때문이다.

미국의 중남미 침략사

미국은 국가안보를 지킨다는 미명 아래 1954년 과테말라의 아르벤스 정권을 전복시키기 위해 파병한 바 있으며, 1961년에는 쿠바의 카스트로 정권을 전복시키기 위해 피그만에도 쳐들어갔었다. 또 1965년에는 미 해병대를 파견해 도미니카공화국의 보쉬 정권을 전복시켰다. 같은 해 브라질의 군사쿠데타에 개입했다거나, 1973년 칠레 아옌데 정권을 전복시킨 피노체트의 쿠데타에 CIA가 깊숙이 개입되었다는 것 등은 이미 공개된 비밀이다.

1980년대 니카라과에서 소모사 독재를 보위했던 방위군 주축의 콘트라 반군을 노골적으로 지원한 사실 또한 잘 알려져 있다. 특히 '위대한 미국의 재건'을 내세운 레이건 대통령은 엘살바도르를 중미문제 해결의 '시험장'으로 설정하고 반군을 진압하기 위해 군부에 적극적인 지원을 폈다. 게다가 30여 명의 미국 학생들을 보호한다는 명목으로 1983년 10월 인구 20만 명에 불과한 카리브의 소국 그레나다를 침공했다. '구조작전'이라는 이름으로, 방공포도 해군력도 없는 국가를 1만5000여 명의 미 해병대가 공군의 지원 아래 상륙한 것이다. 마치 파리를 잡기 위해 대포를 쏘는 격이었다. 이 작전은 니카라과의 산디니스타 정부에 일종의 경고를 하기 위한 것이었다. 물론 항시 그랬던 것처럼 미국 단독작전이 아니고 자메이카와 안티구아 바베이도스 연합군의 공동 침공이었다. 물론 이들 두 국가는 상징적으로 300명의 군인을 작전에 참여시켰을 뿐이다.

1989년이 저물어가는 12월 21일, 미국은 2만3000여 명의 해병대로 파나마를 기습 공격했다. 1981년 집권 후 반미정책을 펴왔던 노리에가를 제거하기 위한 것이었다. 노리에가는 지난 8년간 다윗과 골리앗의 싸움과도 같은 미국과의 투쟁에서 노련한 술수를 과시했다. 멕시코 · 베네수엘라 · 콜롬비아와 함께 파나마의 휴양지 꼰따도라에서 '꼰따도라 그룹'을 창설하고, 중미분쟁을 해결하기 위해 미국의 정책에 정면으로 도전했다. 또 파나마 민족주의를 강화하고 파나마 운하의 통제권을 되찾기 위한 노력을 통해 파나마의 '영웅'으로 부각했다.

그러나 미국에게 노리에가는 파나마 국민들을 폭력으로 탄압하고 민주주의 원칙을 무시하는 '무자비한 독재자'일 뿐이었다. 게다가 마약 밀매를 한 형편없는 독재자였다. 물론 그럼에도 노리에가가 미국의 말을 잘 듣고 순종할 때는 그것이 아무 상관없었지만, 미국에 반발하고 저항하는 노리에가는 미국의 이익을 위해 마땅히 제거되어야 할 존재였다. 며칠간의 전투에서 파나마를 완전 평정한 미국은 노리에가를 압송하여 미국 플로리다 법정에 코카인 밀매혐의로 구속 기소하고 유죄판결을 내렸다.

마약 밀매를 하면 남의 나라 통치자를 마음대로 잡아가 구속해도 되는 걸까? 미국에게 파나마는 독립된 국가가 아니라 마치 미국의 한 주와도 같은 독립국이지만 대외주권이 없는 나라인 것이다. 40년형을 선고받은 노리에가는 지금도 미국 플로리다의 감옥에 갇혀 있다. 한 외신 보도에 의하면 노리에가는 27년간의 군복무에 대한 대가로 매달 1500달러씩 나오는 연금을 어렸을 때 자신을 키워준 여인에게 지불해줄 것을 요청했다고 한다.

'명백한 운명론' 강조한 먼로 독트린

미국은 1832년 먼로 독트린 이후 '명백한 운명론'을 강조하며 제국주의적 태도를 취해왔다. 먼로 독트린은 미국의 제5대 대통령 제임스 먼로가 천명한 미국 대외정책의 기본원칙이다. 그 내용은 한마디로 미국이 구대륙(유럽)의 문제에 간섭하지 않는 대신 신대륙(아메리카) 문제에도 구대륙 국가는 간섭하지 말라는 것이다.

당시 유럽은 나폴레옹전쟁을 통해 자유주의 사상이 여러 나라에 전파되어 있었다. 이에 오스트리아 · 프러시아 · 러시아 등의 군주국가들은 신성동맹을 맺고 왕권과 체제를 위협하는 자유주의 사상을 차단하고 나폴레옹 이전의 정치질서를 복원시키려 하고 있었다. 그러니 당연히 스페인으로부터 독립한 대다수의 중남미 식민지를 독립국가로 인정하지 않고 스페인으로 하여금 다시 식민지를 되찾도록 지원했던 것이다. 물론 스페인은 잃어버린 식민지를 되찾을 군사력도 없었고, 또 이들 신성동맹의 지원도 말처럼 되지는 않았다. 이 같은 상황에서 신대륙에 대한 유럽열강의 간섭을 배격하는 미국의 선언은, 뒤집어보면 이 지역에서 누구의 제약도 받지 않고 독점적인 지배권을 누리겠다는 의도인 것이다. 누가 시키지도 않은 상황에서 이 지역의 '맏형' 또는 '경찰관' 역할을 자임하고 나선 셈이다. 이후 미국은 멕시코 · 쿠바 · 도미니카 · 아이티 · 파나마 · 니카라과 · 과테말라 등 중남미 국가들의 내정에 직접적으로 무력개입을 하는 등 간섭주의정책을 수행했다.

이 같은 간섭은 19세기 중반 이후 미국에 만연했던 '명백한 운명론'에 이론적 근거를 두고 있었다. '명백한 운명론'은 미국의 정치 · 경제 · 사회적인 제도들이 인간의 자유를 실현하기 위해 이제까지 존재했던 그 어느 제도보다 더 '완벽한 것'이라는 믿음과, 이를 다른 나라에 전파시키는 것이 미국의 국가로서의 '명백한 운명'이라는 것이다. 결국 이러한 생각은 미국이 금세기 초까지도 영토적 팽창주의 정책을 추진해나가도록 한 이론적 기반이 되었다. 미국은 하와이 · 필리핀 · 푸에

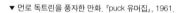
▼ 먼로 독트린을 풍자한 만화. 『puck 유머집』, 1961.

르토리코 · 파나마 운하 · 쿠바 등을 자국의 영토 혹은 보호령으로 만들었다.

테오도르 루스벨트 대통령은 파나마에 개입하면서 자신을 '불량배를 감옥에 집어넣는 경찰'에 비유한 바 있다. 또한 코울리지 대통령은 니카라과에 군대를 파병하면서 "우리는 니카라과에 싸움을 걸고 있는 것이 아니다. 그것은 마치 거리를 지키는 경찰관이 행인에게 싸움을 걸지 않는 것과 같다"라고 했다.

이후 먼로 독트린은 미국의 대 라틴아메리카 정책의 기본이 되었다. 한스 모겐소 교수는 먼로 독트린에 관해 논평하면서, "이는 서반구에서 유럽 국가들의 영토 획득과 정치적 영향력을 제어하고, 그럼으로써 미국이 행동의 자유를 갖게 했으며, 현대에 있어 가장 큰 영향권을 일방적으로 선언한 것이다"라고 지적했다. 이에 대해 중남미 국가들, 특히 멕시코의 입장은 미국의 자의적인 정치적 개입을 용인하는 먼로 독트린을 국제 협약으로 인정하지 않는다는 것이다.

미국의 '후원'에서 '정원'으로

먼로주의에 따라 구대륙 국가들의 신대륙 개입을 저지하려는 미국의 이해는 독립 직후 신성동맹 등 유럽 반동세력들의 침입을 막으려는 중남미 국가들의 이해와 맞아떨어지는 측면이 있었다. 그리고 미국은 1898년 스페인과의 전쟁에서 승리함으로써 중남미에서의 입지를 공고히 했다. 그리고 1920년대 이후의 파시스트 세력과 제2차 세계대전 이후의 공산주의 세력의 침투를 막기 위해 노력하는 동안, 미국의 정책은 능동적이고 공격적이었던 반면 중남미 국가들은 수동적이고 방어적인 모습을 보였다.

미국은 '아메리카 사람들을 위한 아메리카(America for americans)'를 주장하며 구대륙 국가들의 개입을 차단해왔지만, 이 같은 정책은 1980년대 들어서면서부터 조금씩 중남미 및 유럽 국가들의 도전을 받기 시작했다. 특히 엘살바도르와 니카라과 등과 중미분쟁이 격화되면서 멕시코·베네수엘라 등이 석유자원을 무기로 미국의 정책에 이의를 제기하기 시작했다. 이들은 다른 중남미 국가들과 연합하여 '중남미인을 위한 중남미(Latin America for latinamericans)'를 소리 높이 외쳤다. 또 유럽연합은 중미분쟁을 해결하기 위한 방법으로 중미 국가들에게 경제원조를 했다.

이에 대한 미국의 입장은, 중미분쟁이 기본적으로는 쿠바와 니카라과의 사주에 의한 공산주의 침투로 인해 발생된 정치적인 문제라는 것이었다. 따라서 그들을 퇴치하기 위해 군사원조를 중시해야 한다고 주장했다. 반면 멕시코·베네수엘라·파나마 등 꼰따도라 그룹과 유럽의 국가들은 내부적으로 왜곡된 경제구조와 경제 불안정에서 중미분쟁이 발생한 것이므로, 이들 국가들의 삶의 질을 향상시키면 해결된다고 보았다. 이는 미국의 잘못된 중남미정책에 대한 하나의 대안으로 제시된 것으로, 1987년에는 코스타리카의 아리아스 대통령이 이를 기반으로 한 '중미평화안'으로 노벨평화상을 수상하기까지 했다.

미국의 레이건 행정부에게는 충격이었겠지만, 이제 중남미에서 미국의 결정만이 유효한 것이 아니라 중남미 국가들과 유럽 국가들의 결정도 유효하게 된 것이다. 즉 이제 더 이상 이 지역이 미국의 '후원'이 아닌 것이다. 굳이 따지자면 '정원' 정도로 격상되었다고 할까? 후원의 꽃을 보려면 주인의 허가를 받아 집을 가로질러 안으로 들어가야 하지만, 집 앞에 있는 정원의 꽃이야 누구든 볼 수 있는 것이다. 물론 정원 안에 들어가는 것도 주인의 허가를 받아야 하겠지만 주인이 잠시 소홀한 틈을 타 정원 안에 들어갈 수도 있는 것이다. 적어도 미국의 허가를 받지 않고도 '정원'의 아름다움을 볼 수 있게 된 셈이다.

그러나 1980년대 말에 들어서면서부터 상황은 다시 미국에 유리하게 전개되고 있다. 멕시코나 베네수엘라 등의 중남미 국가들이 자체의 경제위기로 인해 더 이상 중미문제에 관여할 수 없게 되었으며, 유럽의 국가들도 동구권 문제로 이 지역에 신경을 쓸 수 없게 되었다. 더구나 소련을 위시한 사회주의권의 붕괴는 미국을 세계 유일의 강국으로 만들어버려, 이 지역은 다시 미국의 영향력이 절대적으로 작용하게 되었다.

지리적으로 가까울수록 더한 반미감정

라틴아메리카를 방문하면 미국의 상품이 도처에 있고, 또 많은 미국인들을 쉽게 만날 수 있으며, 이들 국가들이 미국과 빈번하게 접촉을 하고 밀접한 관계를 갖고 있기 때문에 서로 친한 나라라고 생각하기 쉽다. 그러나 중남미인들과 잠시만 이야기를 나누어보면, 이들이 미국을 별로 좋아하지 않을 뿐 아니라 때로는 증오의 감정까지도 가지고 있다는 사실을 알게 된다. 이런 중남미인들의 반미감정은 역사적인 뿌리를 가지고 있다.

일부 학자들은 19세기 초 중남미 국가들이 스페인으로부터 독립을 쟁취할 당시 미국의 지원이 기대에 미치지 못하자 실망으로 바뀌면서 반미감정이 생겨났다고 말한다. 그러나 이것은 주로 미국적 입장이고, 보다 중요한 이유는 미국이 라틴아메리카 신생 독립국들의 내정에 직간접의 군사적 · 경제적 · 외교적 간섭을 하면서 나타난 것이다.

특히 '명백한 운명론'에 따른 미국의 영토팽창주의는 당연히 이웃 국가들의 희생 위에서만 가능한 것이었다. 물론 프랭클린 루스벨트 대통령이 1933년 미국이 그때까지 유지해왔던 개입정책을 포기하고 이웃 국가들의 권리를 존중할 것을 공식적으로 표명하는 '선린정책'을 폈고, 이 때문에 어느 정도 반미감정이 줄어들기도 했다. 그러나 제2차 세계대전 이후 새롭게 형성된 양극체제 하에서 미국의 편협한 반공정책은 다시 모든 것을 원점으로 돌려놓았다.

특히 냉전이 한창이던 1950년대와 1960년대에는 말할 것도 없고, 1970년대에 들어서도 미국은 '국가안보' 주의에 따라 중남미에서 '더러운 전쟁'이 계속되고 있을 때에도 자국의 이익에 저해되지 않는 한 군부독재를 적극 지지했다. 국민의 지지를 받지 못하는 군부독재 정권은 미국의 이익을 최대화하는 데 더할 나위 없이 좋은 도구였던 것이다.

중남미 국가들의 '반미감정'은 우리가 일본에 대해서 느끼고 있는 반일감정과도 비슷하다고 할 수 있다. 물론 미국과 지리적으로 가장 가까운 멕시코와 중미가 가장 반미감정이 심하고, 베네수엘라나 콜롬비아는 조금 덜하다. 그리고 아르헨티나와 칠레는 반미감정이 가장 작은 곳이다.

파나마 운하 반환

1999년 12월 31일 12시, 미국은 1914년 운하 완공 후 지난 86년 동안 관리해왔던 파나마 운하와 인근 지역을 파나마 정부에 공식 반환했다. 이는 1977년 미국의 카터 대통령과 파나마의 또리호스 대통령 사이에 맺어진 '운하 협정'에 따른 것이었다. 파나마인들은 2000년 1월 1일보다 1999년 12월 31일을 더 기다리고 있었다. 신문들은 반환일을 역산해서 숫자를 독자들이 잘 알아볼 수 있도록 신문의 한가운데 큼지막하게 써놓았으며, 또 거리 곳곳에는 하루하루 줄어드는 숫자가 커다랗게 써 있었다.

스페인의 후안 카를로스 국왕 부부를 비롯하여 멕시코의 세디요 대통령, 파스트라나 콜롬비아 대통령, 코스타리카 볼리비아 대통령 등 중남미의 주요 국가 지도자들이 '파나마 운하 반환 행사'에 참석했다. 그러나 이 행사에서 가장 중요한 국가인 미국은 클린턴 대통령은 물론이고 앨 고어 부통령도 참석하지 않았고, 카터 전 대통령과 올브라이트 국무장관만이 참석했다. 20세기를 마감하고 21세기를 시작하는 길목에서 세계 유일 초강대국인 미국이 중남미의 소국인 파나마에게 지난 86년간 지배해왔던 파나마 지역과 파나마 운하의 관리권을 넘겨주었다. 21세기에 이뤄질 미국과 중남미의 관계를 상징적으로 보여주는 한 단면이었다.

많은 사람들은 '파나마' 하면 나라보다 운하를 먼저 떠올린다. 그만큼 태평양과 대서양을 가로지르는 '파나마 운하'는 우리에게 익숙해 있다. 총 길이가 82킬로미터에 달하는 운하는 통과에 소요되는 시간만

8~10시간이 걸리고 하루 평균 40척, 연 평균 1만3000척의 배들이 통과하고 있다. 운하통과세가 연평균 5억 달러 정도 되는데, 이는 파나마 1년 수출의 15퍼센트에 해당하는 것으로, 부가가치를 생각하면 엄청난 경제적 상품이다.

1903년 파나마의 독립과 함께 공사를 시작한 파나마 운하는 1914년 8월 15일 개통되었다. 12년 동안 총 인원 7만여 명에 공사비만 무려 4억 달러(4400억 원)가 소요된 세계 최대의 토양댐과 인공호수, 콘크리트 구조물로 이루어진 엄청난 공사였다. 4400억 원은 지금도 큰돈이지만 100년 전인 당시로서는 천문학적인 자금이 소요된 세계 최대의 사업이었다. 원래 파나마 운하는 수에즈 운하를 건설한 프랑스의 한 회사가 1880년대에 건설을 시작했으나 그 회사가 파산하는 바람에 공사가 중

▼ 파나마 운하 건설 현장. 1910년.

단된 상태였다. 그러던 것이 미국의 군사적 목적에 의해 다시 시작된 것이다. 1890년대 카리브해를 지중해와 같은 개념으로 파악한 미국의 마한 제독은 해양 세력론을 강조했다. 특히 1898년 스페인과의 전쟁으로 미국 서부에 있던 함대는 남미 끝의 마젤란 해협을 돌아 쿠바까지 항해해야 했고, 이는 낭연히 운하의 필요성을 절감하게 만들었다.

미국은 운하 건설을 위해 콜롬비아에 운하 지역을 일정 기간 빌려줄 것을 요청했다. 그러나 콜롬비아는 이를 단호히 거부했다. 일이 계획대로 진행되지 않자 1903년 미국은 파나마에 군대를 파견하여 파나마를 콜롬비아로부터 분리 독립시켰다. 그리고 2주일 후 '헤이-부노 바릴야(Hay-Buneau Varilla)조약'을 신생 독립국인 파나마와 체결하고 운하 지역을 미국이 영구 임대하는 조차지로 삼았다.

이 시기에 미국은 제국주의적 성격을 확실히 드러냈다. 1898년 스페인과의 전쟁에서 승리한 미국은 쿠바와 푸에르토리코를 식민지로 하고, 니카라과 등 중미 국가들에 대해 직접적인 무력 침공을 감행했으며, 1910~1917년 멕시코혁명에 대해 노골적인 개입을 하는 등 중남미 국가들에 일방적인 공격을 가했다. 아직 국가 체제를 제대로 정비하지 못한 중남미 국가들은 속수무책으로 당할 수밖에 없었다. 20세기가 시작되면서 발생한 1903년의 파나마 독립과 운하 건설은 어쩌면 이 같은 미국과 중남미의 관계를 잘 보여주는 하나의 상징적인 사건이었다.

21세기 미국과 중남미

1977년 워싱턴에 있는 미주기구 본부에서 카터 대통령과 파나마의 또리호스 대통령은 1999년 12월 31일에 파나마 운하를 반환하는 협정에 서명을 했다. 미국이 차지하고 있던 '운하 지역'의 주권을 이양하기로 한 것이다. 그러나 많은 사람들이 이를 반신반의하면서 지켜보고 있었다. 냉전이 사라지지 않고 지속되고 있는 상황에서 과연 미국이 운하를 돌려줄 것인가에 대한 의문은 쉽게 사라지지 않았다. 미국은 1989년에도 파나마에 침공하여 노리에가 장군을 체포한 적이 있다.

어쨌든 미국의 보수 정치인들은 파나마 운하 반환에 대해 불편한 심기를 보이고 있다. 특히 중국의 개입에 노골적인 반감을 표시하고 있다. 운하의 실질적 지배권이 중국으로 넘어갈 가능성을 깊이 우려하고 있는 것이다. 이는 1997년 홍콩의 장강실업 총수인 리카싱이 '허치슨 왐포아 그룹'을 내세워 앞으로 25년간 운하의 양끝 지점 입구에 있는 두 항구, 즉 태평양의 발보아 항구와 카리브해의 크리스토발 항구 운영권을 파나마 정부로부터 넘겨받았기 때문이다. 더구나 리카싱이 중국 지도층과 밀접한 관계에 있는 것으로 알려지면서 그러한 우려가 더 깊어졌다. 최악의 경우 미국이 운하를 사용할 수 없게 될지도 모른다는 우려도 있었으나, 파나마 정부는 중국과 파나마가 공식 외교관계에 있는 것도 아니고 항구운영권도 단순한 작업 승인권에 지나지 않는다며 미국 정가의 우려를 일축했다.

1999년 12월 31일 12시에 이뤄진 파나마 운하의 반환은 파나마가 97년간 지속되었던 미국의 직접적 영향력에서 벗어나는 것을 상징한다. 파나마인들은 콜롬비아로부터 분리 독립한 1903년 이후 97년 만에 처음으로 진정한 독립의 기분을 느낀 것이다. 그렇게 파나마의 21세기는 기분 좋게 시작되었다. 파나마 분리 독립과 파나마 운하의 미국 지배로 시작된 20세기 미국과 중남미 관계가 미국의 일방적인 공격과 중남미 국가들의 수동적인 대응으로 점철되었다면, 파나마 운하의 반환으로 시작된 21세기 미국과 중남미 관계는 분명 다르게 나타날 것이다. 물론 이는 과거의 고립주의에서 벗어난 미국의 태도 변화에서 보다 많이 기인한 것이다. 신대륙의 '경찰'에서 자본주의 세계의 '경찰'로 또 이제는 전 세계의 '경찰'로 미국의 역할은 확대되었다. 그런 의미에서 파나마 운하는 더 이상 미국에게 지정학적인 의미를 상실했는지도 모른다.

미국 속의 중남미 : 히스패닉

최대 소수인종

　최근 미국 대중 음악계에서 유행하는 것 중 하나가 〈마카레나〉처럼 스페인어로 노래의 일부를 부르는 것이다. 마치 우리나라에서 인기가수들이 노랫말에 영어가사를 조금씩 삽입하는 것과 마찬가지다. 이는 미국에 그만큼 스페인어를 사용하는 사람의 수가 많고 또 그들의 영향력이 늘어가고 있다는 반증이다. 우리나라 사람들은 거의 대부분 미국에서 스페인어가 가장 많이 쓰이는 외국어라는 사실을 말해주면 고개를 갸웃거리며 수긍하기 어렵다는 표정을 짓는다. 아니 인정하기가 어려울 것이다. 고등학교 때부터 영어를 제외한 서양 외국어로는 당연히 독일어나 불어만을 생각하고 배워왔으니 말이다. 더구나 독일과 프랑스는 강대국이면서 선진국가지만, 스페인이나 중남미는 그렇지도 못한 나라 아닌가 말이다.

1996년 10월 미국 현대언어협회가 미국 내 2772개 대학에서 조사한 바에 따르면, 외국어 수강자 중 스페인어 수강생이 전체의 54퍼센트를 차지하고 있으며, 이 숫자는 갈수록 늘어가고 있다는 것이다. 이는 두 번째를 차지한 불어보다 세 배나 많은 것이었다. 또 전 세계 수십 개의 언어 중에서 5년 전과 비교해 수강인구가 늘어난 것은 스페인어와 중국어, 그리고 한국어였다.

이는 이들 언어가 최근 점차 중요도를 더해간다는 반증이기도 하겠다.(한국어 수강생은 아직까지도 미국 전체에서 0.3퍼센트인 3343명으로, 열네번째에 그치고 있다.) 지금 얘기하고자 하는 것은 스페인어가 미국 내에서 중요한 언어라는 사실 외에도 그 중요성이 갈수록 커지고 있다는 사실이다.

다양한 인종과 민족이 모여 살고 있는 미국은 종종 '인종의 도가니(melting pot)'로 표현된다. 백인·흑인·황인·인디언 등 인종·문화 등 여러 다른 요소가 융합·동화되어 있는 국가라는 뜻이다. 그런데 정말 그런가? 미국이라는 커다란 도가니 안에 여러 인종과 민족이 '화학적 혼합'을 통해 자연스럽게 동화되어 살고 있는가? 아니다. 어떤 의미에서 미국은 멜팅 팟(melting pot)이 아니라 샐러드 볼(salad bowl)이라는 말이 더 잘 어울린다. 다양한 인종과 민족이 그들의 문화와 특성을 간직하고 완전히 동화되지 못한 채 다른 민족과 함께 어울려 살고 있는 것이다. 그리고 샐러드 볼의 양상추처럼 미국 전체 인구의 약 70퍼센트를 차지하고 있는 백인이 주류사회를 형성하고 있는 것이다.

독립 이후 미국은 소위 WASP(white·anglo-saxon·protestants)로 불리는 유럽계 백인이 주류사회를 형성했다. 그런데 20세기 초 이탈리아 · 러시아 · 유태인 등 다른 인종들의 이민이 다양해지면서 점차 이들도 백인사회로 편입되어갔다. 사실 19세기 말까지는 같은 유럽 출신이라도 이탈리아와 동유럽인들은 주류사회로 진입할 수 없었다. 이에 따라 백인의 절대적인 숫자는 늘어났지만, 1980년대 이후 중남미 · 아시아 등에서 약 2000만 명에 달하는 급격한 인구 유입으로 인해 전체인구 중 백인이 차지하는 비율은 갈수록 낮아지고 있다. 상대적으로 히스패닉과 흑인 · 아시안의 인구가 빠른 속도로 늘어가고 있다.

연방통계국의 연구에 의하면, 2050년이 되면 백인의 인구는 미국 전체 인구의 53퍼센트로 줄어드는 반면 히스패닉의 인구는 9500만 명으로 약 25퍼센트를 차지할 것으로 예상된다. 또한 백인 내 내적 구성도 동유럽계의 비중이 높아지는 등 급격히 변해 메인스트림의 존재 자체가 무의미해져 지금과는 전혀 다른 다인종사회로 바뀌게 될 것이라는 것이다. 어쩌면 가까운 미래의 미국에서 가장 의미 있는 변화는 히스패닉 인구의 급격한 증가와 이에 따른 영향력의 변화일 것이다.

2003년 6월 미국 연방통계국이 발표한 인구동향자료에 의하면, 2002년 7월 현재 미국 인구는 2억8840만 명이며, 이중 히스패닉 인구가 전체인구의 약 13퍼센트를 차지한 3700만 명으로 흑인 인구 3660만 명을 넘어섰다고 발표했다. 2005년에 히스패닉이 흑인을 제치고 미국 소수계 인종 가운데 최대 그룹이 될 것이라는 예상을 3년이나 앞당긴 것이다. 또한 자신을 히스패닉과 흑인 양쪽 모두에 속해 있다고 답한 170만 명을 합하면 히스패닉 인구는 3870만 명으로 미국 전체 인구의 약 13.4퍼센트를 차지했다.

1980년 인구조사에서 흑인은 미국 인구의 11.7퍼센트를 차지했으나

1990년에는 12.1퍼센트, 2000년에는 12.6퍼센트로 지난 20년 동안 0.9 퍼센트가 늘었다. 그러나 같은 기간 히스패닉은 6.4퍼센트에서 9퍼센트, 그리고 12.5퍼센트로 6.1퍼센트 증가했다. 흑인보다 7배 가까운 인구증가율을 보이고 있는 것이다. 또 2000년 4월 인구조사시 3500만 명이었던 히스패닉 인구가 2년 만에 약 6퍼센트가 늘어난 것은, 이 기간 동안 미국 전체 인구증가율 2.5퍼센트의 2배가 넘는 것이다.

히스패닉계의 '해방구'

1999년 8월 미국 텍사스 주의 엘 세니조 시에서 스페인어를 공용어로 채택했다. 다시 말해, 미국 남부의 국경 소도시인 이곳에서는 공적인 업무에 영어를 쓰지 않고 스페인어를 쓰기로 한 것이다. 회의도 영어가 아닌 스페인어로 하고, 모든 공문서도 스페인어로 작성해야 한다는 말이다. 참으로 신기한 일이다. 미국에서 영어를 하지 않고 스페인어만을 사용한다?

엘 세니조는 텍사스 남부의 국경도시인 라레도 시를 둘러싸고 있는 인구 6828명의 자그마한 위성도시다. 텍사스 남부 중요 거점도시인 인구 15만 명의 라레도 시로부터 남쪽으로 27킬로미터 떨어져 있으며, 멕시코와 국경을 이루는 리오 그란데 강에 접해 있는 여러 위성도시 중 하나다. 1994년 1월 1일 발효된 북미자유무역협정의 영향으로 최근 인구가 급작스럽게 늘어난 도시로 주택·위생·수도 등의 생활환경이 열악한 편이다. 대다수 시민들은 서비스업에 종사하고 있어, 경제적으로도 열악한 상황이며, 교육수준도 낮아 고등학교 이상의 교육을 받은 사람이 23퍼센트에 지나지 않는다. 이들은 대부분 멕시코로부터 온 이민자거나 이민 2세로 구성되어 있다. 다시 말해 멕시코 후손들로 이루어진 마을이다. 그래서 전체 주민 중 63.4퍼센트가 영어에 서툴거나 할 줄 모르는 사람들이다.

로드리게스 시장은 "자신을 포함해 대다수 시민이 영어를 못하는 만큼 당연한 결정"이라고 했다. 그리고 이는 "미국 사회의 분열이 아니라 지방정부의 행정서비스가 주민들에게 더욱 가까이 다가감을 의미한다"고 설명했다. '꿈보다 해몽'이라더니 보는 시각에 따라서 전혀 다르게 느껴지는 것이다.

또한 엘 세니조 시는 스페인어를 공용어로 채택함과 동시에 현지 지방 공무원들로 하여금 국경에서 밀입국자를 막는 국경순찰대 돕는 일을 하지 못하도록 해 사실상 밀입국자들의 안전지대, 즉 히스패닉계의 '해방구'가 되어버렸다. 이는 엘 세니조 주민들이 합법이든 불법이든 이민자들로 구성되어 있기 때문이기도 하다. 로드리게스 시장은 자신도 미국에 밀입국하여 1995년 시민권을 취득했다고 말했다.

사실 엘 세니조 시의 결정은 아주 조그만 마을의 일이다. 따라서 커다란 의미를 부여하지 않고 대수롭지 않게 생각할 수도 있다. 그러나 분명히 상징성을 띠고 있다. 미국에서 처음으로 스페인어를 공용어로 선포한 것은, 스페인어를 모국어로 쓰는 히스패닉이 많이 모여 살고 있는 텍사스를 포함한 미국 남부의 일부 주들에게 일종의 도화선이 될 수 있다. 영어를 미국의 공식언어로 채택할 것을 주장해온 '영어 우선(English First)'의 짐 보레 사무국장은 "엘 세니조 시가 미국의 첫번째 퀘벡이 될 것인가?"라고 반문하고 "언어로 인한 분열은 곧바로 또다른 분열을 가져올 것"임을 경고했다.

히스패닉의 특성

2002년 흑인을 제치고 미국 최대 소수인종이 된 히스패닉은 총체적으로 중남미 출신 미국인을 의미하며 라티노(latino)라고도 불린다. 이들 히스패닉은 한편으로는 언어·종교·문화 등에서 동질성을 갖고 있지만 다른 한편으로는 멕시코·쿠바·푸에르토리코·엘살바도르 등 그들의 출신 국가에 따라 다양한 차이를 보이고 있다.

먼저 히스패닉의 출신지를 보면, 멕시코와 푸에르토리코·쿠바·중앙아메리카 출신이 대다수를 차지하고 있다. 멕시코 출신은 전체 히스패닉의 60퍼센트 이상을 차지하고 있으며 미국 이민의 역사도 가장 오래되었다. 일부는 1848년 미국과 멕시코 전쟁 때 미국으로 편입된 지역인 텍사스·캘리포니아·뉴멕시코 등에 살던 사람들의 후손이다. 다시 말해 전쟁으로 인해 어느 날 갑자기 국적이 바뀐 것이다. 그러나 대다수의 멕시코 출신 히스패닉은 제2차 세계 대전 이후 멕시코와 접경지대인 미국 남부 지역으로 이민온 사람들이다. 이들은 치카노(chicano)라고 불린다. 그리고 매년 수십만 명에 달하는 불법 이민자가 계절노동자로 국경을 넘고 있다. 우리나라 사람들이 많이 살고 있는 로스앤젤레스는 미국 남서부의 히스패닉 수도라고 불릴 정도인데, 대략 500여 만 명의 히스패닉이 살고 있다. 이들 멕시코 출신 히스패닉들은 멕시코와 국경을 접하고 있는 텍사스·캘리포니아·뉴멕시코·애리조나·시카고 등에 거주하고 있다.

멕시코 출신 다음으로 많은 푸에르토리코 출신은 300만 명 가량 된다. 카리브해의 작은 섬인 푸에르토리코는 미국의 한 자치주이기 때문에 미국으로의 이민에 아무런 제한이 없다. 따라서 이들은 다른 중남미 출신들에 비해 훨씬 쉽게 미국 본토로 이주할 수 있었다. 1917년부터 미국에 이주하기 시작해 약 300만 명이 주로 뉴욕과 그 인근에 거주하고 있다.

또 다른 주요 히스패닉은 쿠바 출신들이다. 100만 명 정도의 쿠바인들이 1959년 카스트로혁명을 피해 미국 마이애미 주변으로 옮겨왔다. 이들 쿠바 이민자들은 중상층 이상으로 높은 교육 수준을 갖고 있었으며, 많은 부를 가지고 미국에 망명했다. 그리고 미국에서 경제적으로도 성공하고 정치적 영향력도 확대해나가고 있다.

이밖에도 내전을 피해 이민 온 50여 만 명의 엘살바도르인과 니카라과 내전을 피해 온 100여 만 명의 중앙아메리카 이민이 있다. 이들은 워싱턴 D.C.와 그 주위에 거주하고 있다. 최근에는 중미지역에서의 이민이 급증하고 있는데, 이들은 노스캐롤라이나 등 미국 동남부 지역에 살고 있다.

이들 히스패닉은 미국 사회에 완전히 동화되어버린 흑인들과는 달리 그들 고유의 문화와 언어를 지켜가고 있으며, 빠른 속도로 인구가 증가하고 있어 향후 미국의 정치·사회에 엄청난 영향력을 행사하게 될 것으로 추정된다. 미국 내 흑인과 비교해볼 때 히스패닉은 몇 가지 특징을 보인다.

첫째, 이들은 그들의 고유문화를 지켜가고 있으며, 종교적으로는 가톨릭이라는 점이다. 이들은 새로운 미국식 생활방식보다는 그들 부모가 대대로 지켜왔던 삶의 방식을 유지하고 있다. 다시 말해 스페인의 영향을 받은 가부장적이고 가족 중심적인 문화를 지켜나가며, 미국인으로서의 정체성보다는 히스패닉으로서의 정체성을 보다 중시한다는 것이다.

멕시코의 노벨문학상 수상자인 옥타비오 파스는 "미국 사람들은 개인이 중심이 되지만 히스패닉은 가족이 중심이다"라며 문화적 차이를 설명한 바 있다. 히스패닉은 합법이든 불법이든 이민에 성공하면 건물 청소 등의 잡일에 종사하며 어렵게 모은 돈을 고국의 가족과 친척에게 보내고, 또 그들을 미국으로 불러들이기도 한다. 대부분의 히스패닉은 한 가족이 이주하면 형제와 친척들이 따라 이주하는 것이 일반적이다.

가톨릭은 이혼과 낙태를 허용하지 않으며 문화적으로 가족을 중시하고 자녀를 많이 갖는 편이다. 따라서 신교국가인 미국에서 가톨릭인 히스패닉의 인구가 증가하는 것은 당연한 일이다. 또한 이들은 영어보다는 스페인어를 주로 사용하고 있다. 엘 세니조 시에서는 스페인어를 공용어로 채택하기도 했지만, 사실 그동안에도 실생활에서 스페인어가 영어를 제치고 사용되었음은 설명할 필요조차 없는 사실이다. 미국 내 히스패닉 가운데 영어만 사용하는 인구는 12퍼센트에 불과하며, 70퍼센트 이상이 가정에서는 스페인어를 사용하고 있는 것으로 조사되었다. 사실 히스패닉은 미국에서의 생활에서 스페인어만을 사용해도 커다란 불편이 없다. 한 예로 히스패닉이 전체 인구의 7퍼센트를 차지하고 있는 워싱턴D.C.에서 전화안내 같은 공공서비스 분야는 물론이고 일부 상점에서도 영어와 스페인어가 동시에 사용되고 있다.

둘째, 히스패닉은 미국 전역에 퍼져 살고 있는 것이 아니라 캘리포니아·텍사스·뉴멕시코·마이애미·뉴욕 등 특정 주나 시에 집중해 살고 있으며, 굉장히 빠른 속도로 인구가 늘고 있다. 이는 대부분 과거 멕시코의 영토였던 곳으로 현재 멕시코와 국경을 접하고 있는 주들이다. 이들 주에서 히스패닉의 영향력이 점차 증대되고 있는 것은 주지의 사실이다. 미국 도시인구분포(2000년)를 보면 백인 70퍼센트, 흑인 13퍼센트, 히스패닉 12.6퍼센트, 아시안 4.2퍼센트를 차지하고 있다. 이중 어느 도시도 흑인이 과반을 넘지 않으나 히스패닉은 8개 도시에서 전체 인구의 50퍼센트를 넘고 있다. 텍사스 주의 라레도(95.1퍼센트), 산 베니토(85퍼센트), 엘파소(74.4퍼센트), 코르푸스 크리스티(57.7퍼센트), 산 안토니오(53.2퍼센트), 플로리다 주의 마이애미(55.7퍼센트), 뉴멕시코 주의 라스 끄루세스(58.0퍼센트) 등을 들 수 있다. 또 인구 1000만이 넘는 대도시인 로스앤젤레스는 히스패닉이 43.7퍼센트로 백인(34.2퍼센트)보다 10퍼센트나 더 많다. 또한 뉴욕은 푸에르토리코 출신의 히스패닉이 25퍼센트를 차지하고 있다.

  마지막으로 히스패닉은 경제적으로 미국의 하층계급을 구성하고 있다. 히스패닉의 평균소득은 백인의 65퍼센트 수준이며 흑인과는 거의 비슷한 수준이다. 미국을 방문해서 보면 공항이나 호텔, 또는 식당에서 안내를 하거나 일하고 있는 사람들이 대부분 흑인이거나 스페인어를 쓰는 히스패닉들이다. 또 많은 멕시코 출신 히스패닉들이 남부 농장에서 일하고 있다. 이것은 당연히 커다란 사회문제로서의 폭발성을 지니고 있다. 지난 90년대 초의 미국 LA폭동은 우발적인 것이라기보다는 갈수록 생활이 어려워지고 있는 하층민의 불만이 표출된 것이라고 볼 수 있다. 지난 1970년 미국의 소득 상위인구 20퍼센트의 GNP 생산량이 소득 하위인구 20퍼센트의 7배였다. 이 수치는 1990년에 12배로 불어나 선진국이라는 말이 부끄러울 정도가 되었다. 미국 내의 불균형은 점점 심화되어가고 있으며, 그 피해자는 바로 히스패닉과 흑인들인 것이다.

미국에 보내진 '트로이의 목마'

'선거의 나라'인 미국에서는 대통령에서부터 지방판사를 뽑는 데 이르기까지 수없이 많은 선거가 치러지고 있다. 미국의 대다수 공무원들은 주민의 투표에 의해 선출되며, 그렇기 때문에 이들은 어떤 형태로든 주민의 의사를 따를 수밖에 없다.

최근 20년 동안 히스패닉의 수는 2배 가까이 증가했으며, 과거에는 선거에 등한시했던 이들 히스패닉이 선거참여를 늘여가면서 이들의 중요성이 점차 증대되고 있다. 2002년 깅그리치 전 하원의장은 향후 20년 동안 미국 정치는 히스패닉 유권자의 성향에 달려 있다고 강조했다. 히스패닉은 전체 435개의 선거구 중 122개 선거구에서 13퍼센트 이상을 차지하고 있으며, 특히 이중 75퍼센트 이상이 서부와 남부에 집중되어 있다. 특히 전국 최다지역인 캘리포니아(52석), 텍사스(30석) 같은 초대형 선거구에 몰려 있어 정치적 영향력이 절대적이라 할 수 있다. 텍사스의 경우 유권자의 60퍼센트 이상이 히스패닉이며, 캘리포니아·애리조나·뉴멕시코·콜로라도·플로리다 등은 물론이고 최근에는 조지아·노스캐롤라이나·아이오와·아칸소·미네소타의 일부 카운티도 히스패닉 인구 비중이 늘어났다.

최근 미국의 정치인들은 히스패닉의 환심 사기에 많은 노력을 기울이고 있다. 대표적인 것이 스페인어를 배워 그들과 공감대를 형성하려는 것이다. 2000년 대선 기간 중 조지 W. 부시 대통령은 동생 젭 부시 플로리다 주지사의 아들을 자주 데리고 다녔다. 젭 부시의 아내가 멕시코계 히스패닉이었기 때문이다. 그리고 부시 자신도 스페인어로 연설하곤 했다. 텍사스 출신의 프로스트 의원은 "서남부 지역에서 의원들이 정치적 생명력을 유지하려면 반드시 스페인어를 할 줄 알아야 한다. 잘하지는 못해도 노력한다는 자세는 보여줘야 한다"고 지적했다.

히스패닉에 대한 미 정계의 관심이 최근 들어 갑자기 나타난 것은 아니다. 1990년대 들어 미국의 지방정치가 히스패닉이나 아시아계 이민이 급증하면서 구조적인 변화를 일으키기 시작했다. 이민사회가 자신들의 경제적 권익을 정치참여로 지키고 확대하려 했고, 이러한 경향은 히스패닉계 이민이 다수파가 되려고 하는 남캘리포니아 주에서 현저하게 나타났다. 50개 주 가운데 인구가 가장 많은 캘리포니아 주에서 '정치적 각성'을 하기 시작한 것이다.

2050년 어느 날 미국 남부의 일부 주가 미국으로부터 분리독립을 선언하고 멕시코와 연합한다면 어떻게 될까? 마치 1846년 텍사스에 미국인들이 밀려들어와 멕시코로부터 분리독립을 선언하고 미국의 한 주로 연합했던 것처럼. 미래 일은 아무도 모르는 것이지만, 그저 허무맹랑한 소리만은 아니다. 그래서 미국은 엄청난 속도로 늘어가고 있는 히스패닉의 인구증가를 우려의 눈빛으로 볼 수밖에 없다. 미국은 1846년 멕시코로부터 텍사스와 애리조나·캘리포니아 등을 무력으로 빼앗았지만, 이제 그 땅이 '트로이의 목마'가 되어 그 속에서 나온 사람들이 다시 미국을 평화적으로 점령할지도 모르는 것이다.

2부 21세기 대통령, 룰라에서 차베스까지

― 인물로 본 중남미의 정치와 사회

브라질연방공화국(República Federativa do Brasil)

면   적 : 854만7403㎢
세계 5위, 남미 대륙의 47.3%, 한반도의 약 37배

인   구 : 1억7000만 명(2001년)

수   도 : 브라질리아(인구 180만 명, 1960년 리오 데 자네이로에서 천도)

주요도시 : 상파울루, 리오 데 자네이로

인   종 : 백인(53%), 메스티소(34%), 흑인(11%), 동양인 및 기타(1%)

언   어 : 포르투갈어

종   교 : 천주교(80%), 개신교(11%), 기타 토속종교 등

기   후 : 북부는 열대, 중부는 아열대, 남부는 온대(지역별로 차이가 큼).

정부형태 : 대통령중심제(임기 4년, 1차에 한해 중임 가능)

국가원수 : 룰라 대통령, 2003년 1월 1일 취임

의   회 : 양원제

독 립 일 : 1822년 9월 7일

군 사 력 : 29만5000명

국민총생산 : US $ 5039억(2001년)

1인당 국민소득 : US $ 2912

대외교역(2002년)

수   출 : US $ 604억

수   입 : US $ 472억

외   채 : US $ 2164억

남미의 새로운 바람, 브라질 룰라 대통령

21세기 새 대통령 '룰라'

2002년 10월 27일, 1억7000만 브라질인들은 노동자당(PT)의 룰라 (Luiz Inácio 'Lula' da Silva) 후보를 61.4퍼센트의 압도적 지지로 21세기 브라질을 이끌어갈 새 대통령으로 선출했다. 흥겨운 삼바리듬에 따라 브라질 민중들은 "룰라 만세"를 목청껏 외쳤으며, 대통령에 당선된 룰라 후보는 '가난한 이들의 고통을 위해 헌신할 것'이라는 말로 국민의 환호에 적극 화답했다. 1889년 브라질이 공화국으로 바뀐 이후 113년 만에 처음으로 빈민촌 출신의 한 노동자가 3전 4기의 신화를 창조하며 자신의 57번째 생일에 대통령에 당선되는 영광을 차지한 것이다.

이번 선거는 노동자당의 룰라 후보가 대통령에 당선될 가능성이 높았기 때문에, 역대 어느 선거보다 세계의 이목을 집중시켰다. 지금까지의 브라질과 '다른 브라질'을 강조하며 목청을 높인 룰라 후보와 지금까지의 브라질을 승계한 집권여당의 세하(Jos Serra) 후보 간의 대결은 브라질뿐만 아니라 중남미를 넘어 세계 자본시장의 관심을 끌었다.

사실 어떤 의미에서 이번 결선 투표는 2002년 10월 6일의 1차 투표에서 46.4퍼센트를 얻은 룰라 후보의 당선을 재확인하는 것에 지나지 않았다. 1차 선거에서 2위를 차지한 세하 후보의 득표율이 28.5퍼센트에 지나지 않았고, 또 결선에는 진출하지 못했지만 1차 선거에서 17.9퍼센트를 얻은 브라질 사회당의 가로칭요(Anthony Garotinho) 후보와 11.9퍼센트를 획득한 사회민중당의 고메스(Ciro Gomes) 후보가 이미 룰라 후보에 대한 지지를 선언했기 때문이다.

그러나 지난 1989년 이후 세 번의 선거에서 초반 우세를 지키지 못하고 보수우익 기득권층의 두꺼운 벽에 부딪쳐 좌절을 경험한 룰라 후보와 그 지지자들은 마음을 졸일 수밖에 없었다. 따라서 이번 선거에서는 그동안의 과격한 좌파 이미지에서 중도좌파로 '부드러운' 변신을 시도한 룰라가 과연 보수 기득권 세력의 한계를 뛰어넘을 수 있을 것인지가 주요 관심사였다.

밑바닥에서 정상까지

브라질 역사상 최초의 좌파 대통령인 룰라는 밑바닥에서 정상까지 오른 입지전적 인물이다. 그는 1945년 10월 27일 브라질 북동부 지방인 페르남부쿠 주에서 가난한 농부의 아홉 아이 중 여덟째로 태어났다. 5살 때 어머니를 따라 브라질의 최대 상업도시인 상파울루 근교로 이사했으며, 지독한 가난으로 인해 어린 나이부터 구두닦이를 하며 집안 살림을 도와야 했다. 그러한 형편 때문에 열 살이 되어서야 겨우 글을 깨우쳤으며, 초등학교를 5년간 다닌 것이 공식 학력의 전부이다. 한국에서는 대학, 그것도 유명 대학을 나온 사람만이 대통령이 될 자격이 있다고 생각하는 이상한 풍토가 있는데, 브라질의 룰라가 국민의 압도적 지지로 대통령에 당선된 것을 보면서 과연 무슨 생각을 했을까?

▲ 룰라 브라질 대통령 당선자가 연설 후 엄지 손가락을 들어 보이며 국민의 환호에 답하고 있다.

룰라는 14세 때부터 금속공장 노동자로 직업전선에 뛰어들었으며, 12시간의 고된 노동 속에서도 야간에 직업훈련소에 다니며 독학을 해 1963년 선반공 자격증을 취득했다. 그러나 19살 때에는 판형 공장에서 왼쪽 새끼손가락이 절단되는 사고를 당하기도 했다.

처음에 공산주의자인 형의 권유로 노조활동을 시작한 그는, 같은 공장 노동자였던 첫번째 부인 마리아가 1969년 산업재해인 결핵으로 숨

지면서 노조활동에 더욱 적극 가담하게 되었다. 그후 1972년 상 베르나르두 두 깜푸 금속노조의 제1서기에 당선되었으며, 1975년에는 10만 명의 노조원을 둔 브라질 철강노조 위원장에 당선되었다. 그리고 그때까지 '어용'으로 불렸던 철강노조를 강력한 독립노조로 탈바꿈시킨 것을 포함해 수차례의 파업투쟁을 성공으로 이끈다. 그로 인해 전국적인 지도자로 부상한 룰라는 1980년 군부독재 정권에 의해 국가보안법위반 혐의로 구속되었으나 대법원에서 무죄로 방면되었다.

1980년 2월 10일, 룰라는 철강노조를 비롯한 산업별 노조와 좌파 지식인들을 규합해 노동자당을 창설, 브라질 정계의 새로운 세력으로 등장했다. 1983년에는 단일노조동맹(CUT) 결성에 참여했고, 1984년에는 민주화운동인 '디레타스 자("지금 당장 직접선거를"이란 뜻)'를 주도했다. 그리고 1986년 연방하원의원에 출마해 최다득표로 당선되었다.

1989년 30년 만에 처음으로 실시된 대통령 직접선거에 노동자당의 후보로 출마한 룰라는 자유당의 콜로르(Fernando Collor)와 함께 결선투표에 진출해 47퍼센트(3100만 표)의 표를 얻었으나 53퍼센트(3500만 표)를 얻은 콜로르에게 아깝게 패했다. 그리고 1994년, 1998년 대통령 선거에 출마해 25퍼센트, 33퍼센트의 득표를 했으나, 까르도수 대통령에게 연거푸 고배를 마셨다.

룰라와 노동자당

노동자당은 과거 소수 정치 엘리트에 의해 유지된 마르크스 이념의 노동당이 아니라, 노동자를 주축으로 해 동성애 인권 옹호자들과 환경

보호주의자, 해방신학자 등 다양한 집단의 사람들로 구성되어 있으며, 정치·경제·사회 등 모든 부문에서 민주주의가 함께 이뤄지는 나라를 지향하는 브라질형 '민주적 사회주의' 정당이라고 할 수 있다. 따라서 노동자당은 지식인 중심의 브라질 공산당과 모택동 계열의 공산당 등 기존 좌파 정당들과는 달리 노동자 대중의 지지를 바탕으로 하고 있다.

  '노동자당'의 급진적 민주주의는 빈부격차가 극심한 브라질에서 사회정의를 실현시키는 이념이 아니라 현실적 대안으로 받아들여졌다고 할 수 있다. 노동자당은 1982년 처음 참여한 총선에서는 3.1퍼센트의 득표에 그쳤으나, 1988년 상파울루 시장선거에 승리하고, 1989년에는 30퍼센트의 득표율을 기록했다. 지난 1998년 총선에서는 〈도표3〉에서 볼 수 있듯이 58명의 하원의원과 81명의 상원의원 중 8명, 그리고 27명의 주지사 중 3명을 당선시켰다. 브라질 민주화 과정에서 노동자당은 변혁을 주도하며 부패하지 않는 혁신정당으로 성장해왔다. 2003년 현

〈도표3〉 정당별 하원의원 의석 수(1998년, 2002년 총선)

정당	1998년 10월 4일	2000년 10월 6일	정당이념
노동자당(PT)	58	91	좌파
자유전선당(PFL)	105	84	중도우파
브라질 민주운동당(PMDB)	83	74	중도
브라질 사회민주당(PSDB)	99	71	중도좌파
브라질 진보당(PPB)	60	49	우파
자유당(PL)	0	26	중도
브라질 노동당(PTB)	31	26	중도
민주노동당(PDT)	25	21	좌파
기타	52	71	1석 이상 얻은 정당이 11개임
계	513	513	

출처 : www.electionworld.org/eledtion/brazil.htm

재는 상파울루를 포함해 브라질 인구의 3분의 1 정도인 약 5000여 만 명이 노동자당이 장악한 지방정부의 지배 아래 있는 상황이다. 이렇게 지방정부에서부터 쌓은 충분한 행정운영 경험으로 대중적 신뢰를 확보했고, 이것을 바탕으로 수권정당의 면모를 확실히 보여줘 좌파정권의 탄생에 대한 사람들의 두려움을 완화시켰다고 할 수 있다.

2003년 1월 1일 출범한 룰라 정부의 성패는 국내적으로는 여소야대 의회를 어떻게 풀어가느냐에 달려 있다. 노동자당은 연방하원 선거에서 지난 1998년 선거보다 33석이 더 많은 91석을 얻어 원내 제5당에서 제1당이 되었다. 그러나 노동자당을 포함한 좌파 정당들의 의석은 전체 의석 513석의 41퍼센트인 214석으로 과반에 43석이나 부족하다. 좌파 정당이 40퍼센트가 넘는 의석을 차지한 것은 1984년 민정이양 이후 처음이지만, '여소야대'의 국회는 룰라 정부에게 결코 쉬운 정치적 상황은 아니다. 현재 자유전선당(PFL)과 브라질 진보당(PPB)을 중심으로 한 우파는 133석을 차지하고 있으며, 집권당이던 브라질 사회민주당(PSDB)을 포함한 중도좌파가 145석을 차지하고 있다.

신자유주의에 대한 반발

1990년대 들어서면서 중남미는 정치·경제적으로 1980년대와는 다른 모습을 보였다. 중남미 대부분의 국가에서 민주적 선거를 통해 정권이 평화적으로 교체되는 등 민주주의 체제가 정착되고 정치가 안정되어갔다. 그리고 미국이 주도한 신자유주의 경제모델을 채택한 아르헨티나·브라질·페루 등 대부분의 중남미 국가들은 경제활동에 대한 규제를 완화하고 시장개방과 민영화를 가속화시켰다. 이에 따라 기업의 구조조정이 활발히 이뤄졌으며, 시장개방에 따라 외국인의 투자가 늘어나고 인플레이션이 진정되었으며 경제성장이 이루어졌다.

종속이론가로 세계적인 명성을 얻은 까르도주(Fernando Henrique Cardoso) 대통령은 정치를 시작하면서 과거 자신이 학자로서 한 말은 모두 잊어달라고 주문했다. 이론과 현실의 차이를 명확히 한 것이다. 그리고 1994년 대통령이 된 까르도주는 8년의 재임 기간 동안 균형경제, 노동시장의 유연성, 시장개방, 민영화 등 미국이 주도하는 신자유주의 경제정책을 충실히 실천했다.

신자유주의 경제정책에 바탕을 둔 성장우선주의적 경제 전략을 통해 까르도주 정부는 집권 초기 침체에 빠져 있던 경제를 활성화시키고 수백 퍼센트에 이르는 인플레이션을 극복할 수 있었다. 무엇보다 '플라노 헤아우(Plano real)'*을 통해 살인적인 인플레이션을 해결한 까르도주 대통령은 국민들의 절대적인 지지를 얻었으며, 이를 바탕으로 헌법을 개정해 재선에 성공했다.

그러나 경제개방과 고정된 금리정책으로 인해 경제가 점차 위축되어 갔다. 해외자본을 유치하기 위해 연평균 20퍼센트가 넘는 고율의 이자를 지급해야 했으며, 1995~96년에는 이자율이 48퍼센트까지 상승했다. 이 같은 과다한 이자 지급과 헤아우(Real)와 달러를 1대 1로 고정시킨 고정환율제에 따라 헤아우화가 과대평가되면서 무역수지가 악화되어

---

* 'R'은 브라질에서 'ㅎ'으로 발음된다. 따라서 브라질 화폐인 Real은 '헤아우'로, Rio de Janeiro는 '히우 데 자네이루'로 발음된다. 그러나 이 글에서는 우리나라에서 이미 굳어진 '리오 데 자네이로'로 쓰겠다. 단 화폐단위는 원어에 충실하게 '헤아우'로 쓴다.

결국 1999년 외환위기를 겪게 되었으며, 까르도주 대통령에 의해 추진된 신자유주의 정책은 실패로 끝나고 말았다. 그리고 까르도주의 경제정책 실패는 결국 신자유주의에 반대하는 룰라와 노동자당이 정권을 잡을 수 있게 한 요인이 되었다.

1990년대 순탄하게 진행되었던 신자유주의 정책의 실패는 중남미 지역에서 신자유주의를 반대하는 좌파 정치인들의 입장을 강화시켜주었다. 1998년 56.2퍼센트의 절대적 지지로 당선된 차베스 베네수엘라 대통령은 1990년대 신자유주의가 지배한 중남미에 새로운 도전이자 실험이었다. 특히 아르헨티나의 경제 파국은 중남미 지역에서 미국의 신뢰감을 떨어뜨린 결정적인 계기가 되었다. 미국은 지난 20여 년간 추진해온 미주자유무역지대(FTAA) 구상을 위해 중남미 국가들에게 기업의 민영화와 시장개방을 강력히 요구했고, 이 같은 미국의 요구를 가장 충실히 따른 국가 중 하나가 바로 아르헨티나였다. 그런데 2001년 말 아르헨티나가 국가부도를 선언할 정도의 경제위기에 처하자 미국이 모른 체한 것이다. 결국 아르헨티나는 2001년 12월에는 데 라 루아 대통령이 사임하는 정치적 위기까지 맞았다.

'급진 좌파 룰라'에서 '다이어트 룰라'로

1989년 이후 세 번의 선거에서 보수우익 기득권층의 두꺼운 벽에 부딪혀 좌절을 경험한 룰라 후보와 그 지지자들은 2002년 대통령선거에서 마음을 졸일 수밖에 없었다. 사실 기득권층의 룰라 후보에 대한 거부감은 매우 컸다. 이들은 룰라 후보가 정규교육을 받지 못했다는 점과 과격한 노조활동 경력 등을 이유로 노골적으로 반대했다. 또 룰라 후보가 당선되면 외국인 투자가들의 브라질 시장 기피로 2001년 12월 해외 채무 디폴트(채무불이행)를 선언한 아르헨티나처럼 경제위기를 맞게 될 것이라고 공언했다. 그리고 이 같은 위협은 국제 자본가들의 '협박성 발언'으로 한층 더 강화되었다.

실제로 모건 스탠리, 메릴린치 등 국제금융자본의 투자자금 회수와 신규투자 중단 등으로 브라질의 국가신용등급은 하락하고 헤아우화가 급락하는 등 브라질 경제는 휘청거렸다. 또 헤지펀드 업계의 대부로 꼽히는 미국의 조지 소로스는 『이코노미스트(The Economist)』와의 한 인터뷰에서 "브라질 국민들이 2002년 10월 대선에서 집권여당인 세하 후보에게 투표하든지, 아니면 2450억 달러에 달하는 외채 상환불이행으로 아르헨티나와 같은 경제위기를 당하든지 둘 중 하나를 선택해야 할 것"이라는 극언도 서슴지 않았다.

따라서 중도좌파로 변신(?)을 시도한 '부드러운' 룰라가 과연 보수기득권 세력의 한계를 뛰어넘어 대통령에 당선될 수 있을 것인지 아무도 장담할 수 없었다. 그런데 결과는 룰라 후보가 브라질 선거사상 최대의 표 차로 세하 후보를 누르는 이변 아닌 이변을 연출한 것이다.

룰라 후보는 선거 기간 중 급진적 좌파, 강경파 노조 지도자의 이미지를 벗고 중도좌파로의 변신에 성공(?)했다. 이같이 변화된 룰라의 모습은 '다이어트 콜라'에서 그 의미를 따와 '다이어트 룰라'라고 불렀다. 또 스스로도 룰라라는 애칭을 사용해 '평화와 사랑의 룰리따'라고 표현했다.

룰라 후보는 선거 기간 동안 급진주의적 태도를 버리고 유화적이고 실용적인 모습을 보였다. 경제계의 불안을 잠재우기 위해 선거운동 기간 동안 과거에는 한 번도 입지 않았던 고급 양복을 입고 다녔으며, 러닝메이트인 부통령 후보로 브라질 최대 갑부 중 한 사람인 섬유재벌, 우파 자유당의 알렌카를 지명했다. 중산층과 기업가들을 안심시키기 위한 전략이었다. 그리고 선서 기간 동안 자신과 알렌카의 연합을 상품을 만들기 위한 '노동과 자본'의 연합으로 국민들에게 어필했다.

이는 마치 1997년 민주당 김대중 후보와 자민련 김종필 후보 간의 소위 DJP연합과 같은 것이라 할 수 있겠다. '민주화 세력'과 '근대화 세력'의 결합이라고 했던 DJP연합의 결말은 비극적으로 끝났지만, 그 당시 불가능해 보였던 여야간 최초의 수평적 정권교체를 가능하게 했다.

또한 룰라 후보는 선거 후반, 중산층 및 외국인 투자가들의 우려를 의식해 현 정부의 경제정책을 그대로 유지하고 미국 및 IMF와의 관계도 변화가 없다고 강조했다. 물론 외채상환 유예도 없다고 강조했다.

집권당인 사민당의 세하 후보는 이 같은 룰라 후보의 변신을 가리켜 '털갈이는 했지만 버릇은 그대로 남아 있는 늑대'라고 지적했다. 또한 세하 후보는 룰라의 경제정책이 2002년 4월 쿠데타 실패 등으로 정치적 혼란을 겪고 있는 이웃 베네수엘라 차베스 대통령의 정책과 유사하다고 경고하고, 룰라를 베네수엘라의 차베스 대통령 또는 아르헨티나의 데 라 루아 대통령에 비유하며 공격했다.

"희망이 두려움을 이겼다"

1990년대 중남미를 지배해왔던 신자유주의와 미국에 우호적인 우파 정권 속에서 1999년 등장한 베네수엘라의 차베스 정권은 단순한 징권 교체 의미 외에도 또 다른 중요한 의미를 갖고 있다. 중남미에서 미국의 영향력과 지배에 저항하며 '혁명적' 정치개혁을 수행한 차베스의 실험은 하나의 도전이었다. 물론 국민에게 절대적 지지를 받았지만, 차베스 좌파정권의 정치실험은 힘겨운 것이었다. 그러나 그럼에도 중남미에 새로운 변화를 주도하는 것이었다.

그리고 이제 브라질에서 미국이 주도하는 신자유주의에 대해 반대 입장을 표명한 노동자당이 정권을 장악함으로써 남미 전체적으로 좌파의 입장이 대폭 강화될 것이다. 룰라 후보는 당선이 확정된 후 첫 공식 성명에서 "평화의 세계를 건설하기 위해 미주대륙에서 브라질이 훌륭한 역할을 수행할 것으로 믿는다는 것을 국제사회에 밝힌다"고 말했다.

아직 룰라 정부의 구성이 어떻게 될 것이고 어떤 정책을 펼칠지 모른다. 하지만 한 가지 분명한 것은 미국과 중남미와의 관계가 지금까지와는 다를 것이고, 중남미에서의 좌파 영향력이 확대될 것이라는 점이다. 그리고 브라질이 이 지역에서 주요한 역할을 담당할 준비가 되어 있다는 것이다.

특히 미주자유무역지대(FTAA)협정 협상에 대해 비판적 입장을 유지했던 룰라 당선자는 "FTTA협상에는 참여할 것이나, 브라질과 아르헨티나 등으로 구성된 남미공동시장(Mercosur)을 미주지역에서 강화하는 것을 최우선시 하겠다"는 것을 분명히 했다.

결론적으로 1억7000만 브라질 국민은 보수기득권 세력과 국제자본의 노골적인 지지를 받는 세하 후보가 제시하는 '현재'를 포기하고 좌파 '노동자당'이 제시한 '미래'를 선택했다. 룰라의 당선은 일부 정치인들에 의한 '나눠먹기식 정치'와 우파 정치에만 길들여져 있던 브라질 국민들이 미래에 대한 불확실과 변화에 대한 두려움을 극복하고 브라질의 자존심과 '확실한 변화'에 미래를 건 것이라고 할 수 있다. 또한 경제위기를 빌미로 선거에 개입한 국제금융자본에 명확히 반대를 표명한 것이다.

룰라 후보의 당선 첫 일성은 "희망이 두려움을 이겼다"였다. 그것이 2002년 10월 27일 브라질의 선택이었다.

우리 언론의 룰라 격찬

2003년 봄이 시작되면서 브라질의 룰라 대통령이 한국 언론으로부터 집중 조명을 받았다. 물론 우리 언론만 룰라 대통령을 칭찬하는 것은 아니다. 우리 언론과 조금 다르긴 해도 미국을 위시한 서방국가들이나 IMF 등 국제금융기구들은 예상과 달리 보수적 경제정책을 펴고 있는 좌파 성향의 룰라 대통령의 '변신'을 긍정적으로 평가하고 있다.

어쨌든 서구 편향적인 우리나라에서 제3세계 정치지도자가 주의를 끈다는 것은 결코 쉬운 일이 아니다. 다시 말해, 룰라 대통령은 미국이나 유럽 등 서구 선진국의 정치지도자도 아니고, 더군다나 단어 자체만으로도 거부감을 느끼게 하는 '노동자당(PT)'을 창당하고 이를 통해 대통령에 당선된 정치인이다. 그런데도 우리 언론들은 강성 노조지도자 출신인 룰라 대통령에 대한 칭찬에 전혀 인색하지 않다. 한두 번 흥미 위주의 보도를 하는 것이 아니라 집중 조명을 하고 있는 것이다.

룰라 대통령에 대해 『조선일보』 『중앙일보』 『동아일보』 등 보수 언론들은 일주일이 멀다 하고 큼지막하게 보도를 하고 있는데, 그중 중요한 것들만 살펴보자.

- "브라질 좌파 대통령 룰라, 뜻밖 보수정책… 경제 살려"

(『동아일보』, 2003년 4월 16일)

- "브라질, 국제금융시장 '화려한 복귀'"　　　(『조선일보』, 2003년 5월 1일)

- "노무현 대통령은 한국의 룰라가 되어야 한다"

(『중앙일보』, 2003년 5월 28일)

- "룰라 '룰루랄라' 국내외서 인기… 원칙 중시 브라질 경제 안정

(『동아일보』, 2003년 6월 2일)

- "노무현-룰라, 두 대통령의 빛과 그림자"　　(『조선일보』, 2003년 6월 9일)

- "브라질의 좌파 대통령 룰라 취임 6개월/ 경제회복 조짐에 '룰루랄라~'

(『조선일보』, 2003년 7월 1일)

이밖에도 『조선일보』(2003년 7월 4일)는 A1면에 도표와 함께 큼지막한 기사를 싣고, A3면 전체를 브라질 특집기사로 구성하는 대담한 기획을 선보이기까지 했다. 그런데 왜, 무엇 때문에 우리 언론들이 룰라 대통령을 극찬하는 것일까?

앞서 말했듯이 룰라 후보는 선거 기간 동안 좌파의 과격한 이미지를 버리고 유화적이고 실용적인 모습으로 보이고자 노력을 기울였다. 그러나 대부분 해외투자자들과 경제전문가들은 룰라 대통령을 깊이 신뢰하지 않았다. 일단 정권을 장악한 룰라가 선심성 정치와 현실을 무시한 포퓰리즘적 정책을 펼 것으로 예상한 것이다. 그러나 룰라 대통령은 취

임 이후 중앙은행 총재에 구 여권인사이며 미국 보스턴은행 총재를 역임한 엔리케 메이렐레스를 임명하고, 인플레이션과 환율을 잡기 위해 고금리정책을 취했다. 또 정부지출을 과감히 줄이는 긴축재정 정책을 강력하게 추진하는 등 정말 현실주의자로 '변신' 했다.

다시 말해, 좌파 노동자당의 룰라 대통령이 취임 후 친 노조 정책을 펼 것이라는 예상과 달리 시장 친화적인 경제정책을 취함으로써, 국제 사회에서 브라질의 신뢰를 회복시키고 경제를 안정시켰으며 국제 금융시장의 환영을 받고 있는 것이다. 그의 정책은 두 차례에 걸친 금리인상과 공무원연금에 대한 특혜를 폐지하는 연금법 개정, 외국인 투자를 가로막는 과도한 환경운동 비판 등 시장주의자였던 전 까르도주 대통령과 유사한 것이었다.

아무튼 그에 따라 주가가 지난 5개월 동안 30퍼센트 이상 상승했으며, 룰라 대통령에 대한 지지도도 취임 초보다 상승했다. 한마디로 좌파 대통령의 '뜻밖의 보수주의' 정책이 브라질 경제를 되살린 것이다. 취임 전 우려했던 '룰라 쇼크'가 '룰라 효과'로 바뀌었다.

더 쉽게 말하자. 우리 언론들에 따르면 룰라가 대통령이 되면 '깽판'을 칠 줄 알았는데, 의외로 국제자본과 미국·브라질 자본가들의 입맛에 맞는 정책을 소신껏 밀어붙이고 있다는 것이다. 그래서 브라질 경제가 살아나고 있으며, 정치·사회적 통합도 이루어지고 있으므로 성공 사례라는 것이다. 마침 그 진보적 성향과 취임 시기 등이 비슷했던 노무현 대통령에게 우리 언론은 노 대통령도 룰라 대통령처럼 확실하게 '변신' 해주길 바라고 있는 것이다.

우리 언론들은 '룰라와 노무현'이 초등학교 졸업에 노조 지도자(룰라)와 상고 졸업에 인권변호사(노무현)로 출신배경이 비슷하고 취임시기, 그리고 취임 후 보수화되었다는 점에서 비슷한데, 룰라는 성공(?)했고 노무현은 실패의 길을 걷고 있다고 보는 듯하다. 그리고 그 이유를 노무현의 보수화가 약하기 때문이라고 주장한다. 노 대통령도 자신을 뽑아준 사람들의 요구를 물리치고 보수적인 정책을 확실히 취해야 한다는 것이다. 그래서 우리 언론에 룰라 대통령이 뜨고 있다.

기아 제로 프로그램과 남미의 단결

룰라 대통령은 보수적 경제정책과 함께 출범 첫 해 최대 목표로 기아 퇴치를 내걸었다. 브라질 정부는 이에 따라 1500만 빈곤층 가구에 한 달에 14달러(1만6000원)를 직접 생활비로 지급하는 '기아 제로 프로그램(fome zero)'을 추진하고, 이를 위해 7억6000만 달러의 전투기 구입 예산을 빈민을 위한 사업으로 전용했다. 동시에 빈부 격차를 줄이기 위해 부자들이 세금을 더 많이 내도록 하는 세제 개혁을 추진하고 있다.

또 룰라 대통령은 전체 아메리카 대륙을 관통하는 '미주자유무역지대'를 추진하고 있는 미국에 대항해 '남미공동시장'을 중심으로 남미의 단결을 강조하고 있다. 그는 취임식 다음날 공식행사에서 베네수엘라의 차베스와 조찬, 쿠바의 카스트로와 만찬을 함으로써 이들과의 우의를 과시했다. 그리고 이날 세 명의 중남미 정치지도자는 부시를 조롱하듯 자신들을 '선의 축(Axis of Good)'이라 부르며 연대를 과시했다. 중남미에 반미 트로이카가 형성된 것이다.

아르헨티나공화국(Republica Argentina)

면 적 : 279만1810㎢ (남극대륙 96 만5314㎢ 및 남부도시 4150㎢ 제외한
          전국토의 61%가 평원)

인 구 : 3700만 명(2002년)

수 도 : 부에노스아이레스(1421만 명)

주요도시 : 코르도바, 로사리오

인 종 : 유럽계 백인(98%), 원주민(2%)

언 어 : 스페인어

종 교 : 카톨릭(92%), 개신교(2%), 유태교(2%), 기타(4%)

기 후 : 북부-아열대, 중부-온대, 남부-한대(남극)
          우기 : 10~3월, 건기 : 4~9월

정부형태 : 대통령 중심제 (임기 4년, 1차에 한해 중임)

국가원수 : 키르츠네르 대통령, 2003년 5월 25일 취임

의 회 : 양원제

독 립 일 : 1816년 7월 9일

군 사 력 : 7만3800명(육군4만, 해군2만, 공군1.3만)

국민총생산 : US $ 2603억(2002년)

1인당 국민소득 : US $ 2700(2002년)

대외교역(2002년)

수 출 : US $ 253억

수 입 : US $ 89억

외 채 : US $ 1343억

경제성장률 : -11%(2002)

화폐단위 : 페소(Peso)

US $ 1 = $ 2.78(2003년 7월)

외채 없는 아르헨티나 꿈꾸는 키르츠네르 대통령

최악의 경제상황에서 치른 선거

2003년 5월 25일, 아르헨티나 제52대 대통령에 인구 20만 명의 산타 크루스 주지사였던 네스또르 키르츠네르(Néstor Kirchner)가 취임했다. 카스트로 쿠바 평의회 의장, 차베스 베네수엘라 대통령, 룰라 브라질 대통령 등 중남미 13개국 정상들과 스페인의 펠리뻬 왕세자가 지켜보는 가운데 국회의사당에서 치러진 취임식에서 두알데(Eduardo Duhalde) 대통령은 만족스러운 모습으로 신임 대통령에게 국가의 최고통수권을 상징하는 휘장과 지휘봉을 넘겨주었다.

페론주의자인 키르츠네르 대통령은 취임사에서 "우리는 과거를 뒤로 하고 떠나려 하고 있다"면서 "오늘 우리는 새로운 기회를 맞았다…변화야말로 미래에 우리가 이룩해야 할 명제"라고 강조했다. 또한 빈곤극복을 최우선 과제로 삼고 "국가는 실업자와 퇴직자 등 사회적 약자의 권리를 보호해야 한다"고 역설했다. 특히 "아르헨티나 인민의 빈곤을 무시하고 외채를 지불하지는 않겠다"고 강조해 우레와 같은 박수를 받았다.

그러나 키르츠네르 대통령은 자신의 '험난한' 앞길을 예견이라도 하듯, 의회연설을 마치고 취임식장으로 들어오기 전 사진을 찍으려고 몰려든 사진기자들 사이를 빠져나오다 기자의 카메라에 이마를 부딪쳐 상처를 입었다. 물론 큰 상처는 아니었지만 키르츠네르 대통령은 일회용 밴드를 이마에 붙이고 취임식을 거행해야 했다.

취임식 후 각료들을 대동하고 딸과 함께 대통령 궁 발코니에 나타난 키르츠네르 대통령은 만면에 웃음을 머금고 5월 광장에 운집한 1만 5000여 명의 지지자들의 환호에 손을 높이 들어 화답했다. 그는 계속해서 군중에게 기쁨의 키스를 보내면서도 아무 말도 하지 않고 입을 다문 채 미소만 머금고 있었다.

2003년 대통령선거는 아르헨티나 역사상 최악의 경제위기 속에서 치러진 선거였다. 브라질·멕시코에 이어 중남미 세번째 경제대국인 아르헨티나는 과도한 외채와 누적된 재정적자로 실업자가 증가하고 빈곤이 만연해 국가가 빈사 상태에 빠졌으며, 급기야 2001년 12월 데 라 루아(De la Rúa) 대통령은 디폴트를 선언하기에 이른다. 아르헨티나는 건국 이래 최악의 경제위기를 맞았다. 결국 더 이상의 해결방법을 찾지 못한 급진당(UCRI)의 데 라 루아 대통령은 임기의 절반도 채우지 못하고 대통령직을 사임했다.

데 라 루아 대통령의 사임에 따라 뿌에르따(Ramón Puerta) 상원의장이 48시간 대통령 권한 대행직을 수행하고, 의회에서 사아 주지사를 임시 대통령으로 선출했으나 집권당 내 정책 불협화로 다시 사아 대통령이 사임하게 되었다. 그후 2001년 12월 31일 의회상하양원합동회의에서 두알데 상원의원을 대통령으로 선출하고 2002년 1월 2일 취임식을 거행했다.

한 달 동안 3명의 대통령이 선출되는 정치적 혼란 끝에 2년 전 선거에서 패한 '정의당(Partido Justicialista)'*의 두알데 상원의원이 대통령으로 선출되었다. 그후 정치가 조금씩 안정되었으며, 4년여의 경제 침체에서도 2002년 말부터 서서히 벗어나기 시작했다.

그 같은 상황에서 치러진 대통령선거에는 세 명의 '정의당' 후보를 포함하여 모두 18명의 정치인들이 출마했다. 말 그대로 군웅할거였다. 집권당인 '정의당' 조차도 단일후보를 내지 못할 만큼 정치적 대립과 갈등이 컸다. 어쩌면 이는 메넴(Carlos Menem) 전 대통령이 1999년 12월 대통령직을 퇴임할 때부터 불거지기 시작한 정치적 갈등이었다. 결국 법원의 결정에 따라 당 이름도 당의 상징도 사용할 수 없다는 조건 아래 세 명의 집권당 후보가 같이 선거에 나서게 되었다.

2003년 4월 27일 1차 투표는 치열한 접전이었다. 누가 결선 투표에 진출할지 아무도 장담할 수 없었다. 개표 결과 메넴 전 대통령이 24.3퍼센트를 얻어 1위를 했으며, 두알데 대통령의 대타(代打)인 키르츠네르 후보가 22퍼센트를 얻어 2위를 차지했다. 그리고 우파의 무르피(Ricardo

---

* 공식적 명칭은 사회정의를 강조한 '정의당(Partido Justicialista)' 이다. 그러나 비공식적으로는 '페론당' 으로 불리기도 한다. 이는 '정의당' 이 1940년 페론에 의해 창설되었기 때문이다. 지난 70년대 군사통치 시절에는 '페론' 이라는 단어 자체가 사용 금지되어 일반적으로 '정의당' 이라고 불렸다. 그러나 우리나라에서는 '페론당' 이라는 용어가 폭넓게 쓰이고 있다.

Lopez Murphy) 후보는 16.4퍼센트, 급진당의 까리오(Elisa Carrio) 후보는 14.2퍼센트, 페론주의자인 사아 전 대통령이 14.1퍼센트를 획득해, 1위와 5위의 차이가 10퍼센트밖에 되지 않는 말 그대로 한치 앞을 알 수 없는 접전을 벌였다. 투표 결과 메넴 전 대통령과 키르츠네르 후보가 결선에 진출했다. 외형적으로만 본다면 페론당 후보끼리 결선 투표를 치르게 되었으며, 1차 투표에서 페론당 후보들이 얻은 표는 60.3퍼센트나 되었다. 그러나 실제로 메넴 전 대통령은 두알데 대통령이나 키르츠네르 후보 등 정통 페론주의자들의 입장에서 보면 페론주의를 완전히 배신한 정치인이었다.

메넴의 사퇴와 무투표 당선

결선 투표를 사흘 앞두고 "절대 중도 포기는 없다"던 메넴이 후보를 사퇴함으로써 키르츠네르는 결선 투표 없이 대통령에 당선되었다. 메넴 전 대통령은 집권 페론당의 사분오열로 인해 1차 투표에서 1위로 결선 투표에 진출할 수 있었지만, 결국 '메넴은 안 된다'는 국민의 폭넓은 거부에 중도 사퇴할 수밖에 없었다. 마치 2002년 4월 프랑스 대선 1차 투표에서 극우파 국민전선의 르펜 후보가 사회당 조스팽 후보를 제치고 2위를 차지해 시라크와 함께 결선 투표에 진출하자 충격을 받은 국민들이 결선 투표에서 프랑스 선거사상 최고의 지지율로 시라크 후보를 당선시켰던 것처럼, 결선 투표를 일주일 남겨두고 조사된 여론조사에서 키르츠네르 후보는 메넴을 40퍼센트 이상 앞서고 있는 것으로 나타났다. 이에 메넴은 어쩔 수 없이 3선의 꿈을 접고 5월 14일 공식으로

Argentina's presidential election
Adiós Menem, hallo Kirchner?

BUENOS AIRES

Of two Peronists, the younger and more social-democratic looks better placed to win a run-off ballot this month

HE TRIED hard to put a brave face on it. But Carlos Menem's expression and the mood of his entourage darkened as the results came in from last Sunday's presidential election. During the campaign, Mr Menem, Argentina's Peronist president from 1989 to 1999, had repeatedly boasted that he would win outright. Long after the polls had closed, he still maintained that he would triumph by "eight or ten points". So, rather than victory, Mr Menem's 24%

spread disillusion with politicians, Argentines showed their commitment to democracy: at 78%, the turnout was only slightly below that for past presidential contests. Less than 3% cast blank or spoiled ballots, compared with almost a quarter in a congressional election in 2001.

Second, the Peronists retain a powerful grip on Argentina's politics, despite having failed for the first time to unite behind a single candidate. That failure owed every-

▶ 메넴 대통령의 '신자유주의 정책' 은 GNP를 50퍼센트 가까이 성장시켰으나 사회보장제도를 크게 퇴보시켰고, 실업율 증가를 가져왔다. 그는 결국 인구 20만 명의 산타크루스 주지사였던 키르츠네르에게 대통령 자리를 내줌으로써 3선의 꿈을 접어야 했다. 『이코노미스트』, 2003년 5월 3일자.

후보를 사퇴했다. 1983년 민주화가 된 이후 처음 치러질 뻔했던 결선 투표는 치르지 않았지만 키르츠네르는 여론조사를 통한 국민의 압도적인 지지로 대통령에 당선·취임했다.

아르헨티나의 대통령선거 과정을 보면 몇 가지 쉽게 이해할 수 없는 대목이 있다. 첫째, 수도 부에노스아이레스보다 남극이 더 가까운 인구 20만 명에 불과한 산타크루스 주지사가 어떻게 3800만 명의 아르헨티나 대통령이 될 수 있었을까? 우리의 경우와 비교 설명하면 제주도지사가 대통령에 당선되는 것이나 같은데, 불가능한 일은 아닐지라도 매우 버거운 일이지 않을까? 둘째, 1위로 결선 투표에 진출한 메넴 전 대통령은 왜 '겁쟁이' 라는 비난을 들어가면서까지 후보를 사퇴해야 했을까?

이는 2003년 오늘의 아르헨티나를 이해하기 위한 중요한 단서가 될 것이다.

세계 3대 불가사의

경쾌한 발놀림과 군대식 훈련처럼 맺고 끊음이 분명한 몸동작으로 추는 탱고 춤의 원산지, 축구 신동 마라도나 등으로 우리에게 익숙한 나라. 지구상에서 우리나라와 정 반대쪽에 위치한 나라. 다시 말해 우리나라와 계절이 반대고 또 낮과 밤이 다른 나라, 그래서 우리와 발을 서로 맞대고 거꾸로 서 있는 것처럼 느껴지는 나라. 1940년대 세계 7대 부국에 들 만큼 잘살았지만, 지금은 제3세계 국가로 전락해 정치·경제적인 어려움을 겪고 있는 나라. 바로 아르헨티나다.

많은 사람들이 '남미' 하면 아르헨티나·브라질·칠레를 생각한다. 이 세 나라의 국명 첫 글자를 따서 남미의 ABC국가라 말하기도 한다. 쉽게 말해, 이 세 나라가 남미에서 그만큼 중요한 국가라는 뜻이다. 그중에서도 아르헨티나는 남미에서 정치·경제·문화 등 모든 면에서 앞서가는 중요한 국가이고, 우리에게도 많이 알려져 있는 국가다. 또 남미의 선진국, 아니 스페인의 식민지배를 받았던 히스패닉 아메리카의 선두주자로 포르투갈어를 쓰는 브라질과 더불어 남미의 주도권을 놓고 다투는 국가이기도 하다.

아르헨티나는 한반도의 12.4배 면적인 276만6889제곱킬로미터로 세계에서 여덟번째로 큰 나라이며, 국토의 절반 이상이 세계에서 가장 비옥한 토양이라는 대평원(pampas)으로 자원이 풍부한 국가이다. 인구는 3700만 명(2001년)으로 전체인구의 98퍼센트가 이탈리아와 스페인계 중심의 백인이다. 중남미에서 백인이 가장 많은 국가인 셈이다. 그리고 인구의 90퍼센트가 가톨릭 신자이다. 어떤 의미에서 스페인이나 이탈리아와 같은 남부유럽의 한 국가를 남아메리카 대륙에 그대로 옮겨놓은 것과 같다고 할 수 있겠다.

사실 광대한 영토와 풍부한 지하자원, 끝없이 펼쳐진 농지와 교육수준 높은 백인으로 구성된 아르헨티나가 경제적 어려움을 겪는 것은 쉽게 이해할 수 없는 일이다. 일반적으로 한 국가의 국력을 재는 요소로 광대한 국토, 풍부한 자원, 양질의 인구를 꼽는데, 아르헨티나는 이 모든 요소를 거의 완벽하게 갖추고 있다. 어떻게 보아도 아르헨티나가 선진국이 되지 못할 이유가 없는 것이다. 그래서 아르헨티나가 못사는 것을 '세계 3대 불가사의' 중 하나라고 말하는 농담이 나올 정도이다.

메넴과 페론주의의 분열

1976년 이후 6년 넘게 계속된 군사독재 체제를 종식시키고 1983년 12월 출범한 알폰신 정부는 '더러운 전쟁' 기간 동안 저질러진 인권유린에 대한 철저한 규명과 처벌, 그리고 민주 제도의 정착 등 정치개혁에는 성공했으나 경제정책에는 완전히 실패했다. 집권 말기인 1989년에는 인플레율이 4000퍼센트를 넘는 등 최악의 상황에 이르렀고, 결국 정권을 5개월이나 앞서 넘겨주어야 했다. 그 시절은 사람들이 '경제 내전'이라고 기억하고 있을 만큼 고통스러운 상황이었다. 당시 국민들은 하루라도 빨리 아르헨티나의 화폐인 페소(peso)를 미국 달러로 바꿔놓기 위해 은행창구 앞에 오랫동안 줄을 서야 했다. 우스갯소리로, 식료품 가게에서 제일 먼저 사는 사람과 뒤에 사는 사람의 빵 가격이 차이가 있다는 말이 있을 정도로 물가가 빠르게 오르고 있었다.

이 같은 경제위기 속에서 치러진 1989년 5월 대통령선거에서 '페론당'의 메넴 후보는 시회주의적 경제정책을 공약으로 내걸고 6년 단임의 대통령에 당선되었다. 5개월 앞서 정권을 인수한 메넴은 국영기업의 민영화, 관세율 인하, 시장 개방 등 자유주의 정책을 전격적으로 시행했다. 좌파의 지지를 받아 대통령에 당선된 메넴이 우파 정책을 시행한 것이다. 사실 페론주의 입장에서 보면 이는 엄청난 '배신'이었다. 1990년 이 같은 메넴의 신자유주의적 경제정책에 페론당 내 좌파 일부가 반발해 탈당했다. 그러나 메넴의 강력한 카리스마에 의해 페론당은 이끌어졌다. 아마 다른 사람이 이 같은 정책을 수행했더라면 더 큰 동요가 일어났을 것이다. 그만큼 메넴은 당시 페론당을 장악하고 있었다.

전기·통신·석유·철도·은행 등에서 실시된 민영화는 아르헨티나 경제를 성장시켰다. 그리고 1991년에는 '1페소 1달러'로 환율을 고정시킨 신경제정책을 시행해 수천 퍼센트에 달하는 천문학적 인플레이션을 진정시켰다. 1990년에는 1344퍼센트였던 것이 1년 만인 1991년에는 84퍼센트로 줄었으며, 1995년에는 1.7퍼센트, 1996년에는 0.1퍼센트로 물가가 안정되었다.

이러한 경제적 업적을 바탕으로 메넴은 대통령 중임을 위한 개헌에 착수해 1994년 8월 여·야 합의로 1853년에 제정된 헌법을 개정했다. 이로써 6년 단임의 대통령 임기는 4년 중임으로 바뀌었고, 선거인단에 의한 간접선거에서 국민의 직접선거로 바뀌었다. 그리고 메넴 대통령은 1995년 5월, 선거에서 국민들의 압도적인 지지로 재선되었다.

그러나 2기에 들어서면서 경제가 서서히 악화되기 시작했다. 생산성은 향상되고 경제는 성장했지만 부의 분배는 더욱 악화되었고 실업률은 15퍼센트가 넘었다. 결론적으로 메넴 정권이 자유주의 정책을 실시함으로써 GNP는 50퍼센트 가까이 증가했지만, 의료·교육 분야를 비롯한 사회보장제도는 크게 퇴보했다. 그러한 실업률의 증가와 경제위기 등으로 페론당의 지지가 하락했다. 그런데 메넴 대통령은 경제안정에 대한 자신의 치적을 평가하고 1999년 대통령선거에 다시 출마하려 했으며 이는 페론당의 분열을 가져왔다. 그리고 선거를 눈앞에 두고 분열된 페론당은 결국 제대로 손 한 번 써보지 못하고 패하고 말았다.

페론주의의 정체성은 앞서 설명했듯이 메넴에 의해 배반당했고 공격당했다. 1989년 페론당 후보로 대통령에 당선된 메넴은 '신자유주의' 정책을 취했고, 이에 반대한 페론당 내 일부 세력이 새로운 정치세력을 형성해 1999년 급진당과 연합, 데 라 루아를 당선시켰다. 1999년 선거에서 스스로를 페론주의자라고 간주하고 있는 많은 사람들이 페론당의 후보인 두알데가 아닌 다른 당 후보에게 투표했다. 여론조사 결과 데 라 루아 후보에게 투표한 사람 중 11퍼센트가 페론주의자로 나타났다. 이는 정의당이 페론주의를 정확히 반영하지 못하고 있다는 반증이었으나 한편으로는 그만큼 페론주의가 분열되었다는 의미이기도 했다.

메넴과 두알데의 악연

사실 아르헨티나를 얘기할 때 페론을 빼고는 잘 설명이 되지 않는다.

그만큼 페론과 페론주의는 아르헨티나 현대사에 깊은 영향을 끼치고 있다. 중남미 포퓰리즘(민중주의)의 대표적 사례인 페론주의는 1940년대 페론(Juan Domingo Perón)이 주도하고 만든 정치 이데올로기로, 국가를 살아 있는 생명체에 비유한 국가유기체설에 바탕을 둔 일종의 국가사회주의이다.

이탈리아의 파시즘, 특히 스페인의 프랑코 체제로부터 많은 영향을 받았으며, 권력기반은 노동자 중심의 하층민중이다. 그리고 페론 자신도 설명했듯이 '정의당'은 정권을 장악하기 위한 페론주의의 도구이다. 페론은 강력한 카리스마에 의한 개인 숭배주의와 국가사회주의, 그리고 산업화정책과 민족주의적 성격을 보이며 외국자본으로부터의 독립을 강조했다.

이 같은 페론주의는 한때 정치적 탄압으로 지하로 숨어들었지만, 1983년 민주화된 이후 지금까지 아르헨티나의 가장 중요한 정치 세력이다. 페론주의를 따르는 '정의당(PJ)'과 '급진당(UCR)'은 1983년 민주화 이후 정권을 교대로 장악해왔으며, 총선에서 의석의 3분의 2 이상을 차지해왔다. 2001년 총선에서는 정의당은 66석, 급진당은 35석을 차지해 전체 127석 중 78퍼센트를 점하고 있다.

1989년 대통령에 당선된 메넴은 시장경제 · 탈규제 · 민영화 등을 강조하며 신자유주의 경제정책을 폈다. 남미에서 '워싱턴 컨센서스(Washington Consensus)'에 따른 미국의 경제정책을 추종하며 페론주의와는 정반대의 길을 걸은 것이다. 이처럼 페론주의가 메넴에 의해 배반당하자, 페론당 내 일부 세력은 메넴에게 등을 돌렸다.

메넴과 두알데는 1989년 선거에서 대통령과 부통령으로 동반 당선되었다. 쉽게 말해, 정치적 운명을 함께한 동지였다. 그러나 두알데는 1991년 부통령직을 사임하고 부에노스아이레스 주지사 선거에 나가 주지사로 선출되었으며, 메넴으로부터는 거리를 두었다. 그리고 페론주의를 이끌어온 두 정치인은 1999년 대통령 후보 선출에서 피할 수 없는 '한판 승부'를 벌여야 했다.

우여곡절 끝에 메넴 대통령의 3선 출마는 당내외의 심한 반발에 부딪쳐 좌절되었다. 1994년 8월 개정된 헌법은 대통령 재선금지 조항을 삭제하고 임기를 6년에서 4년으로 하는 대신 중임을 허용했다. 또한 3선도 가능하지만 연임은 되지 않도록 했다. 헌법을 개정해 재선에 성공한 메넴 대통령은 1994년 헌법 개정부터 재선 조항이 적용되어야 한다고 주장했으나 법원은 메넴의 출마를 위헌으로 판정했다. 그리고 두알데 주지사가 대통령 후보로 선출되었다. 두알데의 승리였다. 그러나 그것은 겉으로 나타난 모습일 뿐이었다. 이것으로 두 사람의 악연이 끝난 것이 아니라 시작되었다. 메넴 대통령은 자당의 대통령 후보를 적극적으로 지지하지 않고 4년 후 자신의 재출마를 위해 두알데의 낙선을 바라고 있었다. 두알데는 당내 최대 세력인 메넴 추종자들이 원치 않는 후보였다. 이는 치명적이었다. 자중지란으로 제대로 선거운동을 할 수 있었겠는가? 2002년 대통령선거에서 민주당이 자당의 대통령 후보인 노무현 후보를 흔들어댔던 것을 생각해보라.

선거 결과는 두알데 후보의 참패였다. 그러나 메넴 대통령은 선거 결과에 매우 만족해했다. 선거 다음날 메넴은 축구선수 마라도나와 일부 각료들과 측근들이 모인 가운데 대통령 관저에서 새로운 시대의 도래를 축하하는 샴페인을 터트리며 자축했다. 또한 선거 다음날 새벽 아르

헨티나 국기를 배경으로 활짝 웃음을 띤 메넴 대통령의 얼굴과 2003이
라는 큼지막한 숫자가 씌어진 벽보가 부에노스아이레스 시내 곳곳에
붙어 있었다.

그런데 역사는 메넴 뜻대로 움직여주지 않았다. 2000년 취임한 급진
당의 데 라 루아 대통령이 경제위기를 극복하지 못하고 2년이나 임기를
남겨놓은 채 대통령직을 물러나게 되었다. 이후 한 달 사이에 3명의 대
통령이 취임했으나 제대로 위기를 수습하지 못했고, 결국은 지난 선거
에서 낙선한 두알데가 의회를 통해 대통령에 선출된 것이다.

두알데 대통령의 대타 키르츠네르

2003년 당의 주도권을 놓고 메넴과 두알데는 두번째 승부를 벌였다.
이번에는 입장이 바뀌었다. 두알데가 현직 대통령이었다. 그러나 메넴
은 뚜렷한 대권주자가 없는 상황에서 확실한 지지세력을 가지고 있었
다. 메넴 전 대통령이 대선출마를 공식화하자 두알데 대통령은 중앙정
치에 별로 알려지지 않은 키르츠네르 후보를 지지했고, 이로써 메넴과
두알데의 '2차 결투'가 시작되었다. 결국 당은 후보 경선 없이 3명의 후
보가 동시 출마하도록 결정했다. 두번째 결투에서 두알데 대통령이 승
리한 것이다. 그러나 메넴은 다시 두알데의 뒷발을 잡았다. 1차 투표에
서 1위를 차지한 것이다. 그러나 두알데가 지지하는 키르츠네르가 2위
로 결선에 진출함으로써, 퇴임 후 5년간 3선 대통령의 꿈을 키워온 메넴
은 그 꿈을 접어야 했다.

독일계인 키르츠네르는 1950년 2월 25일 부에노스아이레스에서 남

쪽으로 2500킬로미터 떨어진 산타크루스의 주도(州都)인 리오 가예고스에서 출생했으며, 스위스 독일계인 증조부가 파타고니아 지방의 산타크루스에 정착한 이래 4대째 그곳에서 살았다. 산타크루스는 수도인 부에노스아이레스보다 남극이 더 가까운 인구 20만의 작은 지역으로, 방목한 양의 수가 사람 수보다 10배나 많은 곳이다.

키르츠네르는 부에노스아이레스의 국립 라 플라타 대학교 법대를 다닐 때부터 정치활동을 했으며, 대학을 졸업하고 1976년부터는 군부독재를 피해 고향에서 부인 크리스티나와 함께 변호사로 활동했다. 1987년 리오 가예고스 시장에 당선되었으며, 1991년부터 산타크루스 주지사에 3선했다. 주지사를 역임하는 동안 그는 풍부한 석유자원을 이용해 주민들에게 많은 일자리를 제공하고 의료복지 혜택을 확대했으며, 실업률을 3.5퍼센트로 낮추었다. 이는 1995년 재선(69퍼센트)과 1999년 3선(56퍼센트) 출마시 주민들의 전폭적 지지를 받는 요인이 되었다.

그러나 정치적 반대 세력들은 키르츠네르가 정치적 관용이 적은 민주 인사라고 지적한다. 자신에게 반대하는 언론에 주정부의 홍보 광고를 주지 않았으며, 주지사 재선 출마를 위해 주 헌법을 개정했으며, 주 대법원 판사인사와 관련 자신의 측근들을 임명하는 등 반개혁적이고 보수적인 모습도 보이고 있다는 것이다.

'파타고니아의 표범' 크리스티나

바람차고 한랭한 초원지대인 파타고니아. 그 '파타고니아의 표범'이라는 별명을 가진 크리스티나(Cristina Fernández de Kirchner) 상원의

원은 영부인이기 이전에 대학 때부터 키르츠네르의 정치적 동지이자 아르헨티나의 가장 영향력 있는 상원의원 중 한 사람이다. 영부인이 된 크리스티나는 남편의 대통령 취임식을 동료의원들과 함께 의사당 자신의 의석에 앉아 지켜보았다. 아르헨티나 역사 처음으로 정치인으로 30년을 살고 14년간 의정활동을 한 정치경력이 풍부한 대통령 영부인이 탄생한 것이다. 영부인 역할에 대한 기자의 질문에 그녀는 "상원의원으로 그리고 '영부인(first lady)'이 아니라 '첫번째 시민(first citizen)'으로서 활동할 것"이라고 분명하게 답했다.

1953년생인 크리스티나는 열렬한 급진당 지지자인 아버지의 영향으로 일찍 정치에 눈을 떴으며, 1975년 남편과 결혼 후 정의당 당원이 되었다. 1976년, 군부독재를 피해 남편의 고향인 리오 가예고스에 정착해 변호사 생활을 시작했다. 그후 1989년 하원에, 1995년 상원에 당선되었으며, 반메넴 페론주의자 전선을 구축하는 등 맹렬 정치인의 모습을 보여왔다. 한번 마이크를 잡으면 지칠 줄 모르는 열띤 연설을 하는 개성 강하고 전투적인 모습 때문인지 '파타고니아의 표범'이란 별명이 있다. 최근에는 제2의 에비타, 혹은 힐러리로 불리기도 한다.

당선이 확정된 다음날인 15일, 그녀는 TV에 남편과 함께 출연해 "나는 얼굴을 보이고 자신이 생각하는 바를 분명히 밝히는 사람을 좋아합니다"라고 밝혔다. 그녀의 말에서 남편과 정치적 동지관계에서 활동하며 국정수행에 큰 영향을 미칠 것이라는 사실을 쉽게 유추할 수 있다. 그러나 당선이 확정된 후 키르츠네르 당선자가 계획하는 정책이 무엇인지 묻는 기자의 질문에 그녀는 "여기서 역할을 혼동하지 말아야 합니다. 나는 국가를 통치할 사람이 아닙니다"라고 말하는 여유를 보이기도 했다.

2003년 8월 21일 군부독재 시절 인권유린 행위를 소추할 수 없도록 한 사면법 폐기안을 승인하는 상원의 표결이 있었다. 그때 크리스티나 상원의원은 "양탄자 밑으로 먼지를 쓸어넣어서는 국가의 미래가 바로 세워지지 않는다"며 사면법 폐기를 통한 과거의 단죄를 역설했다.

변화가 가능할까?

키르츠네르 대통령은 취임사에서 '외채 없는 아르헨티나'는 자신의 꿈이자 희망이라고 이야기했다. 파산 상태에 이른 경제를 회복하는 것은 두말할 필요도 없이 키르츠네르 정부의 당면과제 중 가장 중요한 것이다.

태환정책(달러화와 페소화를 1 대 1로 고정시킨 정책)의 포기로 페소화는 급격히 평가절하되었으며, 실업률은 20퍼센트에 달하고, 전체 인구의 2분의 1이 절대빈곤층으로 분류될 정도로 경제상황이 좋지 않다. 물론 이것도 최악의 상태는 벗어난 것이다. 우선은 1400억 달러에 달하는 대외채무 이행을 위한 IMF와의 재협상이 급선무인데, 키르츠네르는 IMF의 외채상환 요구를 무리하게 수용하지는 않을 것이라고 천명했다.

또한 키르츠네르 대통령은 부패와의 전쟁과 함께 이른바 '더러운 전쟁'으로 불리는 과거 억압적 군사정권으로 얼룩진 군부를 대폭 혁신하겠다고 역설했다. 1982년 4월 말비나스(포크랜드)전쟁에서 패한 아르헨티나 군부는 어쩔 수 없이 6년간의 군사독재를 끝내고 병영으로 돌아갔다. 1983년 취임한 알폰신 대통령의 과거청산 의지는 대단했다. 1985년

12월까지 계속된 재판에서 호르헤 비델라 전 대통령에게는 무기징역, 비올라 전 대통령과 갈티에리 전 대통령에게는 각각 징역 17년과 12년이 확정되었다. 또 사법당국은 납치·고문에 깊숙이 개입한 연방경찰 간부와 370여 명의 군정관계자에게 유죄 판결을 내렸다. 그러나 알폰신 정권의 그런 일련의 소지는 수차에 걸친 군사반란 등 군부의 강한 반발을 초래했다. 결국 알폰신 대통령은 1986년, 1987년 '뿐또 피날(Punto Final : 스페인어로 '마침표' 라는 의미로 일명 '국민 화합법' 이라고 한다)' 과 '의무복무법' 을 제정해 '더러운 전쟁' 중 저지른 군의 인권유린에 대해 사면을 하고 수사를 중단했다. 또 알폰신에 이어 집권한 카를로스 메넴 대통령은 1990년 12월 아픈 과거를 잊자며 군 관계자들에게 사면조치를 내려 이들에게 면죄부를 주고 말았다.

키르츠네르 대통령은 업무를 시작하면서, 김영삼 대통령이 취임하자마자 하나회를 척결했던 것처럼, 제일 먼저 군부개혁을 단행했다. 억압적 군사정권 아래 부패와 인권유린의 상징이 되어버린 군부를 혁신하기 위해 먼저 브린조니 참모총장을 전역시키고 대통령과 동향 출신인 벤디니 소장을 임명했다. 또 육군장성의 75퍼센트에 해당하는 27명, 해군제독 13명, 준장 12명을 전격 해임하고 과거 군사정권과 관련 없는 젊은 신진인사로 대체할 것이라고 빰뿌로 국방장관이 발표했다. 전격 전역 조치된 군 참모총장은 자신의 해임에 대해 이해할 수 없으며, '군에 대한 정치개입' 은 20년 전으로 시계를 되돌리는 것으로 매우 위험하다고 불만을 토로했다. 그러나 키르츠네르 대통령의 군부청산 의지는 강력했다. 아르헨티나 상원은 2003년 8월 21일 하원에서 통과된 사면법 폐기를 찬성 43, 반대 7, 기권 1의 압도적 표차로 통과시켰다. 사면법은

1970~80년대 군부독재 시절의 인권유린 행위를 소추할 수 없도록 한 것이다. 물론 대법원의 최후 판정이 남았지만, 이제 군부독재 시절 인권유린을 자행했던 이들에 대한 심판이 가능해진 것이다.

키르츠네르는 신중하고 효율성을 강조하는 실용주의자다. 선거 기간 동안 그는 자신을 '신케인스주의자'로 정의하고 '사회정의에 기반한 국가 재건'을 구호로 내걸었다. 이를 위해 외국인 투자와 개인 부문의 중요성을 인정하면서도 동시에 부의 재분배 강화, 고용창출을 위한 사회 인프라 프로젝트 추진 등을 강조했다. 그러나 한편 그는 정열적이지 못하며 우유부단한 정치인으로 비판을 받기도 한다. 사실 선거 전까지만 해도 중앙정치 무대에 별로 알려지지 않았던 키르츠네르는 두알데 전 대통령의 전폭적 지지가 아니었으면 대통령에 당선되기 힘들었을 것이다. 현지 언론들 역시 키르츠네르가 훌륭한 행정가일지는 모르지만 앞으로 험난한 정국을 헤쳐나가며 국론을 모을 정치인으로서의 역할을 제대로 수행할지는 의문스럽다고 지적하고 있다. 그만큼 변화의 어려움을 말하는 것이다.

뉴욕에 본사를 둔 미주 상공협의회 마일즈 프리체트 회장은 "키르츠네르가 마이너리그에서 메이저리그로 들어온 것이 사실"이라며 "취임 전 많은 우려를 불러일으켰던 브라질의 룰라 대통령이 편협에서 벗어나 '훌륭한 팀'을 이끌고 있듯이 아르헨티나 국민들도 키르츠네르에게 기회를 주고 결과를 지켜봐야 할 것"이라고 말했다. 미국의 입장을 잘 표현하고 있는 말이다. 취임사에서 말했듯이 '과거를 뒤로 하고 떠나려 하는' 아르헨티나 호의 키르츠네르 선장이 신자유주의의 높은 파고를 어떤 식으로 헤쳐 나갈지 지켜볼 일이다.

멕시코합중국(Estados Unidos Mexicanos)

면   적 : 195만8201㎢(한국의 약 20배)

인   구 : 약 9740만 명(2002년)

수   도 : 멕시코시티(인구 2000만 명)

주요도시 : 과달라하라, 몬떼레이

인   종 : 메스타조(55%), 원주민(30%), 백인(15%)

언   어 : 스페인어

종   교 : 가톨릭교(89%), 개신교(6%)

기   후 : 저지대는 고온다습, 고지대는 온난(멕시코시티는 연중 온난)

정부형태 : 대통령 중심제

국가원수 : 폭스 대통령, 2000년 12월 1일 취임

의   회 : 양원제

독 립 일 : 1810년 9월 16일

국내총생산 : US $ 6340억(2002년)

1인당 국민소득 : US $ 6200(2002년)

대외교역(2002년)

수   출 : US $ 1607억

수   입 : US $ 1687억

화폐단위 : 페소(Peso)

US $ 1 = 약 10페소(2003년 5월)

'멕시코 주식회사'의 새 사장, 비센떼 폭스

'완벽한 독재'의 붕괴

2000년 7월 2일, '국민행동당(PAN)'의 폭스(Vicente Fox Quesada) 후보가 집권 여당인 '제도혁명당(PRI)'의 라바스띠다(Francisco Labastida) 후보를 물리치고 대통령에 당선되었다. 71년 동안 집권해왔던 제도혁명당이 선거에서 패배한 것이다. 그 순간을 멕시코인들은 결코 잊지 못할 것이다. 마치 베를린 장벽이 무너지는 것과 같은 사건이었다. 개표가 진행된 지 5시간이 지난 저녁 11시가 조금 넘어 세디요(Ernesto Zedillo) 대통령이 TV에 출연해 폭스 후보의 승리를 인정했다. 라바스띠다 후보도 기자 회견실에 나와 폭스의 승리를 인정했다.

역사의 흐름이 바뀌는 순간이었다. 1910년 멕시코혁명 이후 처음으로 변화다운 '변화'를 실감한 날이었다. 이는 1997년 12월 18일 김대중 후보의 선거 승리로 50년 만에 여야간 정권교체가 이루어졌을 때 우리가 느꼈던 것과는 비교도 되지 않을 것이다. 선거 기간 동안 폭스 자신도 제도혁명당을 이긴다는 것은 달에 가는 것보다도 어렵다고 이야기하곤 했다. 그런데 꿈이 현실이 되었다. 폭스는 대통령이 되었으며 『타임(TIME)』지의 표지에 실리는 정치인이 되었다. 멕시코의 20세기가 1910년의 멕시코혁명으로 시작되었다면, 21세기는 폭스의 선거혁명으로 시작되었다고 해도 과언이 아닐 것이다.

2000년 7월 2일의 선거는 멕시코 역사에서 가장 깨끗하고 공정했으며 67퍼센트라는 높은 투표율을 보였다. 선거에서 보수우익의 국민행동당 폭스 후보는 43.4퍼센트를 획득해 36.9퍼센트를 얻은 집권여당의 라바스띠다 후보를 여유 있게 제치고 대통령에 당선되었다. 그리고 동시에 치러진 500명의 의원을 뽑는 하원선거에서도 국민행동당은 38.4퍼센트를 획득해 과반에서 16석이 모자라는 235석을 차지했으며, 제도혁명당은 36.5퍼센트로 200석을 획득하는 데 그쳤다. 상원선거 역시 하원과 비슷한 결과였으며, 멕시코 시장 선거와 두 곳의 주지사 선거 모두 야당의 승리로 끝났다.

'역사적 변화'라는 정도의 단순한 표현으로는 7월 2일의 멕시코 선거 결과를 설명하기에 부족하다. 세계의 모든 언론들은 멕시코의 변화를 대서특필했다. 『뉴욕 타임스(New York Times)』는 표지에 "정부여당 패배를 인정하다", 『엘에이 타임스(L.A.Times)』는 "정부여당은 역사적 선거에서 패배하다", 『시카고 트리뷴(Chicago Tribune)』지는 "유권자들이 '제도혁명당'의 71년 지배를 종식하다", 프랑스의 『르 몽드(Le Monde)』지는 "71년 '제도혁명당'의 지배가 끝나다", 아르헨티나의 『끌라린(Clarín)』지는 "'제도혁명당'이 71년 만에 권력을 잃다", 칠레의

71년 만에 찾은 '민주'
남은 적은 '부패'

멕시코, 제1 야당 집권으로 역사적 정권 교체

부 정부폐와 독재로 얼룩져 온 남미 제2의 경제국 멕시코가 마침내 71년 만에 민주화의 새 장을 활짝 열었다. 지난 7월2일 실시된 대통령 선거에서 제1 야당인 국민행동당(PAN) 비센떼 폭스 후보가 만년 집권 여당인 제도혁명당(PRI) 프란시스코 라바스티다 후보를 꺾고 승리했다. 득표율도 폭스 후보가 43%, 라바스티다 후보가 36%로 격차가 7%나 되었다. 승리한 국민행동당은 새 국정 청사진을 마련하느라 분주한 반면, 1929년 이후 집권해온 제도혁명당은 선거에 패한 책임 소재를 놓고 극심한 내분에 빠졌다. '일요일의 선거 혁명' 이후 벌써부터 폭스 당선자에게 거는 일반 국민의 민주화와 개혁에 대한 기대감은 한껏 부풀어 있다.

사실 지금까지 멕시코의 대통령 선거는 과거 한국 유신 시절의 '체육관 선거'와 다를 바 없었다. 한국의 경우 대통령 선출을 위해 통일주체국민회의라는 관제 기구가 이용되었지만, 멕시코는 관제 선거를 통해 집권당 후보의 당선이 담보되었다는 것이 차이라면 차이다. 멕시코 정치 풍토에 그나마 변화가 보이기 시작한 때는 1994년. 그 해 대선에서 제도혁명당 에르네스토 세디요 후보가 당선된 뒤 관제 선거에 대한 안팎의 비판을 의식해 독립적 성격의 중앙선거관리위원회를 신설했다. 멕시코 역사에서 가장 깨끗

한 선거로 평가되는 이번 대선에서 폭스 후보가 이길 수 있었던 이면에는 세디요의 역할이 컸다는 분석이다.

폭스 당선자가 직면한 과제는 한두 가지가 아니다. 현재 7%에 이른 경제 성장을 계속 유지하는 것도 중요하지만, 더욱 긴요한 과제는 국가 전반에 대

가 없다. 198▢ 당선된 카를로▢ 부정부패 혐의▢ 년 3월 아일▢ 지난 7월5▢ 힘주어 강조▢

포옹하는 전 · 현직 폭스 후보(왼쪽)는 세디요 전 대통령의 개혁에 힘입어 당선됐다.

▶ 폭스의 대통령 당선은 71년 동안 구축해왔던 제도혁명당의 완벽한 독재 권력이 허물어진 것을 의미했다. 『시사저널』, 200년 7월 20일자.

『라 떼르세라(La Tercera)』 통신은 "멕시코 71년 만에 정권 교체"라고 보도했다. 멕시코 선거 결과에 대한 국내외 보도에서 주요 관심사는 선거에 승리한 폭스나 국민행동당이 아니라 선거에 패배한 제도혁명당이었다.

사실 제도혁명당은 단순한 정당이 아니었다. 71년 동안 멕시코를 통치해왔던 당으로, 1910~17년 세계 최초의 사회주의 혁명이었던 멕시코 혁명을 제도적으로 뒷받침하고 혁명 후 자체 권력투쟁을 종식시키기 위해 만들어진 정당이었다. 제도혁명당은 모든 사회 세력을 흡수해 조합주의적 성격을 띠었다. 따라서 정당이라기보다는 하나의 거대한 국

가 체제였다. 그리고 그 체제는 71년을 지탱해왔다. 멕시코 국기의 붉은색·흰색·녹색의 3색을 당기(黨旗)로 지정, 당과 국가를 동일화시켰으며 당의 이익이 곧 국가의 이익이었다. 쉽게 말해 제도혁명당이 곧 멕시코였고, 멕시코가 곧 제도혁명당이었다. 그런데 그 완벽했던 제도혁명당이 무너진 것이다. 한 개인의 독재가 아니라 지난 71년 동안 구축해왔던 완벽한 독재 권력이 허물어진 것이다.

대통령 당선 확정 직후 폭스는 수천 명 지지자들의 환호 속에서 상기된 표정으로 "오늘부터 새로운 역사가 시작되었다"라고 선언했다. 군중들은 "오이(Hoy : '오늘' 이라는 스페인어)!'를 쉬지 않고 외쳤다. 제도혁명당 제국은 종말을 맞았다. 설마 했던 일이 벌어진 것이다. 71년 동안의 장기 지배에 지친 유권자들이 변화를 갈구하며 대거 선거에 참여해 역사의 흐름을 바꿔버린 것이다. '민심은 천심' 이었다. 21세기에 들어서는 길목에서 멕시코인들은 장기집권과 부정부패, 그리고 지키지 않을 수많은 공약들을 남발한 제도혁명당을 권좌에서 끌어내렸다.

3년에 걸친 폭스의 대장정

선거는 개표 직전까지도 승부를 알 수 없는 박빙의 접전이 펼쳐질 것으로 예상되었다. 사실 폭스가 일방적으로 쉽게 승리할 것이라고는 그 누구도 예상하지 못했다. 투표 열흘 전 실시된 최종 여론조사 결과 각 후보별 지지율은 라바스띠다가 42퍼센트, 폭스 39퍼센트, 까르데나스 16퍼센트로 나타났다. 따라서 라바스띠다와 폭스가 오차한계(2.5퍼센트) 내에서 치열한 경쟁을 하겠지만, 선거 막바지가 되면 항시 그래왔던 것처럼 집권당의 조직이 다시 살아나 결국에는 라바스띠다가 승리할 것이라고 믿었다. 대부분의 선거 전문가들의 예상이 그러했다.

선거가 치열할 것이라는 예상은 경제에도 그대로 반영되어 나타났다. 선거는 대통령과 128명의 연방 상원의원, 500명의 연방 하원의원, 그리고 멕시코 시장을 비롯해 일부 주지사와 지방의원을 선출하는, 약 5억 달러의 예산이 소요되는 나라의 중대 행사였다. 제도혁명당은 승리를 위해 인위적인 경기부양책을 남발했으며, 멕시코의 화폐인 페소화는 대선 직전 한 달 동안 10퍼센트가 평가절하되었다. 외환 전문가들은 향후 멕시코의 외환시장 추이는 대선에서 누가 승리하느냐보다는, 치열한 접전 결과를 패자가 기꺼이 수용하고 정국 운영에 얼마나 협조할지 여부에 달려 있다고 전망했다.

폭스는 우리나라 면적의 20배나 되는 멕시코 전역을 4번이나 순회하면서 1000번이 넘는 미팅을 3년여 동안 계속하는 동안 자연스럽게 야당의 대표주자로 떠올랐다. 폭스의 선거운동은 500만 명으로 구성된 '폭스의 친구들(Amigos de Fox)'로 명명된 조직을 통한 순회 미팅과 집중적인 TV와 라디오 홍보로 이루어졌다. 또 폭스의 로고가 새겨진 수영복·비치 볼·티셔츠·모자·볼펜·연필·장화·바지 등을 나눠주며 인지도를 높여갔다.

1999년 8월, 폭스는 대통령에 출마하기 위해 과나후아또 주지사직을 사임했다. 그러나 폭스는 이미 2년 전인 1997년 7월 6일, 까르데나스 민주혁명당 총재가 초대 민선 멕시코 시장에 당선된 그날, 대통령 출마 선언을 했었다. 다시 말해, 차기 대통령 선거의 가장 강력한 후보인 까르데나스가 대통령이 되기 위한 중요한 고지를 점령한 순간, 폭스 자신도 대통령직을 향해 출진 선언을 한 것이다.

그때부터 폭스는 매주 토요일과 일요일 한 번도 빠짐없이 정치 모임을 열었다. 처음에는 과나후아또 주에서 시작해 점차 그 범위를 전국으로 확대해갔는데, 이 같은 모임을 2년간 계속했다. 그러다가 선거를 1년 앞두고 주지사직을 사임하고부터는 매일같이 정치집회를 가졌다. 대선을 향한 대장정이 본격적인 궤도에 들어간 것이다.

폭스는 자연스럽게 국민행동당 내에서 차기 대통령 후보로 부상했다. 폭스의 대중적 인기와 당내 지지가 너무 컸기 때문에, 6년 전 대선에 출마했던 세발요나 루포 등 당내 지도자들이 일찌감치 경선을 포기할 정도였다. 2000년이 시작되자마자 폭스는 '변화를 위한 동맹'의 공식 후보로서 선거전을 시작했다. 중소 상공인들과 현 제도혁명당 정부의 정책에 반대하는 일부 대기업들이 모아준 5000만 페소(우리 돈으로 약 6억 원)와 지난 2년간의 경험을 바탕으로 본격적인 선거전에 돌입한 것이다.

당시 돈을 기부한 대부분의 기업들은 정부의 보복을 우려해 익명을 요구했다. 또한 어떤 사람들은 사무실·자동차·집을 기증하기도 했고, 또 어떤 사람들은 선거본부에 나와 선거 홍보와 유세 안내 등의 자원봉사를 했다. 폭스 후보는 연 7퍼센트의 경제성장을 약속했으며, 마르코스 사령관이 이끄는 치아빠스 주의 인디언 반군인 사파티스타와 평화회담을 제의했다. 또한 부패관리를 일벌백계로 처벌할 것임을 천명하는 등 보다 나은 멕시코를 위한 10가지 선거공약*을 제시했다. 그러나 이번 선거는 정당간 정책이나 공약의 싸움이 아니었다. 71년간 지속된 제도혁명당 체제를 계속할 것인가, 아니면 이를 종식시키고 변화를 수용할 것인가의 싸움이었다. 따라서 폭스의 선거전략은 제도혁명당의 장기 집권으로 인한 부정부패에 대한 비판과 새로운 변화를 강조하는 데 집중되었다.

UN 선거 참관인단과 공명선거

선거 이틀 전 국제 참관인단이 참석한 한 연설에서 폭스는 여론조사에서는 자신이 앞서고 있지만 집권당인 제도혁명당의 선거 투·개표 부정 때문에 질지도 모른다는 두려움을 토로했다. 선거 기간 중 제도혁명당의 부정선거는 여야간 주요 논쟁거리였다. 폭스 후보는 미국의 『뉴스위크(Newsweek)』지와의 인터뷰에서 제도혁명당은 창당 이후 지금까지 모든 선거에서 부정을 저질러왔으며, 이것이 제도혁명당이 71년간 집권할 수 있었던 비법이었다고 지적했다. 또 세디요 대통령과 라바스띠다 후보, 그리고 제도혁명당을 믿을 수 없기 때문에 제도혁명당 후보가 10퍼센트 이상의 차이로 이기지 않으면 선거 결과에 승복할 수 없다고 선언했다. 제도혁명당은 정권을 지키기 위해 항시 그래왔던 것처럼 대규모 선거부정을 저지를 것이기 때문에, 이를 감안해 라바스띠다 후보가 10퍼센트 이상의 표차로 승리하지 않을 경우는 사실상 자신이 승리한 것이라는 얘기였다. 더구나 1988년 대통령선거에서는 개표 도중 컴퓨터 전원이 나갔고, 그 이후 후보의 순위가 뒤집어지는 사고가 있

---

* 폭스 후보가 제시한 공약은 ① 고용 증대와 보다 나은 보수, ② 빈곤 극복과 부의 공정한 분배, ③ 공교육 질적 확대, ④ 부패와의 전면적인 투쟁, ⑤ 사회 안전보장, ⑥ 봉사하는 정부, ⑦ 지역 균형발전 ⑧ 새로운 인간관계 정립, ⑨ 생태 정부, ⑩ 국제사회에서의 능동적인 활동으로 요약된다.

었다. 그러니 가슴을 졸일 수밖에. 그러나 예상밖으로 선거는 공정하고 평화스럽게 치러졌다. 멕시코 역사에서 가장 모범적인 선거였다. 유일한 선거 사고는 지방의 몇 개 투표소에 벌떼*들이 날아들어 한바탕 소동이 벌어진 정도였다.

2000년 7월 2일의 선거는 멕시코 역사에서 가장 치열한 선거였다. 개표 직전까지 누가 승리할지 쉽게 예상할 수 없는 선거였다. 그리고 외국인을 포함해 가장 많은 선거 참관인이 참여한 선거였다. 카터 전 미국 대통령을 비롯한 미국·캐나다·유럽·일본 등에서 온 외국인 860명을 포함하여 약 8만5000명이 선거 참관인으로 활동했다.**

사실 유엔이나 외국의 선거 참관인단을 반길 나라는 별로 없을 것이다. 이는 자국의 선거관리위원회가 공정하지 못하다는 것을 인정하는 것이기도 했지만, 보기에 따라서는 내정 간섭으로도 비칠 수도 있기 때문에 정부로서는 쉽게 허용하기 어려운 일이다. 그러나 세디요 정부는 유엔의 선거 참관인단 입국과 자유로운 활동을 허용했다. 그리고 이들이 선거 과정을 지켜보고 이에 대한 정보를 유엔 인터넷 사이트 (www.eleccionesmexico.un.org.mx)를 통해 전 세계에 알리도록 했다. 전 세계인이 멕시코 대선 과정을 유엔이라는 창을 통해 지켜볼 수 있게 한 것이다. 이는 지난 1988년 대통령선거에서 부정선거로 패한 까르데나스 후보를 위시한 야당의 끈질긴 요구를 정부 여당이 받아들인 것이

---

* 멕시코에서는 1년에 약 30명이 벌의 습격으로 사망한다.
** 선거감시를 위해 멕시코에 온 외국의 비정부단체(NGO)들은 "멕시코 정부가 대선을 눈앞에 두고 '제도혁명당'의 득표활동을 지원하기 위해 농촌지역에 대한 연방보조금지급 전략을 세운 것은 투표의 신뢰성을 잃게 할 가능성이 있다"며 선거부정 의혹을 경고했다.

다. 당연히 세디요 대통령의 개혁조치에 의한 '양보'였다.

독립기구인 '연방선거관리위원회'

'연방선거관리위원회(IFE)' 볼덴베르그 위원장의 말처럼 대통령 선거에서 대대적인 부정은 사실상 불가능해졌다. 1988년 이전에는 32개 주지사들이 모두 제도혁명당 소속이었다. 야당이 통치하고 있는 주나 시가 하나도 없었다. 그러나 2000년 당시에는 전체 인구의 50퍼센트 이상이 넘는 주요 11개 주를 야당이 차지하고 있었으며, 인구 2000만의 멕시코 시를 포함해 여러 개의 도시들을 야당이 지배하고 있었다. 이 같은 상황에서 공권력에 의한 선거 부정은 사실상 생각하기 어려운 것이었다.

그러나 보다 근본적인 변화는 선관위의 위상과 역할이었다. 1996년 세디요 대통령은 선거의 공정성과 투명성을 확보하기 위해 3억5000만 달러의 예산을 투입해 내무부 산하 조직이었던 선관위를 정부의 간섭을 받지 않는 독립기구로 발족시켰다. 다시 말해, 연방선관위는 1988년의 부정선거와 같은 일이 다시 일어나지 않도록 모든 정당이 합의해서 만든 국가직속기관이었다. 선관위는 갤럽·GEA·베루멘사 등 3개 여론조사기관에 도시와 지방의 출구조사를 동시에 하도록 했다. 그리고 3개 여론조사기관의 발표가 일치할 때 승리를 선언하도록 했다. 이는 특정 후보가 미리 선거의 승리를 주장해 사회적 혼란을 가져오지 않도록 하기 위한 것이었다.

물론 그럼에도 선관위에 대한 야당의 불신이 선거 기간 내내 존재하고 있었다. 그러나 선거는 멕시코 역사상 가장 투명하고 공정한 선거로 평가되었다. 볼덴베르그 위원장은 전국 11만 3423개 투표소에서 99.5 퍼센트가 정상적으로 운영되었다고 발표했으며, 해외 참관인들도 매우 정상적인 선거였다고 평가했다. 또한 선거가 끝난 후 폭스를 포함한 야당 후보들도 더 이상 공정선거인지의 여부에 대해서는 이의를 제기하지 않았다. 오히려 제도혁명당의 일부 당원들이 야당 주지사 지역에서 불법선거가 있었다고 항의하는 작은 소동이 있었을 뿐이다.

선거의 분수령이 된 TV토론

지난 1997년 우리나라에서도 그랬듯 2000년 멕시코의 대선에서도 후보간 TV토론회가 대선 판도에 큰 영향을 끼쳤다. 2000년 4월 25일 세계무역센터(World Trade Center)에서 열린 첫 TV토론회에는 6명의 후보가 모두 참여했다. 토론회를 시작하기 전 후보간 인신공격은 하지 않겠다고 한 약속과는 달리 토론회에서는 상호 비난과 공격이 난무했다. 그동안 인신공격성 발언과 폭스 후보에 대한 공개적 비난을 비교적 자제해왔던 라바스띠다 후보가 TV 앞에서 폭스의 공약과 주지사 시절 치적을 조목조목 반박하며 감정을 억제하지 못하는 모습을 보인 것이다. 반면 폭스 후보는 침착한 말투와 부드러운 인상으로 재치 있는 답변을 하며 신경질적인 반응을 보인 내무장관 출신인 집권 여당의 라바스띠다 후보를 압도했다. 카우보이 스타일의 대중적 이미지를 가진 폭스 후보는 상대 후보에 대한 노골적인 비난을 삼가면서 오히려 옷차림에 신경을 쓰는 등 여유 있는 자세로 대응했다.

토론회 직후, 멕시코 언론들은 폭스 후보가 라바스띠다 후보를 "계집애같이 연약하다"고 조롱하면서 무모할 정도의 직설적인 남성미로 '모범생' 라바스띠다를 제압했다고 평했다. 결국 민중적 성향을 가지고 카리스마를 보인 폭스 후보가 뻣뻣한 이미지에 대중성이 별로 없는 라바스띠다 후보를 제치고 대권에 한 발 더 가까이 다가가게 된 것이다.

토론 후 실시된 여론조사에서, 폭스 후보의 지지율이 치솟아 7,8퍼센트 이상 앞서고 있던 집권여당의 라바스띠다 후보의 지지율을 넘어서는 것으로 나타났다. 멕시코의 주요 주간지인 『쁘로세소(Proceso)』지는 1면 표지에 "'제도혁명당' 내 공황 엄습"이라고 대서특필했다. 미국에 본부를 둔 여론조사 전문기관인 조그비 인터내셔널이 1차 토론회 후 유권자 1062명을 상대로 한 설문조사 결과, 폭스 후보의 지지율이 46.2퍼센트, 라바스띠다 후보의 지지율이 41.6퍼센트로 나타났다. 71년을 통치해온 제도혁명당은 커다란 충격을 받았다. 말 그대로 '공황'에 빠져버렸다. 상상조차 할 수 없는 일이 현실화될 수 있다는 두려움이 엄습한 것이다. 라바스띠다와 폭스 후보의 지지율은 지난 3월 말까지 47퍼센트와 39퍼센트로 일정한 거리를 유지하고 있었다. 그러나 두 후보 간 격차가 점차 줄어들어 TV토론회 직후 지지율이 역전되는 상황이 벌어진 것이다.

1차 TV토론회 후 여론조사에서 라바스띠다 후보의 지지율이 급격히 떨어지고 폭스 후보의 지지율이 급상승하자 집권당에 비상이 걸렸고, 한때는 후보 교체설이 나돌기도 했다. 마치 1997년 12월 대통령선거 때의 우리나라 상황과 비슷했다고 할 수 있다. 당내 경선을 통해 선출된 신한국당 이회창 후보가 아들의 병역문제 등으로 난관에 봉착하자, 당

내에서 후보 교체설이 일어났던 것과 마찬가지다. 그러나 말이 그렇다는 이야기지 어디 그게 쉬운 일인가. 만일 선거에 패해 70년 넘게 유지해온 정권을 빼앗긴다면, 어떤 일이 벌어질지는 생각조차 하기 싫은 일 아닌가? 따라서 라바스띠다 후보가 당장은 맘에 들지 않아도 일단 선거에서 이기고 봐야 할 일이었다.

결국 경선에서 낙선한 당내 고위당직자들이 힘을 합치기로 했다. 내무·교육부장관을 연임했던 바뜰레는 선거대책위원장에, 무릴요는 당 사무총장에 임명되어 선거를 승리로 이끌기 위해 단합했다. 바뜰레는 폭스를 "매국노"라고 비난하며 멕시코를 외국자본에 넘기려 한다고 맹공했다. 이것은 특히 반미감정이 심한 멕시코에서 미제국주의의 상징이자 세계적 다국적기업인 코카콜라사의 멕시코 지사장으로 일했던 폭스 후보에게는 큰 약점이었다. 그리고 한편으론, 최근 멕시코 경제가 연평균 5퍼센트 이상 고속 성장을 하고 있다고 집중 홍보했다. 세디요 정부는 1994년 정권교체기에 발생한 경제위기를 무난히 극복하고, IMF로부터 빌린 돈을 1년이나 앞당겨 갚음으로써 국제사회로부터 신용을 회복했으며, 최근 3년간 경제적 안정을 누리고 있다는 것이었다.

대선을 1개월 남기고 실시된 2차 TV토론회에서 폭스·라바스띠다·까르데나스 등 유력 후보 세 명간에 치열한 공방이 있었지만, 뚜렷한 승자를 가리지 못하고 기존의 지지율을 확인하는 정도에서 끝났다.

투우사를 꿈꾼 어린 시절

폭스는 1942년 7월 2일 멕시코시티에서 아홉형제 중 둘째로 태어났다. 그러나 태어난 지 사흘 만에 할아버지 때부터 정착해 살았던 과나 후아또 주의 레온시 교외에 있는 산 크리스토발 목장으로 갔다. 그리고 자신의 58번째 생일에 대통령직을 생일선물로 받고 태어난 곳인 멕시코시티로 다시 돌아오게 된 것이다.

그의 아버지 호세 루이스는 매우 부지런한 농사꾼이었다. 매일 아침 5시면 네 아들을 깨워 목장에 나가 젖소들의 젖을 짜고 가축들에게 사료를 주었으며, 과일나무들을 돌보았다. 대통령 당선 후, 폭스는 그 몇 년 전에 사망한 아버지에 대해 "아버지는 매우 낙천적이고 부지런한 사람이셨다. 전날 몇 시에 잠자리에 들었든지 새벽같이 일어나셨으며, 아침 6시면 일하러 나갈 준비가 다 되어 있었다. 그렇게 우리들을 엄격하게 키우셨는데, 이는 딸들에게 보여준 다정한 모습과는 무척 대조적인 것이었다"라고 회고했다.

어머니 메르세데스는 스페인 북부 바스크 지방의 항구도시인 산 세바스띠안에서 태어나 어릴 때 부모를 따라 멕시코로 이민 왔다. 그러나 그녀는 그 어느 멕시코 여인보다 더 바지런하고 쾌활한 멕시코 여인이었다. 폭스가 선거운동 과정에서 가난한 농민들을 향해 "여기 소젖을 짜본 유일한 후보가 있다"고 친근감을 보일 수 있었던 것도 농민들과 접해본 경험에서 나왔으며, 전기와 전화도 들어오지 않던 시골 농장에 살면서 멕시코의 가난을 직접 체험했다는 자신감에서 연유했다.

폭스는 형과 함께 라살레 초등학교에 입학했다. 그러나 시골에서 온 폭스는 같은 반 아이들과 잘 어울리지 못했다. 또래 아이들은 심한 사투리를 쓰며 10살이 되도록 반바지만 입고 다니는 폭스 형제를 이상한 눈으로 보며 따돌렸다. 자연 폭스 형제는 반 아이들과 자주 싸웠는데,

요즘 식으로 보면 '범생이'가 아니라 '불량학생' 이었던 셈이다.

폭스는 6학년 때 예수회 소속 룩스 중학교에 입학했다. 그곳에서는 친구들과 잘 어울렸지만 성적은 신통치 않았다. 수학만 점수가 괜찮았고 다른 과목은 거의 낙제점에 가까웠다. 공부를 거의 하지 않았다. 그러나 그림과 운동은 무척 좋아했다. 특히 투우를 좋아해 투우사를 꿈꾸며 학교를 오가는 길에 인근 목장의 송아지들과 투우 연습을 할 정도였다. 그러나 무엇보다 학교를 다니면서 어린 폭스에게 가장 큰 영향을 끼친 것은 '봉사하지 않는 삶은 의미가 없다'는 예수회의 가르침이었다. 폭스는 이 가르침에 따라 그러한 삶을 살기 위해 노력했다.

18살이 된 폭스는 멕시코시티에 있는 예수회 소속의 이베로아메리카 대학에 진학했다. 멕시코시티로 진학한 것은 고향 도시인 레온에 대학이 없었기 때문이다. 폭스는 건축학을 전공하고 싶어했지만 결국에는 이런저런 이유로 경영학과에 입학했다. 집안 사업을 도울 수 있는 전공을 택하라는 아버지의 뜻도 있었고, 다른 한편으로는 경영학이 공부할 과목이 훨씬 적었기 때문이기도 했다. 어릴 적 '투우사의 꿈'도 다 잊고 현실에 적응한 것이다.

195센티미터나 되는 훤칠한 키의 폭스는 형식에 얽매이기를 싫어했다. 그는 가죽부츠를 신고 자유분방하게 치장하고 다녔다. 양복은 거의 입지 않았고 넥타이도 잘 매지 않았는데, 졸업 후 코카콜라 회사에 입사한 것도 그 회사가 넥타이나 양복을 강요하지 않았기 때문이었다. 선거운동 기간에도 셔츠와 카우보이 부츠, 벨트 등으로 치장한 폭스는 이때까지의 정치인들과는 너무도 다른 모습이었다. 말 그대로 '파격'이었다. 폭스는 대권을 잡아도 청바지를 입고 다니겠다고 공언했다.

32살의 코카콜라 멕시코·중미 지사장

대학을 졸업한 후 22살에 멕시코 코카콜라 회사에 입사한 폭스는 영업사원으로 일을 시작했다. 3년간 배달 트럭을 타고 거리를 누비며 판매사원으로 정신없이 뛰어다녔다. 앞서 설명했듯이 195센티미터의 신체 건장한 거구의 폭스가 활동하는 모습은 인상적이었을 것이다. 그는 열심히 일했고, 그런 그의 활동은 상사의 눈에 띄어 관리관·지역 책임자·영업국장으로 승진했다. 또 회사의 배려로 미국 하버드대학 경영학 과정도 연수했다. 승승장구한 것이다. 그리고 입사한 지 10년 만에 코카콜라 멕시코·중미지역 담당 사장에 임명되었다. 32살의 나이에 사장이 되었는데, 이는 코카콜라 회사의 최연소 지사장이었다. 초고속 승진을 한 셈이다. 사장으로 5년 동안 근무하는 동안 탁월한 경영수완을 발휘한 폭스는 경쟁사인 펩시콜라를 제치고 시장점유율을 역전시켰다. 1965년 당시 경쟁사인 펩시콜라의 시장점유율은 코카콜라의 두 배였다. 그런데 1980년에는 코카콜라가 펩시의 두 배가 되었다.

그러나 1979년, 그는 동료들의 만류에도 불구하고 15년간의 코카콜라 회사 생활을 청산하고 가업을 잇기 위해 고향인 과나후아또의 목장으로 돌아왔다. 사실 쉬운 결정이 아니었을 것이다. 그러나 40세가 되기 전에 변신을 꾀한 것이다. 고용사장이 아닌 자신의 기업을 갖기 위해 사장자리를 과감히 박차고서 말이다.

그는 어렸을 때 그랬던 것처럼 아침 일찍 일어나 목장생활을 하면서 낙농업과 가죽부츠 등을 수출하는 가업(폭스 그룹)을 키워나갔다. 10년 동안 사업에만 열중한 폭스는 1988년 3월 보수우익의 국민행동당에 입당해 정치인으로 다시 한 번 변신했다. 46살의 나이였다. 이 또한 쉬운 결정이 아니었다. 60년 동안 집권하고 있는 제도혁명당이 아니라 야당, 그것도 힘 하나 없는 야당에 입당한다는 것은 사업가로서 쉬운 일이 아니었을 것이다.

폭스를 정치로 이끈 사람은 꼬파멕스의 회장 마누엘 끌로티에르(Manuel J. Clouthier)였다. 그는 폭스에게 멕시코의 정치·사회 체제를 비판하고 불평하느니 차라리 멕시코의 정치를 바꾸어보라고 충고했다. 사실 당시로서는 생각하기조차 어려운 말이었다. 더구나 야당으로 정치를 시작하면서 멕시코 정치를 바꾼다는 것은 폭스가 선거운동 기간 동안 말했던 것처럼, '달나라에 가는 것보다 어려운 일'이었다. 그러나 12년 만에 이 같은 폭스의 꿈이 현실이 되었다.

이기고도 진 주지사 선거

과나후아또 주의 국민행동당 재정위원장으로 정치계에 첫발을 내디딘 폭스는 그해 연방 하원의원에 당선되었다. 순조로운 출발을 한 셈이다. 3년의 하원의원 임기를 마친 폭스는 1991년 선거자금을 확보하고 당 조직을 강화하기 위해 '주 해방기구'를 조직해 과나후아또 주지사 선거에 출마했다. 그러나 집권당의 노골적인 부정으로 인해 선거에 패배하고 말았다. 제도혁명당의 부정에 반발한 폭스는 700여 가지가 넘는 선거부정 사례를 폭로하고 민주주의를 위한 60킬로미터 행진과 시민저항운동을 시작했다. 예상치 않은 폭스의 강력한 저항에 살리나스 정부는 이를 수습하기 위해 국민행동당과 정치적 타협을 했다.

살리나스 대통령은 선거가 비정상적으로 치러졌음을 시인했으며, 부정으로 당선된 아기레 집권당 후보를 자진 사퇴시켰다. 그리고 국민행동당이 지명하는 사람에게 과나후아또 주지사직을 넘겨줄 것을 약속했다. 그러나 부정이 난무했던 선거에 참여했던 폭스 후보를 제외시키는 조건이었다. 당이 창당된 후 50년 만인 1988년에서야 바하 칼리포니아 주지사 선거에서 겨우 처음으로 승리한 국민행동당의 입장에서 보면, 과나후아또 주 정부를 장악할 수 있는 절호의 기회를 놓칠 수 없었다. 폭스로서는 받아들이기 어려웠지만 당의 입장에서는 누가 주지사가 되느냐보다는 주 정부를 장악하는 것이 더 중요했다. 이 같은 정치적 타결을 받아들인 국민행동당은 메디나 레온 시장을 주지사로 임명했다.

이때가 폭스에게는 정치적으로 가장 어려운 시기였다. 선거에서 승리하고도 졌으며, 투쟁을 통해 승리를 쟁취하고도 다시 빼앗겼던 것이다. 그러니 정치적인 좌절을 겪을 수밖에 없었다. 1993년 대통령선거를 앞두고 제도혁명당의 세디요 후보와 민주혁명당의 까르데나스 후보 등 여·야 정치지도자들이 뉴스의 스포트라이트를 받았지만 주지사 선거에 떨어지고 대통령 출마 자격이 없는 폭스는 언론의 관심으로부터 멀어졌다. 멕시코 선거법은 대통령 자격을 이민 3세 이후로 정하고 있었기 때문에, 스페인인 이민 2세의 후예인 폭스는 대통령에 출마조차 할 수 없었다. 그러나 1993년 의회가 살리나스 정부와 협상해 대통령 피선거권을 외국인 2세까지로 완화하는 법을 통과시켰다. 국민행동당은 이를 '폭스법'이라 불렀다.

이런저런 이유로 폭스는 1994년의 선거를 멀리서 지켜보고 있을 수밖에 없게 되었다. 잊혀진 정치인이 된 것이다. 그리고 20년을 같이 산

릴리안과도 이혼을 해 가정적으로도 어려움이 가중되었다. 또한 집안의 사업도 예전 같지 않았다. 그에게 그나마 유일한 위안이 되었던 것은 네 자녀에 대한 양육권을 빼앗기지 않은 것이었다.

폭스의 재기

부정선거 때문에 주지사 선거에서 패배한 4년 후인 1995년 폭스는 과나후아또 주지사에 재도전해 쉽게 당선되었다. 그는 주지사 시절 코카콜라 지사를 경영한 경험을 살려 주 행정에 기업 마인드를 도입하고 외자유치와 과감한 경제개혁을 추진해 멕시코에서 가장 가난했던 주 중 하나인 과나후아또 주를 멕시코 31개 주 가운데 5번째 부유한 주로 만들었다. 변화를 이뤄낸 것이다. 주지사 시절, 그는 외자를 유치하기 위해 우리나라를 방문하기도 했다. 멕시코 중부의 조그마한 한 주의 주지사가 외자유치를 위해 한국에까지 온 것은 그야말로 대단한 정열이 아닐 수 없었다.

1995년부터 2000년 2월까지 과나후아또 주에는 22억6000만 달러에 달하는 외국인의 투자가 있었다. 이로 인해 7만2562명의 새로운 고용이 창출되었으며, 같은 기간 289개 회사가 설립되었다. 지역총생산(GRP)은 21.2퍼센트가 증가해 멕시코 전체(14.5퍼센트)보다 6.7퍼센트나 높았다. 또 멕시코 전체 노동자의 실질평균임금은 5년 전에 비해 2.7퍼센트가 준 데 비해 과나후아또 주의 평균임금은 오히려 7.3퍼센트가 올랐다. 바로 이 부분이 폭스 후보가 대통령선거 홍보에서 가장 강조한 것이다. 5년 전 낙후되고 못살던 지역을 자신이 주지사가 되어 잘사는 지역으로 만들었듯이 멕시코도 그와 같은 방법으로 잘사는 나라로 만들 겠다는 것이었다.

1999년 9월 12일 폭스는 대통령선거에 나서기 위해 주지사직을 사임 했다. 그리고 별 어려움 없이 국민행동당과 '변화를 위한 동맹(Alianza por el Cambio)'의 대통령 후보로 선출되어 71년 만의 정권교체를 이룩 해냈다. 사업에 탁월한 수완을 발휘해 10년 만에 사장이 되는 초고속 승진을 했듯, 정치에 발을 들여놓은 지 12년 만에 대통령이 된 것이다. 정치에 입문해서도 또 다른 '고속 승진'을 한 셈이다.

평소 자신을 '미숙하지만 독실한 신앙을 가진 국민의 정치인'이라는 말로 묘사하길 좋아하는 폭스는 새벽 6시 이전에 일어나 하루 일과를 시작할 정도로 근면하다. 아일랜드 출신의 멕시코인인 아버지의 근면 성을 그대로 물려받은 모양이다. 반면 그는 외모에도 신경을 썼고, 유 머로 청중을 사로잡아 대중적 인기도 높았다. 가령 하얀 와이셔츠에 검 정 바지, 그 위에 가죽부츠를 신고 오토바이를 탄 모습으로, 혹은 말을 탄 카우보이의 모습으로 유세장에 나타나기도 했다. 한마디로 이때까 지 멕시코인들이 보아왔던 근엄하고 딱딱한 정치인의 모습이 아니었 다. 이것은 아마도 스페인에서 이민 온 어머니의 낙천적이고 정열적인 성격을 이어 받아서인 듯싶다.

폭스는 자신의 정부가 4000만 명의 가난한 사람들을 위한 정부가 될 것임을 강조했다. "정부에 그들이 참여하게 할 것이다. (…) 이들의 요 구와 필요는 정부의 주요 핵심과제가 될 것이다"라고 했다. 이것 역시 정치적 파격이다. 보수우파 정당의 후보가 좌파적 해결을 강조하는 아 이러니라고 할까?

"나를 팔 수 있는 상품으로 만들라"

선거를 시작하면서부터 폭스는 '대중의 수요에 부합하는 상품'이 되겠다는 확실한 생각을 갖고 있었다. 1999년 9월, 그는 최측근인 오르띠스에게 "나를 팔 수 있는 상품으로 만들라"고 주문했다. 오르띠스는 지금까지 '폭스의 친구들'을 중심으로 전국을 순회하며 펼쳐왔던 선거전략을 대폭적으로 수정했다. 국민들에 대한 직접적인 접촉은 한계가 있기 때문에 TV와 라디오·신문 등 모든 매체를 통한 정치 광고에 더 중점을 두었다. 선거전략의 큰 틀이 정해진 것이다.

선거 홍보팀은 폭스의 정책적 제안을 단순한 말로 표현해 대중들이 쉽게 이해하도록 했다. 다시 말해, 후보가 전달하고자 하는 것을 사람들이 원하는 단어로 바꿔놓았다. 정치 마케팅을 통한 선거전략을 편 것이다. 어렵고 복잡한 정책에 대해 구체적으로 설명하는 대신, 이러한 정책들은 '변화'를 가져오기 위한 것이다라고 간단히 설명했다.

여론조사 결과 사람들이 가장 원하는 것은 바로 '변화'였다. 그러한 변화는 생활에서의 안전·교육·마약과의 확실한 투쟁, 보다 나은 직장 등이었다. 이러한 것을 바탕으로 선거구호가 '당신이 바라는 변화(El Cambio que a ti te conviene)'로 결정되었다. 그리고 멕시코인들이 제도혁명당에 싫증이 나 있으며 작별하길 원하고 있다는 것을 상징적으로 보여주기 위해 선거 로고송을 〈제비(Las golondrinas)〉로 정했다. 〈제비〉는 우리나라에도 제법 많이 알려진 멕시코 노래이다. 우리나라에서는 가사가 다르게 번역되어 불리고 있는데, 원래 가사는 기나긴 여정에 지친 철새인 제비들이 다음 목적지를 향해 잘 가도록 빌면서 작별

한다는 내용이다. 어차피 떠나보낼 수밖에 없는 제도혁명당에 대해 두려움이나 미련을 갖지 말고 작별하라는 메시지인 셈이다.

선거홍보에 쓰인 또 다른 중요한 단어는 'Ya('이제' 란 스페인어)' 였다. "이제 '제도혁명당' 은 그만해라, 변화를 위한 동맹에 투표하자"라고 강조한 것이다. 스페인어에서 'Ya' 는 많은 뜻을 가진 단어로, '이제 그만' 또는 '이제 할 수 있다' 등의 다양한 의미로 쓰인다. 그래서 선거운동을 'Ya' 로 일체화시켜 나갔다. 폭스 후보는 승리의 V자를 그리는 대신 승리의 Y자를 그렸다. 그리고 '7월 2일 만나자' 라는 로고를 만들었다. 이러한 모든 것들이 사람들로부터 조금씩 변화에 대한 두려움을 없애주었다.

멕시코에는 "생판 모르는 착한 사람보다는 나쁜놈이라 하더라도 알고 있던 놈이 낫다"라는 표현이 있는데, 이 말에 많은 사람들이 고개를 끄덕인다. 제도혁명당은 지난 71년 동안 권좌에 있었던 당이다. 따라서 전국 곳곳에 제도혁명당의 힘이 미치지 않는 곳이 없었다. 폭스는 제일 먼저 이 같은 생각을 바꿔야 한다고 생각했다. 그렇지 않을 경우 선거결과는 하나마나 한 뻔한 것이 될 것이기 때문이었다. 폭스는 "당신을 위해 봉사하는 멕시코와 그렇지 않은 멕시코를 생각해보십시오. 그리고 이제 그 멕시코 정부가 여기 있다고 생각해보십시오"라고 라디오를 통해 수차례에 걸쳐 메시지를 전달했다. 이 메시지의 목적은 사람들이 한 번쯤 생각을 하게 하는 것이었고, 다음으로는 변화가 다가와 있음을 알리려는 것이었다. 결과적으로 그동안 알고 지낸 '나쁜놈(제도혁명당)' 과 잘 모르긴 하지만 새로운 변화(폭스와 국민행동당) 중 하나를 선택하도록 한 것이다.

멕시코 정치의 '보안관'

자신의 58번째 생일에 대통령직을 생일선물로 받은 폭스. 더구나 그 것은 결코 무너질 것 같지 않았던 제도혁명당이라는 거대한 공룡을 쓰러뜨리고 받은 선물이었다. 지지자들은 〈미냐니따(mañanita : '내일' 이라는 스페인어)〉라는 노래를 부르며 폭스의 생일을 축하했다. 멕시코의 미래를 폭스에게 맡긴 것이다. 2미터 가까이 큰 키에 15년 동안 청바지를 입고 부츠를 신고 다닌 폭스는 멕시코 정치의 '존 웨인'이라 불린다. '서부의 사나이' 존 웨인이 악당들을 물리치고 마을의 보안관이 되었듯이, 폭스가 부패하고 마약으로 얼룩진 멕시코에서 악당들을 몰아내고 평화와 안정을 되찾아주기를 사람들은 기대하고 있는 것이다.

당선이 확정되자 폭스는 멕시코시티 중심에 있는 독립의 상징인 '천사의 탑'에 나타나 지지자들과 기쁨을 함께 나누었다. 연단 뒤에 선 그의 자녀들도 폭스의 상징인 'Y' 자를 그리며 환호했다. 폭스는 연단에 올라 정치 보복이 없을 것임을 천명하고 모든 멕시코인의 화합을 강조했다. 그리고 정당에 관계없이 거국내각을 구성할 것을 약속했다. 특히 세디요 대통령이 선거 결과를 조속히 인정한 것에 대해 깊이 감사했으며, 세디요 대통령을 참된 '국가 정치인'이라고 한껏 추켜세웠다. 이것은 단지 승자의 아량만은 아니었다.

당선 직후 폭스는 각료 인선을 엄격히 할 것임을 강조했다. 그리고 새로운 정부가 절대 '친구들끼리의 정부'가 되지 않을 것을 약속했다. 선거 공약으로 그는 당선되면 연합정부를 구성해 정직하고 능력 있는 제도혁명당의 민주적 인사들과 민주혁명당 인사들을 정부 구성에 참여시킬 것을 내세웠으며, 약 250만 명에 달하는 차관보 이하 현 정부의 공무원·교사·군인·공사 직원 등의 신분보장을 약속했다. 이는 선거 기간 동안 약속한 것이기도 했고, 과나후아또 주지사 시절(1995~99) 제도혁명당 출신을 재무장관에 임명하는 등 정파에 관계없이 주 정부를 구성한 경험에 근거한 것이기도 했다.

폭스 당선자는 장관 등 고위 관리를 공개적으로 찾았다. 유비가 제갈량을 찾아가 삼고초려 했다는 이야기를 굳이 들지 않더라도, 무엇보다 중요한 것은 능력 있는 인재들을 구하는 것이다. 이는 동서고금을 막론하고 더 이상의 설명이 필요 없다. 그는 인재를 찾기 위해 5개 회사와 계약을 했는데, 이들 회사의 이름은 비밀에 부쳐져 있다. 또 여러 시민사회 단체들에게도 고위 관리를 추천하도록 요청했다. 그러면서 고위 관리가 되기 위한 다섯 가지 조건을 제시했는데 다음과 같았다. 첫째 멕시코에 대한 사랑이 넘치는 사람일 것, 둘째 사회적 책임감이 큰 사람일 것, 셋째 정직성이 검증된 사람일 것, 넷째 능력이 인정된 사람일 것, 다섯째 생산적인 결과를 낼 수 있는 사람일 것 등이었다. 비록 포괄적이긴 하지만 차기 정부의 고위 관리가 될 자격 조건을 공개적으로 밝히고 일반 회사와 시민사회 단체에까지 인재를 추천하도록 한 것은 지난 71년 동안, 아니 멕시코 역사에 한 번도 있어본 적 없는 파격적인 것이었다. 어쩌면 아직 세계 어느 국가에서도 없었던 일이 아닌가 한다.

국민행동당과 거리두기

폭스가 해결해야 할 가장 중요한 문제는 가난으로부터 민중을 탈출시키는 것이다. 폭스 당선자는 시장경제를 근간으로 하는 중도좌파 경제정책을 시행할 계획이라고 밝혔다. 대통령의 경제보좌관인 에두라르도 소호 씨는 "시장경제와 자유경쟁에 소신을 가짐과 동시에 우리 사회와 경제의 불공정을 줄이기 위해 필요할 경우 정부 개입에도 소신을 두는 경제모델을 추구하고 있다"고 밝혔다. 이는 보수우익 정당인 '국민행동당'의 입장과는 당연히 많은 차이가 있는 것이었다.

당선 직후 인터뷰에서 폭스 당선자는 "실패를 하든 성공을 하든 통치는 비센떼 폭스가 하는 것이지 국민행동당이 하는 것이 아니다. 이제 당은 나를 놓아주어야 한다"라고 말해 당 원로들의 심기를 불편하게 했다. 그러나 실제로 선거는 국민행동당보다는 폭스 개인이 주도권을 잡고 이끌어온 것이었다. 폭스는 당의 후보로 결정되기 2년 전부터 개인적으로 정치집회를 가지며 선거운동을 꾸준히 해왔고, 그런 폭스에게 당은 직접적인 영향력을 행사하기가 쉽지 않은 게 당연했다. 두고 봐야겠지만 폭스의 그런 발언은 당이 대통령의 인사에 지나치게 관여하는 것을 처음부터 차단하고자 한 것이라 할 수 있다.

보수우파 정당의 후보로 대통령에 당선되어 좌파 경제정책을 수행한다? 이는 어떤 의미에서 폭스 당선자가 멕시코의 정치를 정확히 파악하고 있다는 것을 말해주는 것이다. 멕시코 정부가 시장에 개입하는 경제정책을 정말 수행할지는 아직 미지수지만, 지난 18년간 멕시코 대통령들이 취해왔던 친미주의적·신자유주의적 경제정책에 대해 국민들이 많은 불만을 갖고 있다는 국민 여론을 정확히 읽은 것이다.

제도혁명당은 절대권력을 가진 대통령이 이념적인 면에서 좌우로 선회하면서 그 변화에 적응해왔다. 그런데 그 시기를 놓친 것이고, 국민들은 변화에 대한 대인을 대표적 좌파 정치인인 까르데나스가 아닌 우파의 폭스에서 찾은 것이다. 이는 폭스가 정권교체를 확실하게 할 수 있는 대안이었기 때문이다. 다시 말해, 우에서 좌로의 이념적인 선회도 중요하지만, 71년 동안 변화를 거부하고 집권해온 부패한 정권을 바꾸는 것이 더 시급한 일이었다는 말이다.

폭스 정부가 당면한 또 다른 중요한 과제는 부정부패 척결이다. 멕시코의 부패는 지난 수십 년간 누적되어온 것으로, 관료집단을 비롯해 온 나라에 구조적으로 부정부패가 만연해 있다. 멕시코의 부정부패는 아주 일상화되어 있다. 물론 우리나라를 포함해 모든 나라에 부정이 있긴 하지만 멕시코의 경우는 그 정도가 심한 편이다. 수입물품을 통관하는 데에도 그냥 되는 일이 없다. 한국·중국 등 아시아 지역에서 만든 섬유류 수입물량의 90퍼센트 이상이 정식 통관 절차 없이 적당히 멕시코로 들어온다. 흐르지 않는 고인 물이 썩듯이 지난 70년 동안 제도혁명당이 정권을 잡고 한 번도 정권 교체가 이루어지지 않았기 때문이다.

개혁 성향의 『레 포르마(La Reforma)』지가 18~32세의 멕시코시티 시민 1043명을 대상으로 실시한 설문조사에 따르면, 전체 조사대상자의 93퍼센트가 공직사회가 부패했다고 대답했으며, 82퍼센트는 부패 정도가 매우 심각하다고 답했다.

대권 삼수에 실패한 까르데나스

2000년 멕시코 대통령선거에서는 1명의 주인공과 2명의 조연이 탄생했다. 선거혁명의 주인공은 두말할 필요 없이 71년 만에 정권교체에 성공한 폭스 대통령 당선자다. 그리고 2명의 조연은 공정선거를 가능케한 세디요 대통령과 1988년 제도혁명당의 개혁을 요구하며 당을 박차고 나와 새로운 멕시코 건설을 주장했던 까르데나스(Cuauhtémoc Cardenás) 민주혁명당 후보이다. 까르데나스 후보가 71년의 제도혁명당의 장기 집권을 끝내게 한 단초를 제공했다면, 세디요 대통령은 그 기반을 닦았고, 폭스는 그 결과를 얻었다고 할 수 있다.

까르데나스 후보는 멕시코 국민들로부터 가장 존경받는 라자로 까르데나스 전 대통령(1934~1940)의 아들로 1999년 9월 17일 대통령선거에 세번째 도전하기 위해 멕시코 권력서열 2위 자리라는 멕시코시티 시장직을 사임했다. 승부수를 던진 것이다. 어떤 의미에서 까르데나스는 이번 선거에서 가장 중요한 인물이었다. 수차례의 여론조사 결과 폭스와 라바스띠다의 지지율이 35퍼센트 내외로 치열한 경합을 벌였다. 따라서 15~17퍼센트대의 지지율을 보인 까르데나스가 어느 정도의 표를 잠식할 것인지에 따라 승패가 결정될 수 있었다. 결국 그는 두 사람의 싸움에 결정적인 영향력을 행사할 수는 있었지만 본인은 결코 당선될 수 없는 운명이었다.

1934년에 태어난 까르데나스는 돌도 되기 전에 아버지를 따라 대통령 궁인 '로스 삐노스(Los Pinos)'에 들어가, 대통령으로서는 아니었지만 아버지의 대통령 임기 6년 동안 대통령 궁에서 살았다. 20살이던 1954년 대학생 시절에는 미국의 과테말라 침공을 규탄하는 학생시위를 주도하는 등 정치적 활동을 활발하게 펼쳤으며, 이후 제도혁명당 내에서 좌파를 대표하는 정치인으로 부상했다. 그리고 1988년 제도혁명당을 박차고 나온 이후에는 멕시코의 운명을 좌우할 수 있는 중요 정치인

중 한 사람으로 스스로 성장한 정치인이다.

1988년 데 라 마드리드 대통령이 살리나스를 당의 대통령 후보로 지명하자 까르데나스는 이에 반발해 당내 진보적인 인사들을 이끌고 탈당해 대통령에 출마했으나 조직적인 부정선거로 꿈을 이루지 못했다. 선거 개표를 시작하면서 민주혁명당의 까르데나스가 집권여당의 후보를 누르고 1위를 달리고 있을 때 갑자기 컴퓨터의 전원이 나가는 사고가 발생했다. 그리고 컴퓨터 수리 후 계속된 개표에서 그는 2위로 밀려났고, 제도혁명당의 살리나스 후보가 대통령에 당선되었다. 물론 진실은 밝혀지지 않았지만, 당시 널리 퍼진 이야기는 까르데나스가 투표에서는 이기고 개표에서 졌다는 것이다. '선거를 도둑 맞은 것' 이었다.

그리고 1994년 대선에 두번째로 출마했다. 그러나 멕시코가 미국·캐나다와 체결한 북미자유협정으로 인해 경제적인 번영에 대한 국민들의 기대심리가 확산되고, 치아빠스 주의 반군과 집권당 꼴로시오 후보의 암살 등으로 사회가 불안해지자 국민들은 까르데나스 후보를 외면하고 꼴로시오 후보를 대신한 세디요 후보를 선택했다. 힘없이 두번째 고배를 마신 것이다.

그리고 2000년에 지난 1997년의 초대 멕시코 시장 당선의 여세를 몰아 세번째 출마를 감행했다. 그런데 선거는 초반부터 폭스와 라바스띠다의 경쟁이 되어버렸다. 폭스는 정권교체를 위해 까르데나스 후보에게 자신을 지지할 것을 지속적으로 요구했다. 그러나 우익인 국민행동당과 좌익인 민주혁명당의 이념적 편차가 너무 큰데다, 멕시코 정치의 제2인자라는 멕시코 시장자리를 내놓고 세번째 대선에 출마한 까르데나스가 중도에 선거를 포기하기란 쉬운 일이 아니었다.

폭스는 공동전선을 거부하는 까르데나스를 '배신자'라고 불렀다. 이에 대해 까르데나스는 "머리가 제대로 돌아가지 않는 폭스와는 아무것도 할 것이 없다"며 폭스의 요구를 거절했다. 그리고 2000년 6월 25일 멕시코시티의 유세장에 모인 30만 시민을 향해 "부패한 폭스와 권력을 공유하는 것은 죄를 짓고 나라를 배반하는 것"이라며 목청을 높였다.

그런데 선거전이 치열해지면서 라바스띠다와 폭스에게 관심이 집중되고 까르데나스의 지지는 고정되어버렸다. 이렇게 되자 1988년 민주혁명당을 창당했던 동지들까지도 이번 선거는 제도혁명당의 계속 집권을 막기 위해 폭스를 지지할 수밖에 없다며 하나 둘 까르데나스를 떠나갔다. 전 외무장관을 지냈던 가스따네다·몬시바이스·징어 등은 좌파 지식인 논쟁을 불러일으키며 폭스의 선거진영에 합류했다. 이로써 좌파 지식인들은 폭스를 비판하는 세력과 전략적으로 폭스를 지지하는 세력으로 나뉘어졌다.

폭스는 선거에 승리하기 위해 국영 석유회사인 페멕스를 민영화하지 않겠다는 서명을 발표함으로써 좌파의 요구를 어느 정도 만족시켜주었다. 까르데나스의 동료였던 까스띨요는 "이번 서명으로 폭스 후보가 중도좌파 후보가 되었다"며 제도혁명당의 장기 독재를 끝내기 위해 당선 가능성이 희박한 까르데나스 후보에게 표를 던지지 말 것을 주문했다. 그리고 그렇게 선거가 끝났다.

그러나 2000년의 대통령선거가 까르데나스에게 마지막 선거는 아니다. 까르데나스는 폭스의 연합정부안을 단호히 거절하고 자신의 정당에서는 누구도 입각하지 않을 것임을 명확히 했다. 어쩌면 이는 선거 후 발생할 수 있는 제도혁명당의 붕괴와 새로운 정계개편을 고려했을 때 까르데나스의 민주혁명당이 21세기 멕시코 정치의 한 축이 될 것이 당연하기 때문이다. 그리고 6년 뒤 대통령직에 네번째 도전해 당선될지 누가 알겠는가.

또 다른 승자, 세디요 대통령

2000년 멕시코 대통령선거의 승자는 두말할 필요 없이 국민행동당의 폭스 후보다. 그러나 폭스 후보가 승리할 수 있도록 가장 큰 공을 세운 사람은 국민행동당의 정치인이나 참모들이 아니라 세디요 당시 대통령 이라고 할 수 있다. 예일 대학 경제학박사 출신인 세디요 대통령은 우 리나라에도 IMF를 성공적으로 극복한 대통령으로 잘 알려진 인물이다.

세디요 대통령은 1994년 집권하자마자 선거관리위원회의 독립성 보 장, 선거자금 운영, 선거인 명부 재작성 등을 뼈대로 하여 1996년 선거 법을 개정했으며, 재임 6년 동안 지속적인 정치개혁을 추진했다. 전 세 계가 놀랄 만큼 공정하고 깨끗하게 치러진 멕시코의 2000년 대통령선 거는 바로 이러한 개혁의 결과였다. 세디요 대통령의 개혁이 없었다면 멕시코는 정권교체를 위해 더 오랜 시간을 기다려야 했든가, 훨씬 더 혹 독한 대가를 치러야 했을지 모른다.

개표가 진행되면서 폭스 후보의 승리가 확실시되자 세디요 대통령은 라디오와 TV에 직접 출연해 폭스의 승리와 제도혁명당의 패배를 인정 했다. 그렇게 함으로써 '역사적' 선거 결과에 대해 있을 수 있는 저항과 음모를 사전에 차단했다. 이 같은 세디요 대통령의 발 빠른 행보에 대 해 폭스는 당선이 확실시된 후 첫 회견에서 세디요 대통령의 '민주적

행동'에 깊이 감사했으며, 이 같은 결과가 세디요 대통령이 꾸준히 추진해온 개혁의 결과임을 간접적으로 표시했다.

사상 처음으로 공정한 선거를 치러낸 집권당의 세디요 대통령은 1988년 어렵게 대통령에 당선된 살리나스 대통령이 추진했던 제한된 개혁이 아니라, 소련의 고르바초프 내동링이 그랬던 것처럼, 낭내 기득권 세력의 저항 속에서 전면적인 개혁과 개방을 수행했다. 제도혁명당이라는 체제의 한계를 완전히 넘어서지는 못했지만 말이다.

제도혁명당은 엄청난 충격을 받았다. 2000년 7월 2일이 지나자 지난 71년과는 전혀 다른 하루가 밝았다. 제도혁명당은 권력과 함께 만들어졌고, 71년 동안을 권좌에 있어왔다. 그런데 한순간에 자신이 '고립되어' 살아왔던 현실과 맞부딪친 것이다. 제도혁명당은 오래 전부터 나아가야 할 '방향'을 잃었다. 국민을 설득할 정치적 이데올로기를 잃어버린 것이다. 제도혁명당의 중심축이었던 혁명적 민족주의는 이미 죽어버렸다. 멕시코의 경제가 외부 세계—특히 미국—에 의해 좌우되는 상황에서 더 이상 민족주의가 설 자리가 없어진 것이다.

2000년 7월 2일의 대선은 멕시코 역사에 큰 획을 그은 날이다. 아마 멕시코 사람들은 이 날을 결코 잊지 못할 것이다. 20세기 초 멕시코가 혁명으로 시작되었듯이 21세는 또 다른 혁명으로 시작된 것이다. 이는 앞서 말했듯이 세디요 대통령이 꾸준히 추진한 개혁의 결과였다.

1997년 7월 총선이 여당의 참패로 끝난 뒤, 한 외국 신문기자가 집권당의 패배로 이어지는 정치개혁을 계속 추진하는 이유를 세디요 당시 대통령에게 물었다. 세디요 대통령은 "나는 멕시코가 사회적 안정을 유지하면서 동시에 민주적으로 진보할 능력이 있다는 것을 믿어왔고 그

것이 선거를 통해 확인되었다. 멕시코는 민주주의를 할 자격이 있다"고 대답했다. 2000년 7월 2일. 3년 전 역사적 선거를 기억하고 있는 멕시코인들은 두려움과 주저함 없이 지난 71년 동안 덩치가 엄청나게 커져 움직이기도 쉽지 않은 제도혁명당이라는 거대한 공룡을 쓰러뜨렸다. 정치적으로 약해 보였던 세디요라는 한 정치 지도자가 그 과정을 앞장서 이끌어간 것이다. 이제 21세기의 멕시코를 폭스가 어떻게 이끌어갈지는 아무도 모른다. 그러나 분명한 것 하나는 멕시코는 이제 변했고 다양해졌다는 것이다.

세계 정당사에서 74년간 권력을 장악했던 소련의 공산당 다음으로 가장 오래 집권한 제도혁명당의 몰락은 사파티스타 반군을 포함하여 새로운 무장 게릴라 단체의 활동 증가, 중남미 최대 대학인 멕시코국립자치 대학에서 등록금 인상에 반발한 학생들의 수업 거부와 학교 점거, 그리고 수개월 넘게 지속되고 있는 휴교 조치, 600여 명의 사망자를 낸 1999년 10월의 멕시코 최악의 폭우사태 등 일련의 사회 · 경제적인 요인을 들 수 있다.

그러나 본질적으로는 국민들의 의식이 성숙한 데서 그 원인을 찾아야 한다. 다시 말해, 토론과 대화를 통해 성장한 세대들이 다수를 차지하게 되면서 무조건적인 명령을 따르기보다는 자신의 정치적 견해를 갖게 되었다. 그리고 변화된 국민들은 지난 수십 년간 되풀이된 제도혁명당의 똑같은 선거공약과 무차별적 홍보전략, 금권선거에 반발했다. 또한 여성의 정치참여가 확대되고, 사회단체가 주도하는 집회에 중산층의 참여가 늘어가면서 이들의 의식도 점차 다양화되어가고 변화되어갔다. 그것이 멕시코의 2000년 대통령선거를 이뤄낸 것이다.

페루공화국(República del Perú)

면   적 : 128만5215㎢(한반도의 약 6배)

           해안지대(10%), 산악지대(27%), 밀림지대(63%)

인   구 : 약 2500만 명(2001년)

           산악지대(50%), 해안지대(44%), 밀림지대(6%)

수   도 : 리마(인구 800만 명)

주요도시 : 아레끼빠, 뜨루히요

인   종 : 인디오(54%), 메스티소(32%), 백인(12%), 동양인 및 기타(2%)

언   어 : 스페인어 및 께추아어(1975 년 추가)

종   교 : 가톨릭교 (90% 이상)

기   후 : 해안지역-온난다습,

           산악지대-우기와 건기로 나누어지며, 하계 아열대성, 동계는 한냉

           밀림지대-열대성 기후로 고온다습

정부형태 : 대통령 중심제

국가원수 : 똘레도 대통령, 2001년 7월 28일 취임

의   회 : 단원제(임기 5년)

독 립 일 : 1821년 7월 28일

국내총생산 : US $ 595억(2002년)

1인당 국민소득 : US $ 2131(2002년)

경제성장률 : 4.8%(2002년)

대외교역(2002년)

수   출 : US $ 76.8억

수   입 : US $ 74.7억

총 외 채 : US $ 199억

화폐단위 : 솔(NUEVO SOL)

US $ 1 = 3.45솔(2003년 4월)

페루의 '성공한 인디오' 똘레도 대통령

'원시와 문명'이 공존하는 고난의 땅 페루

2000년 10월 브루나이에서 열린 아시아·태평양 경제협력체(APEC) 정상회담을 마치고 일본을 방문한 후지모리 대통령은 일본 도착 이틀 후 페루 의회에 대통령 사직서를 팩스로 보냈다. 그리고 일본에 눌러 앉았다. 세계 정치사에 처음 있는 일이었다. 외국 방문 중 국내에서 쿠데타와 같은 정변이 일어나 귀국하지 못하고 어쩔 수 없이 망명길에 오른 대통령은 여러 명 있었어도, 자발적으로 도망친 대통령은 후지모리가 처음이었다. 현직 대통령이 해외 순방 중에 대통령 안 하겠다고 의회에 팩스 한 장 보내놓고 다른 나라로 줄행랑을 쳤으니 그게 어디 쉽게 납득할 만한 일인가?

이 같은 후지모리 대통령의 예상할 수 없었던 '뺑소니'와 페루 역사상 처음으로 인디오 출신 대통령의 탄생 가능성 등으로 페루인은 물론

이고 세계인의 관심을 주목시킨 2001년 6월 페루 대통령선거는 알레한드로 똘레도(Alejandro Toledo Manrique) 후보의 승리로 끝났다. 그리고 세계의 모든 언론은 '구두닦이 소년에서 대통령이 된 똘레도' 라는 제목으로 첫 인디오 출신 대통령의 탄생을 알렸다.

현존하는 중남미 최고의 작가인 바르가스 요사(Mario Vargas Llosa)는 페루를 '원시와 문명이 공존하는 고난의 땅' 이라고 정의한 바 있다. '고난의 땅' 이라는 표현이 사람에 따라 서로 다르게 이해되겠지만, 전체 인구 중 55퍼센트가 소위 '문명' 지역인 서부 해안지방에 살고 있으며, '원시' 지역인 해발 3000미터의 중부 고원지대와 동부 아마존 정글지대에 각각 34퍼센트와 11퍼센트의 인구가 살고 있다. 중부 고원지대나 아마존 정글지대는 아직도 '문명' 의 혜택을 받지 못한 수많은 인디오들이 사회로부터 소외되어 살고 있다.

'원시=인디오' '문명=백인' 이라는 틀 속에서 10퍼센트가 조금 넘는 백인들이 지난 500년간, 아니

적어도 1823년 독립 이후 지금까지 권력과 부를 독차지해 왔으며, 45퍼센트의 인디오들은 사회로부터 철저히 소외 또는 배제되어왔다. 그리고 '원시 사회' 를 탈출해 '문명 세계' 로 들어온 40퍼센트의 촐로(메스티소)들이 원시와 문명 사이에서 2등 국민으로 살아왔다. 페루에서는 다른 중남미 국가와 다르게 잉카의 언어인 께추아어를 스페인어와 함께 공용어로 쓰고 있다. 이는 잉카의 문화를 존중해서라기보다는 스페인어를 하지 못하는 인디오의 숫자가 워낙 많기 때문이다. 요사가 앞서 지적했듯이 원시와 문명의 공존을 위해 어쩔 수 없는 선택이었다.

잉카 제국과 후지모리

우리는 '페루' 하면 무엇을 가장 먼저 떠올릴까? 우리 한국인에게 페루는 어떤 나라로 비춰지고 있을까? 여론조사를 해본 적이 없으니 자세히는 알 수 없으나, 아마 대부분의 한국 사람들은 잉카 제국과 후지모리 대통령을 생각할 것이다. 황금의 제국으로 불린 잉카 제국, 해발 3000미터가 넘는 험준한 안데스 산맥 속에 신비스럽게 숨겨져 있는 마추피추, 얼굴 모습이 우리와 비슷하고 색동옷과 비슷한 다양한 색깔의 옷과 모자를 쓴 인디오들, 하늘에서 내려다봐야 볼 수 있는 기하학적 무늬의 나스카 유적 등 잉카 제국은 더 이상의 설명이 필요 없을 만큼 우리에게 잘 알려져 있다.

그리고 후지모리 페루 전 대통령은 우리나라에 가장 널리 알려진 중남미 정치인 중 한 사람이다. 한국의 대다수 언론들이 미국·영국·독일 등 서구 선진국가가 아닌 제3세계 정치지도자들에 대해 별 관심을 보이지 않고 또 긍정적인 보도도 하지 않는 속에서 후지모리 대통령은 예외적인 인물이었다.

일본인 2세로서 페루의 국가원수가 된 후지모리 대통령은 사람들의 상상을 뛰어넘는 '성공사례'였다. 아프리카나 아마존 밀림의 조그만 부족의 부족장이 아니라 인구가 2000만 명이 넘는 국가의 대통령이 되었으니 일본열도가 발칵 뒤집힐 수밖에 없었다. 과거 헐벗고 못살던 시절 외국으로 이민 간 사람의 후예가 대통령이 되어 말 그대로 '금의환향'한 것이다.

그 같은 열풍은 아니지만 우리나라에도 후지모리는 신선한 충격을 주었다. 1970년대 들어서면서 브라질·아르헨티나·파라과이 등 중남미 대륙을 향해 많은 이민이 있었기 때문에 일본인 2세의 대통령 당선은 결코 남의 일(?)이 아니었던 것이다. 어쨌든 1990년 후지모리의 대통령 당선은 놀라운 것이었다. 그리고 지난 10년 동안 페루를 통치하면서 박정희 개발독재를 흉내 낸 후지모리는 우리 보수 언론의 '입맛'에 딱 맞았다. 그러니 당연히 후지모리에 대한 보도는 그만큼 자주 그리고 긍정적으로 전해졌다.

마치 1997년 말 런던에서 살인 등의 인권유린 혐의로 갑작스럽게 체포되기 전까지의 피노체트가 칠레를 혼란과 가난에서 구한 정치인으로 기억되고 있었던 것처럼, 후지모리 역시 인플레이션과 게릴라의 소요 속에서 페루를 구한 정치인으로 인식되고 있었던 것이다. 그런데 2000년 대선에서 승리해 페루 역사상 처음으로 대통령직을 세 번 연임하게 된 후지모리 대통령이 아시아·태평양 경제협력체회의 참석 후 사무라이의 후예(?)답지 않게 일본으로 줄행랑을 쳤을 때, 세계는 또 한 번 깜짝 놀랐다.

초인플레이션과 반정부 게릴라

과거 칠레의 정치적 혼란과 폭력 그리고 정치제도의 붕괴, 살인적 인플레이션을 동반한 경제 파탄 등을 제대로 이해하지 않고는 지난 10여 년간 지속된 후지모리의 독재를 이해하기 어렵다. 그리고 어떻게 일본인 2세가 대통령이 될 수 있었는지, 어떻게 후지모리의 독재가 10년간이나 지속될 수 있었는지를 제대로 알지 못하면, 페루 사회에서 철저히 소외된 인디오 출신인 똘레도 대통령의 등장 또한 쉽게 이해하지 못할 것이다. 21세기에 접어들면서 전개된 페루의 정치 과정을 보면 '변화무쌍'이라는 말로밖에 달리 표현할 길이 없다.

1968년부터 12년간 정권을 장악했던 군부가 정치에서 물러나고 실시된 페루 정치사상 첫번째 보통선거인* 1980년의 대통령선거에서 지난 1968년 군사 쿠데타로 망명길에 올랐던 '인민행동(Acción Popular)'의 벨라운데(Fernando Belaunde)가 대통령에 당선되었다. 벨라운데 대통령은 언론과 정치적 자유, 지방자치 실시 등 개혁적 정책들을 추진했다. 그러나 1982년 멕시코의 외환위기로부터 시작된 중남미 경기침체와 페루 앞의 태평양 바닷물 표면온도가 평년보다 2~7도 높아지는 천재지변인 '엘 니뇨 현상' 때문에 페루의 경제는 더욱 위축되었다. 1982~83년의 엘니뇨로 페루 북부지방은 폭우와 홍수를, 그리고 페루 남부지방은 극심한 한해를 겪었다. 이 기간 동안 페루의 멸치 수확은 전년도의 1퍼센트에 불과했다. 중남미 외환위기는 1980년대를 '잃어버린 10년'이라고 말할 정도로 페루를 포함한 중남미 전체 경제를 어렵게 했다. 이러한 상황은 집권과 동시에 긴축정책을 실시한 벨라운데 정부에 대한 노동자와 농민의 저항을 더욱 크게 만들었다.

정치적으로는 구스만(Abimael Guzmán)이 이끄는 모택동 노선의 '빛나는 길(sendero luminoso)' 게릴라들이 1980년 선거를 방해하며 활동하기 시작했다. '빛나는 길'은 농촌을 중심으로 세력을 확대해 도시로

---

* 1979년 선거법 개정으로 18세 이상 모든 국민에게 투표권이 부여되었다. 그 이전에는 '문맹자'에게는 투표권이 없었다. 따라서 1980년 대통령선거는 페루 선거사상 처음으로 실시된 보통선거였다.

포위해들어가 자본주의사회와 국가를 부수고, 중국의 모택동이 대장정을 통해 혁명을 성공시켰듯이 공산주의혁명을 성공시키려 했다. 벨라운데 정부는 대 게릴라 정책에서 두 가지 실책을 범했다. 첫째, 초기 단계에서 이들 게릴라 활동을 과소평가하고 무시해버렸다는 것이다. 결과적으로 이는 게릴라들이 신간 고원시대 인디오 마을을 중심으로 세력을 공고히 할 수 있는 시간을 벌게 했다. 둘째, 게릴라를 소탕하기 위해 파견된 군대가 2000여 명의 인디오들의 실종을 포함해 수많은 인권유린을 자행한 것이다. 이는 결과적으로 인디오들이 정부군을 불신하고 게릴라를 지지하게 만들었다.

1985년 "모든 페루인의 대통령"이라는 대중적 구호를 내건 '미주인민혁명당(APRA)'의 가르시아(Alán García) 후보가 대통령에 당선되었다. 35세의 젊고 패기만만한 가르시아는 정열적이고 선동적인 연설을 통해 유권자들을 매료시키며 남미 역사상 가장 젊은 대통령이 되었다. 1924년 멕시코에 망명 중이던 아야 데 라 또레(Victor Haya de la Torre)에 의해 창당된 사회주의 노선의 미주인민혁명당이 56년 만에 처음으로 정권을 장악한 것이다.

대통령이 된 가르시아는 IMF의 정책을 '제국주의적'이라고 비난하고 외채 지불 중단을 선언했다. 그러나 이는 페루 경제를 국제금융으로부터 고립시키는 결과를 가져왔다. 보유했던 외환이 고갈되자 더 이상의 자금을 국제금융으로부터 구할 수 없게 된 페루 경제는 곧바로 파산하고 말았다. 그리고 연간 1000퍼센트가 넘는 초 인플레이션으로 국가경제가 혼란에 빠졌다. 1990년에는 인플레이션이 7000퍼센트를 넘기도 했다.

반면 페루 중부 고산지대의 많은 지역이 '빛나는 길' 반정부 게릴라들에 의해 장악되고 그들의 통제 하에 놓였다. 특히 우아야가 지역을 장악한 게릴라들은 이곳에서 생산되는 코카인을 미국과 유럽에 대량으로 반출했다. 어떤 의미에서 코카인 재배는 1980년대 페루의 유일한 성장산업이었다. 1990년 전 세계 코카인의 반 이상이 페루에서 생산되었으며, 이는 게릴라들의 가장 중요한 자금원이었다. 그러나 게릴라들 역시 비협조적인 인디오들을 사살함으로써 인디오 공동체의 저항을 불러일으키며 서서히 민중들로부터 유리되어갔다.

후지모리의 등장과 '후지 쇼크'

1990년 선거는 당연히 경제가 주요 이슈였다. 수천 퍼센트에 달하는 인플레이션과 빵이나 우유 등 생필품을 사려면 길게 줄을 서야 했던 국민들에게는 무엇보다 경제적 안정이 가장 시급한 문제였던 것이다.

이때 우파와 중도파를 대표해 세계적으로 널리 알려진 페루의 대표적 소설가인 바르가스 요사가 급진적인 자유시장정책을 선언하며 대통령에 출마해 그의 당선은 기정사실처럼 보였다. 1985년 선거에서 좌파에 정권을 뺏긴 우파는 1987년부터 바르가스 요사를 중심으로 '민주전선(FREDEMO)' 을 구성해 선거에 대비해왔다. 그리고 집권 여당인 '미주인민혁명당' 은 알란 가르시아(Alan Garcia)의 실정으로 이미 국민의 신임을 완전히 잃어버렸기 때문에 더 이상 경쟁 상대가 아니었다.

이런 상황에서 그간 전혀 알려지지 않았던 일본인 2세인 알베르또 후지모리가 나타난 것이다. 페루 사회의 '변화' 를 주장한 후지모리는 '변화 90(Cambio 90)'을 만들어 부패한 정부를 바로 세우기 위해 '정직·근면·기술'을 선거 슬로건으로 내걸고 '가난한 자의 혁명'을 외치며 백인 중심의 기득권 세력에 도전했다.

그리고 1990년 6월 10일 대통령 결선 투표에서 정치 신인인 후지모리는 바르가스 요사를 누르고 대통령에 당선되었다. 예상 밖의 결과였다. 1차 투표에서 25퍼센트를 득표해 바르가스 요사에 3퍼센트 뒤졌으나 결선 투표에서 57퍼센트로 역전 당선되었다. 후지모리의 당선에는 페루 좌파의 분열과 우파의 안이한 선거운동, 그리고 가르시아 대통령의 후지모리 지원이 크게 작용했다. 물론 대다수 가난한 인디오들은 지금까지 그들을 지배해왔던 백인이 아니라 그들과 비슷한 얼굴의 후지모리를 지지했다. '부자'만을 대변하는 정치인으로 인식된 바르가스 요사와 벨라운데 정부 하에서 고위직을 역임했던 주변 인물들에 대해 사람들은 신뢰를 보내지 않았던 것이다. 더구나 후지모리는 경제적으로 제2차 세계대전 이후 세계에서 가장 급성장한 국가인 일본의 후예였으니 그에 대한 '막연한 기대'도 작용했을 것이다.

대통령에 당선된 후지모리는 바르가스 요사가 주장했던 신자유주의 경제정책을 채택했다. '후지 쇼크(Fuji-shock)'로 불리는 급진적인 신자유주의 개혁정책은 페루를 다시 세계 금융시장의 신뢰를 얻게 했다. 광범위한 민영화정책과 완전한 시장개방, 국가보조금 지급 금지 그리고 시장에서의 국가 역할 축소 등으로 외국자본의 투자가 늘고 1990년 7649퍼센트까지 치솟았던 인플레이션이 1991년 139퍼센트, 1992년 57퍼센트로 떨어졌다. 1993년 외국인 직접투자는 400만 달러로 전년도에 비해 22퍼센트 늘어났다. 이는 남미 국가 중에서 가장 높은 수치였다.

살인적 인플레이션이 진정되었으며, 경제는 다시 성장국면으로 돌아섰다. -8.3퍼센트(1988), -11.7퍼센트(1989), -5.4퍼센트(1990) 등 몇 년간 마이너스 성장을 기록하던 경제가 1991년 처음으로 2.8퍼센트의 성장을 기록했다. 그럼에도 실업자가 늘어나고 노동자의 임금이 떨어져 대다수 민중의 생활은 크게 나아지지 않았다.

앞서 말했듯이 후지모리는 1990년 예상을 깨고 대통령에 당선되었으나, 집권여당인 '변화 90'은 의회 내 제3당으로 전체의석의 18퍼센트에 불과한 32석을 얻었을 뿐이었다. 과반수 의석에 훨씬 못 미치는 '여소야대' 국회였다. 따라서 후지모리는 야당과의 타협보다는 대통령령에 의존해 정책을 추진했고, 야당이 지배하는 의회는 후지모리의 이 같은 독단에 제동을 걸었다.

후지모리의 친위 쿠데타

의회와의 갈등은 결국 1992년 4월 5일 군부의 지원을 받은 후지모리가 친위 쿠데타를 일으켜 의회를 해산하고 헌법 기능을 정지시킴으로써 끝났다. 수많은 인명 손실을 가져온 반정부 게릴라와의 투쟁을 일부 부패한 정치인들과 법조인들이 방해하고 있다는 것이 친위 쿠데타의 명분이었다. 이후 많은 야당 정치인들이 구속되었으며, '빛나는 길'과 뚜빡 아마루(Tupac Amaru) 등 반정부 게릴라들에게 전쟁이 선포되었다. 그 과정에서 후지모리 대통령은 민주주의 제도를 무시하고 정치적 독단을 주저하지 않았다. 소위 '신독재'를 편 것이다. 후지모리는 "정치적 정당들에 의한 민주주의는 끝났다"고 선언했다. 그는 자신의 독재가 정당들에 의한 지배(party-cracy)에 대항해 국민에게 이익을 주는 민중지배(demo-cracy)를 하고 있는 것이라고 주장했다. 자신의 통치가 라틴아메리카에 어울리는 새로운 통치모델이라는 것이다.

게릴라들의 활동지역에 군대가 증파되었으나 사실 커다란 효과는 보지 못했다. 오히려 일부 군인늘에 의한 인권유린이 문제가 되었다. 그러나 쿠데타를 감행한 지 반년이 지난 1992년 9월 '빛나는 길' 의 창설자이자 최고 지도자인 아비마엘 구스만과 3명의 중앙위원이 페루 교외의 한 가옥에서 전격 체포됨으로써, 후지모리 대통령은 게릴라와의 전쟁에서 결정적 승리를 거두었다. 그리고 이 같은 후지모리 대통령의 정책에 대해 국민들의 지지가 늘어갔다.

1992년 11월에 새롭게 총선거를 실시한 후지모리는 의회에서 손쉽게 과반수를 얻었다. 어떤 의미에서 후지모리 대통령의 친위 쿠데타에 대해 국민들이 정당성(?)을 인정한 것이다. 다시 말해 국민들은 후지모리 대통령의 권위적이고 강압적인 통치를 '필요악' 으로 받아들였다.

'빛나는 길' 과의 전쟁은 1993년 10월, 방송이 생중계되는 가운데 구스만이 정부와의 모든 적대행위를 중단할 것을 약속한 '평화협상' 에 서명함으로써 절정을 이루었다. 이후 1992년부터 1994년 말까지 항복한 수천 명의 게릴라들이 사면받았다. 새로운 지도체제 아래 일부 강경파들이 무장투쟁을 계속하고 있었지만 반정부 게릴라의 힘은 현저히 약화되었으며, 국내 치안은 안정되었다. 또한 대외관계에 있어서도 독립 이후 계속되어온 에콰도르 · 칠레와의 국경분쟁을 페루에 유리하게 해결했다.

야당의 저항 속에 대통령 연임을 보장하는 새 헌법을 제정한 후 첫 선거인 1995년 선거는 유엔 사무총장을 역임한 하비에르 꾸에야르(Javier Perez de Cuellar)가 강력한 야당 후보로 나섰다. 그러나 힘겨운 선거가 될 것이라는 예상에도 불구하고 후지모리 대통령은 1차 투표에서 국민의 64퍼센트의 지지를 받아 압승했으며, 집권여당인 '변화 90'은 과반수를 얻음으로써 의회를 통제할 수 있게 되었다. 또 1995년의 대통령선거는 영부인인 히구치(Susana Higuchi) 여사가 의회 내 부패를 폭로하고 대통령선거에 출마할 것을 선언함으로써 대통령의 부부싸움이 '국민적 관심'이 되기도 했다. 후지모리는 히구치 여사와 이혼하고 대통령 출마 자격을 제한해버렸다. 이것 역시 사람들의 예상을 뛰어넘는 파격적인 것이었다.

1999년 후지모리 대통령은 3선 출마를 위헌이라고 선언한 헌법재판소 판사들을 파면시키고 군부 및 정보기관의 인권유린을 폭로한 TV 방송사 사장의 경영권을 박탈하는 등 자신의 정권 연장 야욕을 합법화하기 위해 무리수를 강행했다. 이 과정에서 심복인 몬떼시노스(Vladimiro Montesinos) 정보부장을 통해 공작정치를 강화한 것은 물론이다. 10년 전 변화와 개혁을 주장하며 등장했던 후지모리가 독재자로서 바로 개혁의 대상이 되어버린 것이다.

'똘레도 현상'

똘레도는 1차 선거와 결선을 포함해 다섯 번의 선거를 치른 후 대통령에 당선되었다. 첫번째 선거는 후지모리 대통령이 64퍼센트의 압도적인 국민의 지지로 재선되었던 1995년 4월 선거였다. 똘레도 후보는 전혀 관심을 끌지 못했으며, 겨우 3.2퍼센트의 표를 얻었을 뿐이었다.

두번째는 후지모리의 3선 연임이 주요 정치 이슈였던 2000년 4월 선거였다. 1999년 10월 실시된 대선 후보들에 대한 여론조사에서 후지모리 대통령은 36퍼센트, 당시 강력한 야당 후보인 안드라데(Alberto Andrade) 리마 시장과 까스따네다(Luis Castañeda) 후보는 19퍼센트의 지지를 얻었다. 반면 똘레도 후보는 겨우 6퍼센트의 지지만을 받았다.

후지모리 대통령과 몬떼시노스 정보부장은 모든 매체를 동원해 안드라데와 까스따네다 후보에 대한 무차별 인신공격을 가하는 등 정치공작을 펼쳤다. 이로 인해 이들 유력 야당 후보에 대한 지지도가 급속히 떨어져, 〈도표4〉에서 볼 수 있듯이 2000년 2월 여론조사에서는 그 지지율이 14퍼센트와 10퍼센트로 떨어졌다.

안드라데 리마 시장 등 유력한 야당 후보들을 사전에 제거한 뒤 출마를 선언한 후지모리는 편한 마음으로 선거에 임했다. 그런데 뜻밖의 인물이었던 똘레도 후보가 갑자기 부상한 것이다. 1999년 10월의 여론조사에서 6퍼센트밖에 얻지 못했던 똘레도 후보가 선거 한 달 전인 3월의 여론조사에서 27퍼센트로 급상승했다. 안드라데와 까스따네다 야당 후보에 대한 지지가 똘레도에게로 옮겨진 '똘레도 현상' 이 나타나면서

〈도표4〉 대통령 후보들에 대한 지지도(%)

	1999년 10월	2000년 1월	2000년 2월	2000년 3월	2000년 4월
후지모리	36	41	39	38	49.8
안드라데	19	16	14	8	2.8
까스따네다	19	14	12	5	1.7
똘레도	6	7	10	27	40.2

출처 : apoyo 여론조사 / 2000년 4월 9일은 공식선거 결과

하루가 다르게 똘레도에 대한 지지가 높아져갔다. 선택의 폭이 없어진 야당 지지자들이 똘레도에게 그들의 표를 집중시킨 것이다.

2000년 4월 1차 선거 결과 후지모리는 49.8퍼센트, 똘레도는 40.2퍼센트 득표했다. 다른 유력 야당 후보였던 안드라데와 까스따녜다 후보는 3퍼센트 미만의 득표를 했다. 전혀 예상치 못했던 똘레도의 등장이었다. 후지모리가 10년 전 바르가스 요사에게 예상 밖의 승리를 거두고 대통령이 되었던 것처럼 후지모리와 박빙의 대결을 하며 페루의 정치 전면에 똘레도가 등장한 것이다.

'상처뿐인 영광'과 비디오테이프

1차 선거 투표에서 후지모리 대통령은 똘레도 후보에 10퍼센트 가까이 앞섰으나 과반수 확보에 실패해 결선 투표를 해야 했다. 6개의 모든 방송사와 주요 언론을 완전히 장악한 정부여당은 선거 기간 동안 TV와 언론을 통해 인디오 출신의 똘레도 후보를 무차별 공격했으며, 야당은 TV를 통해서는 선거홍보를 하지 못하도록 철저히 통제했다. 또한 정부를 비판한 기자와 신문사에는 테러를 가했다. 관권과 금권에 의한 부정선거가 자행되었다.

똘레도 야당 후보와 미주기구 국제선거감시단은 컴퓨터 조작 등을 이유로 결선 투표를 2주일 이상 연기할 것을 요구했다. 그러나 페루 선관위는 전국의 투·개표소 컴퓨터를 하루 만에 점검한 뒤 컴퓨터 조작을 통한 선거부정 우려는 기우라며 이를 단호히 거부했다. 이에 똘레도 후보는 결선 투표 참가를 거부했으며, 미주기구와 유럽연합은 선거감시단을 철수시켰다.

미국과 프랑스 등 서구 국가들과 아르헨티나 · 브라질 · 칠레 등 남미 주요 국가들은 후지모리의 재선은 정통성이 결여되어 있다며 이를 인정하지 않을 것이라고 발표했다. 캐나다는 대사를 소환했다. 미국은 페루와의 관계를 재정립할 것임을 강력히 시사했다.

똘레도 후보가 선거 부정을 이유로 불참한 가운데 시행된 5월 28일의 결선 투표에서 후지모리 대통령은 유효투표의 74.6퍼센트의 득표를 했고, 출마를 거부한 똘레도는 25.4퍼센트를 얻었다. 그러나 1차 선거 투표시 2.3퍼센트에 지나지 않았던 무효표가 무려 31.4퍼센트에 달했다. 페루 선거법에 투표에 불참할 경우 월 최저생계비의 3분의 1에 해당하는 벌금을 내도록 되어 있기 때문에 억지로 투표장에 간 국민들은 투표용지에 '부정선거' 라고 썼다. 그 표가 전체 투표의 3분의 1에 달한 것이다. 이로써 후지모리는 페루 역사상 처음으로 3선에 성공한 대통령이되었다. 그러나 이는 그야말로 '상처뿐인 영광' 이었다.

후지모리 정권은 국민의 강한 저항에 직면했다. 똘레도 후보가 부정선거를 이유로 출마를 거부한 가운데 시행된 결선 투표 때도 그랬지만, 대통령에 당선되어서도 국민들의 저항과 시위는 줄어들지 않았다. 2000년 7월, 대통령 취임식을 앞두고 6명이 죽고 수백 명의 군중이 부상당하는 격렬한 시위가 사흘 동안 계속되었다.

후지모리 대통령은 선거에 출마했던 야당 성향의 페데리꼬 살라스 (Federico Salas) '전진당(Avancemos)' 후보를 국무총리로 임명하는 등 국민을 깜짝 놀라게 하는 예상 밖의 인사와 개혁조치들로 대 국민 유화 정책을 폈다. 그리고 17명의 야당의원을 여당에 합류시켜 '여소야대'

불안한 페루

후지모리·톨레도 과반수 미달

부정투표 시위- 6월 결선

선거 부정시비 논란 속에서 3선에 도전하는 후지모리 현 페루 대통령이 9일 대통령선거 투표를 끝낸 직후 자신의 두딸과 어깨동무를 하며 환하게 웃고 있다. [리마 AP=연합]

최초의 토착민 대통령을 노리는 알레한드로 톨레도 후보가 9일 한 출구조사에서 자신이 근소하게 앞선다는 소식을 듣고 부인(오), 딸과 함께 양손을 번쩍 치켜들고 있다. [리마 AP=연합]

9일 대통령선거를 치른 페루 정국이 혼미에 빠졌다.

개표결과 누구도 당선에 필요한 과반수를 얻지 못했고, 투·개표 부정시비로 연일 대규모 시위가 벌어지고 있기 때문이다.

혼미정국은 결선투표가 벌어지는 6월까지 이어질 것으로 보이며, 결선 후에도 후유증은 계속 남을 것으로 전망된다.

12일께 공식적인 개표결과가 나올 예정인 가운데 현재까지 출구조사로는 알베르토 후지모리 현 대통령의 우세가 점쳐진다.

10일까지 여론조사기관들의 출구조사에 따르면 후지모리는 47~48%를, 최초의 토착민 대통령을 노리는 알레한드로 톨레도는 41~43%를 얻은 것으로 집계되고 있다.

그러나 어느 조사에서도 과반수를 확보한 후보가 없어 6월 2차투표가 불가피하게 됐다.

출구조사 결과 열세로 나타나자 톨레도는 투·개표에 강한 의문을 제기하며 9일 지지자들과 함께 대통령궁까지 대규모 가두행진을 벌였다.

톨레도의 지지자 3천여명은 흥분한 상태에서 "부정, 부정"을 외치며 속속 대통령궁 앞에 집결했고 톨레도는 "후지모리가 농간을 부렸다"고 주장했다. 경찰은 10일 새벽 시위군중이 계속 늘어나자 최루탄을 쏘며 해산을 시도했다.

미국 언론들도 선거기간 중 후지모리 대통령이 선거자금을 부정하게 사용했으며 언론을 통제하고 정적(政敵)들을 위협했다는 의혹이 많았다고 지적했다. 대표적인 부정선거 사례로는 정부의 식량배급에 의존하는 유권자들이 이미 '후지모리'로 기표된 투표용지를 받았으며, 1달러50센트 내지 3달러의 매표(賣票)행위가 있었다는 것.

페루 야권 인사들 역시 TV의 일방적인 집권당 지지 등 선거과정에서 각종 부정이 있었다면서 결선 투표를 실시할 경우 '철권 통치'를 해 온 후지모리가 3선을 위해 부정선거를 감행할지 모른다고 우려했다.

그러나 선거를 감시해 온 '미주기구'는 아직 어떠한 부정도 감지되지 않았다고 언급, 혼선을 빚고 있는 상황이다.

이처럼 부정시비로 페루정국이 혼란을 거듭하자 빌 클린턴 미 행정부의 재정지원을 받는 '트랜스패런시아'란 선거감시단체는 곧 자신들의 선거감시 결과를 발표키로 했다. 어쨌든 과반수 득표자가 나오지 않아 대권의 운명은 2차투표에서 결정나게 됐다.

영국 BBC 등 외신들은 1차투표 때 후지모리의 근소한 승리에도 불구하고 톨레도의 당선을 조심스럽게 전망하고 있다. 이는 후지모리와 톨레도를 제외한 군소 대통령 후보 7명 중 5명이 톨레도 지지를 선언했기 때문으로 풀이된다.

그러나 결선투표 때까지 아직 시간이 많이 남아 있고, 야권의 주장처럼 후지모리의 부정개입 여지가 많아 정확한 예측은 어려운 상태다. 또 대선과 함께 실시된 의회선거에서 후지모리의 '페루2000'당이 전체 1백20석 중 41석을, 톨레도의 '페루 가능성'당이 30석을 차지해 어느 정당도 과반수 확보에 실패함으로써 누가 당선되든 페루의 앞날은 험로 투성이다.

정선구 기자
<sungu@joongang.co.kr>

▲ 부정선거를 해서라도 3선에 성공하고자 했던 후지모리는 결국 해외순방 중 일본으로 정치적 도피를 해야 했고, 똘레도는 최초의 인디오 출신 대통령이 되었다. 『중앙일보』, 2000년 4월 11일.

정국을 '여대야소'로 바꿔놓았다. 그 과정에 수많은 의혹이 있었지만 정국은 서서히 안정되어갔다. 후지모리의 세번째 임기는 그렇게 '무난히' 출발했다. 그런데 갑자기 몰래카메라에 찍힌 비디오테이프가 공개되면서 정국이 급변했다.

페루의 2인자이자 대통령 고문인 몬떼시노스 정보부장이 코우리(Alberto Kouri) 야당 의원에게 달러 뭉치를 건네며 매수하는 장면이 2000년 9월 14일 저녁 TV에 적나라하게 공개된 것이다. 페루는 혼란에 빠졌다. 그리고 지각을 변동시키는 엄청난 정치 지진이 몰아닥쳤다.

〈도표5〉에서 볼 수 있듯이 2000년 4월 19일 총선시 '변화 90'에서 '페루 2000'으로 당명을 바꾼 집권여당은 52석을 획득했으나 과반수 의석에는 9석이나 부족했다. 그에 몬떼시노스 정보부장은 '여소야대' 의회를 '여대야소'로 만들기 위한 정치공작을 펼쳤는데, 몰래카메라에

<도표5> 페루 의회 선거(정당별 의석 수)

정 당	2000년 4월 9일	2001년 4월 8일
페루 가능성(peru posible)	29	41
미주인민혁명연합(apra)	6	29
국민연합(unidad nacional)		15
독립도덕전선(fim)	8	12
페루 연맹(union por el peru)	3	6
우리는 페루(somos peru)	9	4
변화 90-새로운 다수 (cambio90-nueva mayoria)	52 (페루 2000으 로 선거 참여)	4
인민행동(accion popular)	3	3
기타	10	6
합계	120	120

출처 : oficina nacional de proceso electorales

찍힌 코우리 의원은 당시 야당에서 여당으로 넘어간 17명의 의원 중 한 사람이었다. 더구나 이 비디오가 다른 사람도 아니고 몬떼시노스 부장 본인의 명령으로 찍힌 것이고, '블라디비디오(vladivideo)'라 불리는 정치인·언론인·사업가들의 약점을 잡은 협박용 비디오테이프가 2500 개나 더 있다는 사실에 페루 국민은 경악을 금치 못했다. 그동안 사람들이 짐작은 했지만 아무도 증거를 제시할 수는 없었던 모든 소문들이 사실로 드러난 것이다.

국내외 저항에 직면한 후지모리 대통령은 최후 수단으로 2000년 9월 16일 자신이 출마하지 않는 새로운 선거를 조속한 시일 내에 실시할 것을 발표했다. 그리고 해외순방 중 일본으로 정치적 도피를 한 것이다. 그후 빤이아구아 임시대통령의 과도정부가 구성되었고 새로운 선거가 치러졌다.

구두닦이 소년에서 대통령 된 똘레도

대통령 당선이 확정된 직후, 리마의 밤하늘이 축포의 불꽃으로 아름답게 수놓아지고 군중들이 잉카의 황제였던 '빠차꾸떽(Pachacutec)'을 연호하는 가운데 단상에 오른 똘레도 당선자는 "오늘 밤 우리는 공평하고 부정부패가 없는 페루, 정의와 평등을 느낄 수 있는 페루를 함께 꿈꾸고 있습니다… 오늘밤은 미래를 향한 시작입니다"라며 새로운 시대의 도래를 알렸다. 그리고 "운명이 나를 페루 민주주의와 자유를 회복하는 전장의 최선봉에 서게 했다"며 지난 10년간 후지모리 전 대통령에 의해 자행된 독재를 청산하고 민주주의 제도를 새롭게 할 것을 명확히 했다.

똘레도는 1946년 3월 28일 안데스 고원 빠야스까 지방의 안까쉬 군의 까바나에서 빈곤한 가정의 16형제 중 한 명으로 태어났다. 그의 형제 중 7명이 어릴 때 죽었다. 똘레도가 5살 때 그의 아버지는 안데스 산 속에서의 힘겨운 생활을 포기하고 보다 나은 삶을 찾아 당시 고기잡이가 활발했던 페루 북쪽지방의 한 어촌인 침보떼로 이사했다. 그러나 바다에서 고기잡이 잡일을 해 9명의 자식을 먹여살리는 일은 결코 쉬운 일이 아니었다. 그래서 똘레도는 8살 때부터 구두닦이를 하는 등 집안 살림을 도와야 했다. 또 교회에서 미사를 주관하는 신부를 보조하는 일도 했다. '자기 밥벌이'를 해야 했던 것이다.

다른 형제들과 비교해 어릴 때부터 공부를 무척이나 좋아했던 똘레도는 미네르바 초등학교를 마치고 산 뻬드로 고등학교를 다닐 때에는 콩쿠르에 입선하는 등의 문학적 재능을 보였다. 이로 인해 페루의 주요

일간지인 『라 쁘렌사(La Prensa)』지의 현지 특파원이 되었으며, 오드리아(Odria) 장군, 아야 데 라 또레(Haya de la Torre), 벨라운데(Belaunde) 대통령 등 당시 유명했던 정치인들과 인터뷰할 기회를 갖기도 했다.

그리고 고등학교를 졸업하기 직전 미국 캘리포니아의 샌프란시스코 대학으로부더 장학금을 받게 되었다. 이것은 똘레도의 운명이 결정적으로 바뀌게 되는 계기였다. 미국으로 유학 간 똘레도는 경제학을 공부했으며, 스탠포드 대학원에서 인간자원에 관한 논문으로 경제학 석사와 박사 학위를 취득했다.

학위를 취득한 후에는 유럽연합 본부, 세계은행, 경제협력개발기구, 세계노동기구(ILO), 미주개발은행 등에서 컨설턴트로 근무했다. 또 하버드 대학 교환교수(1991~94)로, 일본 와세다 대학 경제학부 방문교수(1994년 6개월간)로 재직하기도 했다. 또한 페루에서 가장 유명한 '행정 · 경영대학원(ESAN)'에서 재정경제학부 교수 겸 경제발전연구소 소장으로 근무했으며, 1998년부터는 국제관계학부 부장을 역임했다.

한마디로 똘레도는 '페루 가능성당'의 선거홍보 사이트 (www.peruposible.org.pe)에 소개된 대로 『페루의 도전 : 지속적 경제성장을 위한 구조조정(El Desafío del Perú : Tránsito del Ajuste al Crecimiento Económico Sostenido)』 등 여러 권의 저서를 낸 페루의 탁월한 경제학자 중 한 명이었다.

스페인어가 어눌한 똘레도

똘레도 대통령은 미국으로 유학을 떠난 뒤 20년 가까이 미국에서 지

272

낸 탓에 페루의 공용어인 스페인어에 서툴다. 게다가 수시로 영어를 섞어 써서 국민 대다수가 그의 말을 쉽게 이해하지 못한다. 이것은 1945년 광복 후 한국에 귀국한 이승만 초대 대통령이 우리말을 매우 이상하게 했던 것을 생각하면 될 것 같다. 일본인 2세인 후지모리 전 대통령의 스페인어도 어눌했는데, 다시 똘레도 대통령의 어설픈 스페인어에 페루인들은 적잖은 고통(?)을 겪고 있는 셈이다. 선거 기간 중 가르시아 후보는 똘레도 후보의 서툰 스페인어를 지적했다. 이에 대해 똘레도는 가르시아 후보의 재직 중 부정의혹을 겨냥해 "나는 말솜씨는 없지만 도둑질은 하지 않았다"고 반박했다. 사실 두 사람의 스페인어 실력은 비교가 안 된다. 가르시아 전 대통령은 페루 최고의 연설가라 할 수 있다.

스페인어가 서툰 똘레도 대통령은 잉카 언어인 께추아어도 거의 이해하지 못한다. 하긴 5살 때 산골 고향마을을 떠났으니 어쩌면 당연한 일이다. 인디오 출신이면서 인디오 언어를 모르는 똘레도는 인디오계 유권자들에게 연설해야 할 때면 께추아어에 능통한 부인 카프(Elian Karf)에게 도움을 요청했다.

자연히 카프 여사는 대선에서 똘레도만큼이나 사람들의 관심을 모았다. 카프 여사는 7개국 언어에 능통한 벨기에 출신 유태인이지만 중남미 원주민문화를 전공해 페루의 역사와 전통에 해박할 뿐 아니라, 고대 잉카 언어인 께추아어까지 능숙하게 구사할 줄 알았다. 그녀는 스탠포드 대학 재학 시절 똘레도와 만나 결혼했다.

선거 유세 동안 하얀 피부, 붉은 색깔의 머리에 자그마한 체구, 그리고 청바지 차림으로 청중을 향해 손을 흔드는 그녀의 모습은 각 언론사의 집중적인 스포트라이트를 받았다. 잉카 언어인 께추아어로 선거 지원유세를 하고, 전통춤인 후아이노를 멋들어지게 추는 그녀는 인디오들의 열렬한 지지를 이끌어냈다. 똘레도 후보에게 더할 수 없는 커다란 원군이었으며, 선거운동 기간 동안 똘레도의 부족한 부분을 메워 대선 승리에 결정적인 역할을 한 카프는 이 같은 활발한 활동으로 인해 '페루의 힐러리'로 불렸다.

21세기 첫 민주선거

후지모리 전 대통령의 도주와 블라디미르 몬떼시노스 전 정보부장에 대한 수사가 진행 중인 가운데 실시된 2001년 4월 8일 1차 선거 투표에는 페루 가능성당의 똘레도 후보를 포함해 모두 8명의 후보가 경합을 벌였다. 그러나 실제로는 똘레도 후보, 국민연합의 플로레스(Lourdes Flores) 후보, 그리고 미주인민혁명동맹의 가르시아 후보 간의 경쟁이었다.

똘레도 후보는 2001년 선거에서 가장 강력한 후보로 부상했다. 무엇보다 그는 1년 전 후지모리와의 결선 투표를 거부하고 후지모리 대통령의 퇴진을 주장하며 강력한 투쟁을 이끌어왔다. 그 과정에서 페루 야권의 대표로 또 민주주의의 메시아로 미국 대사관의 지지를 받았다. 또 신자유주의 경제학자로서 20여 년 동안 미국에서 생활하면서 국제기구에서 근무한 경험이 있는 똘레도 후보는 미국으로서는 가장 반대할 이유가 적은 후보였다. 게다가 최초의 인디오 출신 대통령 후보였다.

똘레도 후보는 자유시장경제와 가난한 자를 우대하는 정책을 혼합한 중도노선으로, '인간의 얼굴을 가진 자본주의'라는 슬로건을 내걸었다. 그리고 새로운 직업 창출, 권력의 분권화와 지방정부 활성화, 가난 극복, 교육 증대, 의료 확대, 여성권익 향상, 환경보호, 문화예술 장려, 농업 장려, 부패척결 등 10가지 선거공약을 발표했다. 또 표를 의식해 100만 개의 직업 창출, 세금 감면, 월급 인상 등 말 그대로 '공약(空約)' 이 될 수 있는 공약(公約)을 하기도 했다.

똘레도 후보가 인디오와 도시빈민, 농촌에 기반을 두고 있는 반면 최초의 여성 대통령 후보였던 우파의 플로레스 후보는 보수성향의 여성과 도시 중산층 유권자들의 지지를 받았다. 특히 보수적 가톨릭 운동인 '오푸스 데이(Opus Dei)' 의 지지를 받았는데, 플로레스 후보는 교육과 여성문제에 많은 관심을 보이며 "내가 대통령이 된다면 부패와 남성중심의 페루에서 심대한 문화적 변화가 일어나는 것을 의미한다"고 강조했다.

플로레스 후보는 2001년 1월까지만 해도 10퍼센트 남짓한 지지율을 기록했으나, 2월 17일 여론조사 전문기관인 '다뚬 인떼르나시오날 (Datum Internacional)' 이 발표한 조사에서 28퍼센트의 지지율로 30퍼센트를 얻은 똘레도와 근소한 차이를 보였다. 그리고 만일 4월 대선에서 어느 후보도 과반수 표를 얻지 못해 결선 투표가 실시될 경우에는 플로레스가 48퍼센트로 41퍼센트의 똘레도 후보를 제치고 당선될 것이라고 전망했다.

당연히 똘레도와 플로레스 후보 간에 치열한 경쟁이 벌어졌다. 대통령 후보 토론회에서 똘레도 후보는 플로레스 후보를 "부자들을 위한 후보이고 후지모리 독재의 계승자"라고 비난했다. 그리고 플로레스는 똘레도를 "변덕쟁이에 거짓말쟁이"라며 자격 미달이라고 공격했다. 반면 가르시아 후보는 똘레도 후보와 플로레스 후보 간의 설전에서 한 걸음 물러나 경제정책을 재검토해야 하며, 공공요금을 인하하고 농업은행을 신설할 것 등 구체적인 정책을 제시하면서 국정운영 경험이 있는 유일한 후보임을 강조했다.

플로레스 후보는 "마약을 복용한 사람은 정상적 판단이 어렵다. 만약 그런 사람이 대통령선거에 나선다면 우려할 일이다"라고 똘레도 후보를 겨냥해 비난했다. 이 같은 마약복용설에 대해 똘레도 후보는 "이것은 1998년에 일어난 일이고, 작년 대선 때 후지모리가 사용했던 정치공작이었다. 이번이 마지막이길 바란다"라고 답했다. 이때 마약복용설을 보도한 주간지 『까레따스』의 출판을 똘레도 선거사무실에서 중지시켰다는 불확실한 소문도 제기했다. 또 똘레도 후보와 관련된 부정선거자금, 혼외정사로 난 사생아 등 온갖 추문이 나돌았다. 인신공격이 난무한 선거였다. 정치평론가인 라우어(Mirko Lauer)는 리마의 주요 일간지인 『레뿌블리까(Republica)』지에 "페루를 위해 공정선거 그 자체가 대통령선거 결과보다 더 중요하다"고 지적했다. 미주기구 스테인 대표는

〈도표6〉 대통령 선거(1차 선거 투표와 결선 투표) 득표와 득표율

	1차(2001년 4월 8일)		결선(2001년 6월 7일)	
	득표수	%	득표수	%
알레한드로 똘레도	3,871,179	36.51	5,548,556	53.08
알란 가르시아	2,732,860	25.78	4,904,929	46.92
루르데스 플로레스	2,576,657	24.30		
페르난도 올리베라	1,044,211	9.85		
백지투표	1,260,193	10.28	333,546	2.75

출처 : oficina nacional de proceso electorales

"누가 당선이 되든 페루 국민들의 정치적 신뢰를 회복하기 위해서는 6 개월은 필요할 것"이라고 말했다.

1차 선거 투표 집계 결과 〈도표6〉에서 보듯이, 각종 여론조사에서 줄 곧 우위를 지킨 똘레도 후보와 플로레스 후보의 결선 진출을 예상한 전 망과는 달리 똘레도 후보 36.51퍼센트, 가르시아 후보 25.78퍼센트, 플 로레스 후보 24.3퍼센트의 득표율로 오히려 가르시아 전 대통령이 플로 레스 후보를 누르는 이변이 발생했다. 그리고 상위 득표자인 똘레도 후 보와 가르시아 후보가 결선에 나갔다.

알란 가르시아의 화려한 재기

결선 투표는 그 결과를 예측할 수 없을 정도로 치열한 접전이었다. 똘 레도 후보는 마약복용 전력과 사생아 시비 등 미확인 흑색선전과 리더 십에 대한 자질문제로 인해 지지도가 계속 하락하면서 알란 가르시아 후보와의 격차가 3퍼센트 내외로 좁혀지기도 했다. 더구나 가르시아 후 보가 1차 선거에서 모든 사람들의 예상을 깨고 결선에 진출했기 때문에 누구도 승리를 장담할 수 없는 상황이었다. 이에 따라 누가 대통령에 선출되든 페루의 정치가 불안할 것이라는 예측 속에서 증권시장과 외 환시장 등 금융시장이 불안한 양상을 보이기도 했다.

또 두 후보 간 격차가 좁혀지면서 이전투구가 심화됨에 따라 1차 선 거 때처럼 백지투표 운동이 전개되기도 했다. 그러나 결선 투표 결과 똘레도 후보가 유효표의 53.08퍼센트를 획득함으로써 46.92퍼센트를 얻은 가르시아 후보를 누르고 당선되었다. 이로써 1823년 독립 이래 최초의 인디오 출신 대통령이 탄생했다.

2001년 페루의 대통령선거는 페루 선거사상 가장 공정한 선거였다. 투표 마감 하루 만에 98퍼센트를 개표한 선관위의 신속하고 투명한 개표는 후지모리 정권 하에서 며칠씩 걸렸던 개표와 수많은 부정탈법 선기를 기억하고 있던 국민들은 놀라게 했다. 미주기구 선거감시위원장인 과테말라 에두아르도 스테인 대사는 페루 대통령선거가 "자유롭고 공정하고 투명한" 선거였다고 평가하고, "10점 만점에 11점을 주겠다"고 극찬했다. 특히 1차 선거에서 간발의 차이로 패배했지만 이를 흔쾌히 인정한 플로레스 후보와 결선 투표에서 똘레도 후보의 승리를 인정한 가르시아 후보의 정치적 성숙함에 경의를 표했다.

"우리 몫을 찾지 않겠다. 우리는 반대만 하는 당이 아니다. 필요하면 언제든지 협조와 조언을 할 것이다"라고 강조한 가르시아 후보는 개표가 완료되기도 전에 기자회견을 자청해 똘레도 후보의 승리를 인정하고 축하했으며 협조를 약속했다.

이번 대선에서 똘레도 후보가 대통령에 당선되었지만, 진정한 승자는 불사조처럼 다시 살아난 전 대통령 가르시아 후보였다. 뛰어난 화술과 카리스마적인 이미지로 1985년 36세의 나이로 남미 역사상 최연소 대통령이 되었던 가르시아는 '라틴아메리카의 케네디'로 불렸으나, 퇴임 후 부정축재와 사기 등의 혐의로 제소되자 1992년 비밀리 탈출해 프랑스에서 망명생활을 해왔다. 그러던 중 2001년 1월 미주 인권재판소의 권고에 따라 페루 대법원이 가르시아에 대한 공소를 기각해 전격 귀국 가까스로 대선에 후보 등록을 마치고 출마했던 것이다.

가르시아 후보는 선거 초반 지지율이 한 자리수에 머물러 크게 주목을 받지 못했다. 그러나 뛰어난 화술과 선동적인 연설로 약진을 계속해 결국 똘레도 후보와 결선 투표까지 치렀다. 대부분의 페루 사람들은 1985~90년 가르시아의 대통령 재임시절을 커다란 재앙으로 기억하고 있다. 그러나 이것이 그에게 투표하는 것을 막지는 못했다. 선거 6개월 전까지만 해도 그는 페루 역사에서 가장 부패한 대통령이었다. 재임 중 사회주의 경제정책을 실시하다 국가 재정을 바닥내고 연간 7000퍼센트에 달하는 초인플레이션을 유발하는 등 페루 경제를 파탄시켰다고 비난받았던 가르시아 후보의 급부상에 현지 언론매체들도 놀라움을 금치 못했다.

가르시아는 "나는 내가 잘못하지 않았다는 것이 아니다. 맞는 말이다. 나는 실수를 했다. 이제 그 실수를 고치려 한다"고 강조했다. 과거의 잘못을 깨끗하게 인정하고, 그 실책으로부터 아주 귀한 교훈을 얻었으니 다시 한 번 기회를 달라고 국민들에게 호소했던 것이다. 상호 비방과 악명 높은 '블라디비디오(vladivideos)'로 특징지워진 선거에서 가르시아의 선거 전략은 성공적이었다. 51살의 가르시아는 유권자의 눈에 새로운 '정치인'으로 변신해 다가온 것이다.

대통령 후보 토론회에서 가르시아는 똘레도 후보와 플로레스 후보 간 치열하게 주고받는 인신공격 등의 설전에서 한 걸음 물러나 경제정책을 재검토해야 하며, 공공요금을 인하하고 농업은행을 신설할 것 등 구체적인 정책을 제시하면서 국정운영 경험이 있는 유일한 후보임을 강조했다. 10년 전의 실수에서 잘못을 배운 성숙한 모습을 보여준 것이다. 그는 중앙통제 경제정책과 외채 재협상만이 페루를 살리는 길이라며, 뛰어난 화술과 선동적 연설로 지지율을 끌어올려 막판 대설전을 낳기도 했다. 그러나 결국 유권자들은 1980년 후반 사회주의 경제정책을 실시하며 7000퍼센트에 달하는 인플레이션을 유발했던 가르시아가 아닌 '인본적 자본주의'를 주창하는 똘레도를 선택했다.

미주기구 선거감시단을 이끈 슈타인 전 외무장관은 "두 후보 중 누구라도 근소한 표 차로 당선되었을 경우 결과에 승복하지 않을 것으로 보여, 페루가 다시 혼돈에 빠질 것"이라며 선거 후유증을 우려했다.

그러나 가르시아 후보는 전체 투표의 70퍼센트가 개표된 가운데 전국에 생중계된 연설에서 이번 선거를 통해 민주주의의 승리를 확인했다며 민주적인 선거에서 승자가 된 똘레도 후보에게 축하를 보낸다고 말했다. 그는 "중간개표 결과 똘레도 후보와의 격차가 3퍼센트 포인트밖에 안 되지만 이런 추세가 변화될 것으로는 보지 않는다"면서 깨끗하게 패배를 시인했다. 어쩌면 2006년 차기 대통령선거를 염두에 둔 행동일 수도 있다. 그러나 국가를 위하는 '큰 정치인'으로서의 이미지를 국민들에게 확실하게 심어준 것은 분명하다.

어쨌든 가르시아는 예선에서 모든 사람들의 예상을 깨고 결선 투표에 진출했으며, 결선 투표에서 똘레도와 박빙의 승부를 겨뤘다. 대통령선거에는 졌지만 결선 투표에서 48퍼센트를 얻은 가르시아 후보의 정치적 위상이 그만큼 중요해진 것은 분명하다. 그리고 동시에 치러진 총선에서는 '미주인민혁명연합'이 의회 제1야당으로서의 입지를 굳혔다.

반면 여당이 된 '페루 가능성' 당은 26.3퍼센트의 득표로 41석을 차지하는 데 그쳤다. 원내 과반수에 20석이나 모자란 여소야대 의회가 형성된 것이다. 따라서 새 정부는 원활한 국정운영을 위해 제1야당인 '미주인민혁명연합'의 협조, 혹은 적어도 소극적인 지지가 필요한 상황이다. 가르시아는 앞으로 5년 동안 제1야당의 당수로서, 그리고 차기 대통령 후보 선두주자로서의 입지를 확실하게 굳혔다. 다음 2006년 선거에 유리한 고지를 점령한 셈이다.

국민의 준엄한 심판

2001년 4월 8일 대통령선거와 함께 120명의 의원을 뽑는 총선거가 실시되었다. 페루는 전국을 24개 선거구로 나눠 정당과 개인에게 투표하는 1인 2표제를 채택하고 있는데, 먼저 정당을 선택하고 해당 정당의 후보들 중에서 1명에게 투표한다. 각 정당은 해당 선거구의 정원까지 후보를 내기 때문에, 결국 정당에서 선출한 여러 명의 후보 중에서 국민들이 선출을 하는 셈이다.

2001년 페루 총선의 가장 큰 특징은 지난 10년간 집권해왔던 여당이 몰락하고 '미주인민혁명연합'이 가르시아와 함께 되살아났다는 것이다. 〈도표5〉에서 볼 수 있듯이 선거의 가르시아 전 대통령의 실정과 함께 지난 10년간 페루 정치에서 쫓겨나다시피 했던 '미주인민혁명연합'이 1년 전 선거시 6석에서 2001년 선거시 29석으로 의석이 늘어나 원내 제1야당으로 탈바꿈한 것이다. 그리고 최대 패자는 두말할 필요 없이 지난 10년간 집권당이었던 '변화 90-새로운 다수(Cambio 90-Nueva Mayoría)' 였다. 1년 전 선거에서 원내 의석의 43.3퍼센트인 52석을 얻어 압도적인 제1당의 위치를 차지했었는데, 이제 4석의 '꼬마 정당'으로 몰락하고 만 것이다.

어느 정도 예상되었던 일이긴 했지만 국민들의 심판은 준엄했다. 한국인들은 선거철만 되면 과거의 잘못을 까맣게 잊어버리는 버릇이 있는데, 이에 비해 페루는 우리보다 낫다고 할 수 있다. IMF로 나라를 망친 정당이 다음 선거에서 제1당이 된 나라는 아마 지구상에 우리나라밖에 없을 것이다.

이런 것을 보면 별로 배울 것이 없다고 생각하는 중남미 국가인 페루보다 우리의 수준이 훨씬 떨어지는 게 아닌가 생각된다. 한 나라의 정치 수준은 그 나라의 국민 수준과 같다. 적어도 정치에 있어서는 우리가 그들보다 시시비비를 못 가리는 국민인 것이 틀림없다. 우리의 교육 수준은 페루와는 비교할 수도 없이 높다. 그러나 지식이 많은 것이 결코 지혜로운 것은 아니듯, 많이 안다고 정치를 잘하는 것은 아닌 모양이다. 국민의 앎과 삶이 별개의 것으로 존재하는 한 국민의 고통은 계속될 것이다.

21세기 잉카의 탄생

1492년 콜럼버스가 신대륙을 발견(?)하고 1532년 스페인의 피사로에 의해 잉카 제국이 멸망한 후 500년 만에 인디오 출신이 대통령이 되었다. 잉카 제국의 마지막 잉카인 아딸우알빠(Atalhualpa)가 피사로에 의해 죽임을 당한 후 처음이다. 잉카는 '왕'을 의미하므로, 어떤 의미에서는 잉카 왕국이 다시 탄생한 셈이다.

2001년 7월 28일 리마 국회의사당에서 공식으로 취임식을 가진 똘레도 대통령은 잉카 제국의 수도였던 꾸스꼬 남쪽의 안데스 산맥 속에 위치한 '잃어버린 도시' '구름 속 도시' 라는 별명의 마추피추에서 전통적인 방식으로 잉카 즉위식을 거행했다. 잉카의 선조에게 페루 최초의 인디오 출신 대통령의 탄생을 알리기 위해 전통의식으로 거행된 이날 행사는 과거 남미 북서부의 광대한 지역을 지배했던 잉카 제국의 영광과 권위를 되찾겠다는 의미가 담겨 있었다.

영부인이 된 카프가 께추아어로 잉카 즉위식을 시작했다. "이제 어려움은 마감하고 과거의 영광이 재현되소서"라고 잉카의 신께 감사했다. 그리고 똘레도 대통령은 가난한 사람들의 대통령이 될 것과 인디오의 명예를 더럽히지 않을 것을 약속했다.

똘레도 대통령은 악사들이 바다고동으로 만든 악기를 연주하는 가운데 인디오 사제들의 호위를 받으며 마추피추 정상에 올랐다. 3명의 사제가 대지의 여신 '파차마마'와 안데스 산의 신들인 '아푸스'에게 바치기 위해 코카잎과 옥수수, 각종 야생화를 엮어 만든 제물을 준비해둔 가운데 '차카나'로 불리는 잉카의 황금목걸이를 두른 똘레도 대통령이 등장하자 사제들은 옥수수로 빚은 술인 치차를 입에 넣어 하늘을 향해 뿜은 뒤 화환제물을 불태웠다. 그러면 잉카 제국 백성들의 염원이 담긴 연기가 신들에게 전해지는 것이다.

63살의 나사리오 뚜르뽀 사제는 "똘레도 대통령에게 잉카 황제의 권한과 메시지를 전달하고, 페루인의 염원을 그의 입 속에 넣어 잘 영도할 수 있도록 선조들이 보살펴달라"고 염원했다. 그리고 제사가 끝나자 500년 전에 그랬던 것처럼 잉카 황제의 권한을 상징하는 황금도끼 '꾼까꾸추나'를 똘레도 대통령에게 전달했다.

온갖 성향의 각료들

똘레도 정부는 국민들의 기대와 우려 속에서 출범했다. 한편으로는 엄청난 정치적 격변을 겪은 후에 출범하는 정부였고, 다른 한편으로는 '준비되어 있지 않은 정치 신인'이 대통령이 된 셈이었기 때문이다. 따라서 '인사는 만사'라는 말이 있듯 똘레도 대통령의 각료 임명은 주요 관심사일 수밖에 없었다. 이를 통해 향후 똘레도 대통령의 정책 구상과 새 정부의 색깔이 드러나기 때문이다. 똘레도 정부의 각료들을 보면 몇 가지 특징을 갖고 있다.

첫째, 지나치게 다양한 이데올로기를 가진 각료로 구성되었다. 이념적으로는 좌에서 우까지 혼합되어 있고, 전문관료·사업가 등 다양한 출신의 각양각색 사람들로 구성되어 국가정책에서 통일된 목소리를 내기가 쉽지 않을 것이 예상된다. 2001년 12월 리마 대학교에서 리마 시와 엘 깔야오 시 주민을 대상으로 조사한 한 여론조사에서는 응답자의 71.4퍼센트가 이데올로기적으로 지나치게 혼합적인 현 각료의 대폭적인 경질이 필요하다고 응답했다.

보수우파 성향의 각료로는 다니노 총리를 비롯 최근 몇 년간 미국 은행에서 재정전문가로 일했던 쿠친스키 경제장관, 대통령선거에 출마해 9.9퍼센트의 득표를 한 의회 제4당인 '독립 도덕 전선'의 올리베라 법무장관, 벨라운데 전 대통령의 조카인 인민행동당 소속의 간세꼬 공업·관광·무역장관과 1995년부터 똘레도 대통령과 정치 행보를 함께 한 극우 성향의 솔라리 보건장관을 들 수 있다.

좌파 성향의 각료로는 인권변호사인 가르시아 외무장관, 미겔 내무장관, 정치학 교수 출신인 린크 교육장관, 시민운동가인 빌랴란 노동장관, 농업문제 전문가인 알바로 끼한드리아 농업장관과 농업장관의 동생인 하이메 끼한드리아 자원·광업장관 등이다.

그리고 전문관료 출신으로 빠이아구아 대통령이 이끄는 과도정부에서 교통차관이었던 레이에스 교통장관과 어업장관을 역임했던 로셀로 어업장관이 있다.

두번째 특징은 페루 정치사상 처음으로 국방장관과 내무장관에 민간인이 임명되었다는 것이다. 이는 획기적인 일로 군에 대한 문민통제의 선례를 만든 셈이다. 전통적으로 국방장관은 군 장성 출신이, 그리고 내무장관은 경찰 총수가 역임해왔다. 아직도 제3세계의 많은 국가들에서는 국가 공권력을 직접적으로 행사하는 즉, 합법적으로 무력을 사용하는 부서의 최고 책임자인 국방장관이나 내무장관은 군 장성들이 역임하고 있다. 이는 군의 영향력이 그만큼 크기 때문이다. 서구 선진국에서는 문민통제의 원칙에 따라 국방장관이나 내무장관은 모두 민간인이 역임하고 있다.

제2부통령인 와이스만 국방장관은 후지모리 전 대통령과 몬떼시노스 전 정보부장의 무기밀매에 관한 의회 조사위원회 위원장을 겸하고 있다. 그리고 미겔 내무장관은 후지모리 정권에 가장 비판적이었던 언론인이다.

후지모리 정권의 잔재를 청산하는 작업의 지휘봉을 그동안 후지모리 정권 유지의 한 축이었던 군부에 맡길 수 없는 일이다. 어떤 의미에서 이는 똘레도 대통령이 군부를 효과적으로 통제하고 있다는 반증이기도 하다. 후지모리 정권의 붕괴에 따라 현재 47명의 군 장성이 체포 구속되어 있다. 세계에서 가장 많은 '별'들이 감옥에 있는 셈이다. 우리나라에서도 4성 장군 출신인 전두환·노태우 전 대통령을 포함해 많은 장성들이 부정 수뢰죄로 감옥에 갇힌 적이 있었는데, 그래도 47명의 장성과는 비교가 안 된다.

세번째, 새 정부의 경제팀은 친미 성향의 신자유주의자들이 이끌고 있다. 과거 벨라운데 정부(1980~85)에서 일했었던 다니노 총리는 12년간 미국 워싱턴에서 변호사(Wilmer, Cutler y Pickering 합동 변호사 소속)로 활동했던 사람이다. 특히 안데스 지역 투자와 관련해 많은 활동을 했으며, 미주개발은행(IADB) 소속 '미주투자회사'의 공동 창설자이기도 하다. 또 쿠진스키 재무경제장관은 몇 년간 미국 은행의 재정전문가로 일한 사람으로, 페루에 해외자본 유치를 원활히 하고 외국 자본가들의 신뢰 구축에 중대한 역할을 하고 있다. 깐세꼬제 1부통령 겸 공업·관광·무역장관은 신자유주의자로 페루에 피자헛과 KFC를 처음 들여온 사업가이기도 하다.

똘레도 정부의 얼굴이라 할 수 있는 총리와 재무·경제장관, 그리고 웹 중앙은행장은 미국 '월가의 사람들'이라고 할 정도로 친미적인 인물들이다. 똘레도 대통령을 포함해 이들은 미국에서 교육받고 훈련받은 경제학자들로 세계은행 등 국제기구에서 근무한 경험들을 가지고 있다. 이런 사실들은 두말할 필요 없이 미국 투자가들을 안심시켰다.

넷째, 자신을 '새로운 잉카'라고 생각하는 똘레도 대통령이 자신의 정부 각료에 한 명의 인디오도 포함시키지 않았다는 점이다. 똘레도 대통령은 선거 기간 동안 '가난한 자의 정부'가 될 것을 강조했으나, 정부 각료 중 페루 인구의 대부분을 차지하는 가난한 인디오와 촐로를 대변

할 인디오 출신 각료는 한 명도 없다.

군 개혁과 반부패법

"나는 정치조작에 의해 가난한 자들의 자존심이 도둑맞는 것을 결코 용납하지 않을 것입니다"라고 말하고, 자신의 정부가 "가난한 자들에 뿌리를 두고 있으며, 가난한 자들을 위한 정부가 될 것"임을 강조했던 똘레도 정부는 후지모리 전 대통령에 의해 과격하게 추진된 신자유주의 경제정책이 아니라 '인간의 얼굴을 한 자본주의'를 강조하고 있다. 그래서 과감한 구조조정으로 직장에서 해직된 수많은 사람들, 완전 시장개방에 따른 경쟁에서 도산한 중소기업 등 시장경제정책으로 인해 유발된 사회적 긴장을 해소하기 위해 후지모리 정부가 추진했던 식량지원 프로그램 대신 새로운 직장 창출을 강조하고 있다.

똘레도 대통령은 취임 후 첫 기자회견에서 "대선 공약을 충실히 이행하되 급격한 정책 변화는 없을 것"이라고 말했다. "외채와 고실업률, 전 정권 부패척결 등 몇몇 현안들은 시한폭탄과 같은 역할을 하고 있다"고 지적하고, "그러나 정부의 재정적자가 국내총생산의 1.3퍼센트로 통제 가능한 수준이기 때문에 급격한 정책 변화는 없을 것"이라고 밝혔다. 또한 '법의 지배'를 강조하고 사법부의 판결에 간섭하지 않을 것을 약속했다.

반면 똘레도 정부는 후지모리 전 대통령과 몬떼시노스 전 정보부장의 부정부패와 인권유린에 대한 수사를 계속할 것도 명확히 했다. 취임 이틀 후, 똘레도 대통령은 대통령궁에서 군과 경찰 수뇌부와 오찬을 하면서, "후지모리 독재정권의 하수인이라는 비난을 받아온 군과 경찰은 새로운 민주주의 시대에 걸맞게 환골탈태해야 한다"고 강조했다. 또 "과거 국경분쟁을 치렀던 칠레와 국방예산을 줄이기로 합의했다"고 밝히고, "군과 경찰이 권위와 자존심을 되찾고 페루가 당면한 빈곤문제 해결에 앞상서줄 것"을 당부했다.

거기에 국방 및 내무장관에 민간인을 임명해 군에 대한 문민 우위의 새로운 전통을 확립하고, 무기구매 동결 등을 통해 국방예산을 15퍼센트 삭감했다. 또한 베르무데스(Francisco Morales Bermudez) 전 대통령을 2001년 10월 '군 재조직 위원회' 위원장으로 임명해 군 개혁을 강력히 추진하고 있다.

후지모리 정권의 부패 척결에 대해서는 "일본 정부와 협상 및 국제사회의 여론을 통해 후지모리의 신병이 페루 사법당국에 인도될 수 있도록 하고 투명행정을 펼쳐 권력형 비리가 재발하는 일이 없도록 하겠다"고 강조했다. 또 1991년 후지모리 정부의 지원을 받은 암살단에 의해 피살된 15명의 유족과 피해자 4명에게 총 330만 달러의 배상금을 지급했다.

몬떼시노스 전 국가정보부장이 운영했던 '라꼴리나' 란 이름의 암살단은 1991년 리마 외곽의 빈민촌인 바리오 알또스에서 열린 한 행사장에서 15명의 민간인을 암살했다. 똘레도 정부는 생존자와 유족에게 1인당 2000달러 상당의 수표를 먼저 지급하고, 나머지 17만5000달러씩은 다음해까지 지급할 것을 약속했다.

똘레도 대통령은 "정부는 과거 20년간 자행된 이런 일이 다시는 일어나지 않도록 모든 권한을 행사할 것"이라며 과거청산 의지를 명백히 했다. 그리고 대통령은 자신의 집권 기간 동안 공직자들이 부정부패에 연루된 사실이 드러날 경우 현행 법정형량보다 두 배에 가까운 가중처벌을 하겠다고 밝혔다. 전국 지방자치단체장 회의에서 "가중처벌을 주요 내용으로 한 반부패법을 제정할 예정"이라고 밝히고, "반부패 십자군 전쟁의 막은 이미 올랐다"라고 강조했다. 또 "이제 국민에게 신뢰를 돌려주어야 할 때"라고 지적하고 "부패와의 전쟁은 결코 양보가 있을 수 없다"고 덧붙였다.

공직자들이 부정부패에 연루되었을 때 법정형량보다 두 배의 가중처벌을 받는 것이 어떤 의미에서는 법의 형평성에 어긋나는 것이긴 하지만, 그렇게 해서 부정부패가 뿌리 뽑힐 수 있다면 우리도 똘레도 대통령이 주도한 '반부패법'을 도입해볼 만하겠다. 그러나 그게 쉬운 일은 아닐 것이다. 그동안 제도가 미비하거나 형량이 적어 부정부패가 일어난 것은 아니기 때문이다. 어쨌든 새롭게 출발하는 새 정부는 그 같은 각오로 일을 하겠다는 것을 말한 것이겠다.

개혁의 어려움

보통 정권을 교체해 새로운 정부가 들어서면 대략 6개월 정도는 '밀월 기간'이라는 이름으로 야당은 여당에 별 문제제기를 하지 않는 것이 일반적인 관례다. 다시 말해, 새 정부가 계획했던 정책들을 일정 기간 동안 손쉽게 추진할 수 있도록 도와주는 것이다. 똘레도 대통령의 과제는 정치적으로는 민주주의 체제를 공고히 하고 경제적으로는 만연된 빈곤을 효과적으로 몰아내는 것이다. 그런데 이러한 일들은 단기간에 이룰 수 있는 것이 아니다. 그리고 이미 빠이아구아 임시정부가 1년간 후지모리 정권에 대한 부정부패 조사를 지속적으로 해온 상태였다. 똘레도 정부의 '밀월 기간'을 다 써버린 셈이다.

2001년 12월 리마 대학교에서 리마 시와 엘 깔야오 시 주민을 대상으로 실시한 여론조사 결과 똘레도 대통령에 대한 지지가 31.3퍼센트, 반대가 57.3퍼센트로 반대가 2배 가량 많았다. 또 전문 여론조사기관인 아뽀요에 따르면 취임한 지 3개월 만에 똘레도 대통령의 지지도가 60퍼센트에서 32퍼센트로 급격히 떨어졌다. 특히 리마 시 빈민들의 불만이 높았다.

이같이 똘레도 정부에 대한 지지도가 급락하는 이유는 똘레도 정부 자체의 문제점, 후지모리 지지 세력의 의도적 제동, 과거 청산에 따른 비용, 포퓰리스트적인 선거공약 이행의 어려움 등을 들 수 있다.

첫째, 민주개혁과 부정부패 척결을 공약했던 똘레도 대통령이 호화 비품 구입 문제로 취임 2개월 만에 첫 시련을 겪었다. 페루 의회 재정위원회는 정부가 2개월 동안 300만 달러의 예산을 불법 전용한 혐의로 전면조사를 착수했다. 대통령 비서실에 배정된 예산 중 300만 달러를 불법전용, 자신의 집무실 및 부인 카프 여사의 사무실을 고치고 호화 사치 비품을 비치하도록 지시했다는 것이다. '똘레도 대통령이 이런 지시를 내렸다'고 선언한 직후 해임된 이가오나 감사원장은 '예산 불법 전용에 대한 의회의 조사를 방해할 목적으로 나를 일방적으로 해임했다'고 폭로했다. 또 대통령 월급을 1만8000달러(약 2400만 원)로 인상하고, 대통령 고문에 조카인 25살의 컴퓨터 전문가인 호르헤 똘레도를 임명했다. 후지모리 정부의 부패척결을 최대 과제로 내건 똘레도 대통령이 자신의 친인척을 정부 요직에 앉히고 대통령 월급을 인상한 것이다. 이는 당연히 똘레도의 이미지를 악화시켰다. 비판을 의식해 똘레도 대통령은 바로 월급을 1만2000달러(1600만 원)로 하향 조정했지만 이미 엎질러진 물이었다.

그리고 아시아·태평양 경제협력체 회의에 참석한 똘레도 대통령의 해외여행에 대해 한 언론은 "대통령 해외순방 수행자 명단에 포함되어서는 안 될 인물이 들어가 국가예산을 낭비했다"며 이에 대한 조사를 촉구했으며, 이에 대해 감사원은 수행자 명단에 비자격자가 포함되었는지 여부와 순방예산이 공정하게 집행되었는지 여부를 가린 뒤 위법 사항이 있으면 사법당국에 고발할 것이라고 밝혔다. 마투테 감사관은 언론이 지적한 대로 수행자 명단에 대통령의 조카와 친구 2명, 외무장관의 정부, 대통령 부인의 여자친구 등이 포함되었는지 관련 자료를 내무장관에게 요청했다. 물론 이런 일은 과거 후지모리 시절에는 엄두도 못 낼 일이었다.

둘째, 후지모리 전 대통령과 몬떼시노스 전 정보부장은 사라졌지만 그들을 받쳐주던 기득권 조직은 여전히 그 자리에 있다. 이들은 여론 조작 등을 통해 지속적으로 똘레도 정부의 개혁을 방해하고 있다. 대통령 취임식이 진행되는 동안 후지모리 전 대통령을 지지하는 일부 의원들이 '정치박해 반대' '우리는 침묵하지 않을 것' 등의 구호가 담긴 플래카드 등을 내걸어 개혁추진 과정에 있을 진통을 예고하기도 했다. 리마 대학교 여론조사팀의 2001년 12월 조사에 따르면 1993년 헌법에서 후지모리 전 대통령의 서명을 삭제할 것을 의결한 의회에 대해 국민의 50.3퍼센트가 지지하고 34.9퍼센트가 반대했다. 아직도 후지모리 지지

세력이 만만치 않게 있다는 것이다.

다니노 총리는 에너지 소비와 시멘트 판매 증가의 예를 들어 경제가 회복하고 있다고 지적했다. 또 가난한 국민들에게 즉각적인 변화를 보여주지 못한 실책도 인정하지만, 처음 몇 달은 후지모리 전 대통령에 대한 언론들의 '충성적 지지'와 몬떼시노스 전 부장이 구축해놓은 조직의 반발 때문에 어려움을 겪었다고 토로했다. 그러면서 국민의 54퍼센트 지지로 당선된 똘레도 대통령의 지지도가 6개월 만에 왜 30퍼센트로 급락했는지를 설명했다.

셋째, 과거 청산에 따른 비용이다. 똘레도는 후지모리 정부의 뿌리 깊은 부정부패를 척결하겠다고 공약했다. 그러나 지속적인 부정부패 수사와 일본으로부터 후지모리를 송환해오기 위한 외교적 노력은 결코 쉬운 일이 아니었다. 일본 정부는 똘레도의 당선을 환영하는 메시지를 보냄과 동시에 후지모리 전 대통령을 페루로 송환하라는 "페루 정부의 압력에는 결코 굴복하지 않을 것"임을 명백히 했다. 똘레도 대통령의 맥브라이드 정무고문은 "후지모리 사건이 점차 정부의 수많은 시간과 정력을 빨아들이고 다른 업무를 하지 못하게 하고 있다"고 지적했다. 똘레도 정부는 후지모리 정권의 과거 청산에 수많은 시간과 정열을 쏟아야 할 것이고, 결국 이는 새로운 직장 창출, 교육환경 개선, 농촌 개발 등 다른 시급한 일 처리를 지연시키고 있다. 이 같은 상황을 다니노 총리는 "백미러만 보면서 차를 운전할 수는 없다. 앞을 주시해야 한다. 부정부패는 뿌리 뽑아야 한다. 그러나 이것이 다른 국가 업무를 압도해서는 안 된다"고 말했다.

넷째, 선거 기간 동안 똘레도 후보는 많은 공약을 남발했다. 한 예로 집권하면 2년 안에 가난을 종식시키고 100만 개의 일자리를 창출하겠다고 공약했지만, 그것을 어떻게 구체적으로 실천할 것인지에 대해서는 아무런 설명이 없었다. 또 관광산업을 육성해 현재 연 60만 명의 관광객을 자신의 임기가 끝나는 5년 후에는 300만 명으로 늘릴 것이라고 공약했지만, 이 역시 어떻게 할 것인지에 대해서는 구체적인 언급이 없었다. 또한 국가예산의 14퍼센트를 차지하는 교육비를 30퍼센트로 올릴 것이라고 했지만, 어떻게 돈을 충당할 것인지 상세히 밝히지는 않았다.

리마 시 외곽 빈민가에서 아내와 세 자녀들과 살며 택시 세차를 해 하루 4000원을 버는 가스따네다 씨는 지난 선거에서 똘레도 후보를 지지했다. 그러나 그는 지금 "변한 것이 하나도 없다. 후지모리나 똘레도나 마찬가지다. 이곳 생활은 예나 지금이나 마찬가지다. 이제 말은 그만하고 뭔가 바뀌는 것을 보여주어야 한다"라고 말했다.

'성공한 촐로' 똘레도의 한계

콜럼버스가 신대륙을 발견하기 이전까지 이 지역 최고의 문명을 자랑하며 광대한 제국을 형성했던 잉카 제국의 중심지인 페루는 1533년 잉카 제국 멸망 이후 스페인인들의 '욕망'에 수탈당하며 수백 년을 살아왔다. 그리고 1823년 스페인으로부터 독립한 이후 180여 년 동안 '끄리올요'라 불리는 아메리카 태생 백인들의 '뜻'에 따라 살아왔다. 스페인 왕이 임명하는 부왕은 없어졌지만 대통령이라는 이름으로 백인들의 지배는 계속되었다. 1990년 이전까지 대통령과 주요 정치가는 예외 없이 모두 백인이었다. 단 한 명의 인디오도 대통령의 권좌에 가까이 가본 적이 없었다. 그것이 최근 500년에 걸친 페루의 역사였다.

10퍼센트가 조금 넘는 백인들이 1823년 독립 이후 지금까지 권력과 부를 독차지해왔으며, 인구의 반이 넘는 인디오들은 사회로부터 소외되어 왔다. 그리고 스페인어를 말할 줄 아는 40퍼센트의 촐로(메스티소)들은 백인 사회의 변두리에서 2등 시민으로 백인들의 뒤치다꺼리를 하며 살아왔다. 그동안 민주주의라는 이름으로 치러진 수많은 선거가 있었지만, 이들 인디오들은 문맹이라는 이유로 정치참여를 제한받다 1980년에 와서야 비로소 투표권을 가질 수 있었다.

그처럼 지난 수백 년간 페루 사회에서 소외되고 변두리에 머물러 있던 인디오들이 움직이기 시작했다. 1990년 바르가스 요사가 대통령선거에 출마했을 때, 지난 100여 년 동안 그래왔던 것처럼 당선은 기정사실이었다. 그런데 전혀 알려지지 않았던 일본인 2세인 후지모리에게 패했다. 정치 과정에서 철저히 배제되었던 인디오들이 지금까지 자신들을 지배해왔던 백인이 아니라, 자신들과 얼굴 모습이 비슷한 후지모리에게 지지를 보낸 것이다. 페루 역사에서 처음으로 인디오들이 자신들의 정치적 의사를 적극적으로 표현한 것이라 할 수 있다. 그렇게 후지모리 대통령은 페루 정치사의 이변을 일으키며 당선되었다. 그리고 이 같은 인디오들의 정치 참여는 10년 후인 2000년 대통령선거에 다시 나타났다. 이번에는 비슷한 얼굴이 아니라 자신들과 같은 인디오 출신인 똘레도 후보에게 성원을 보냈다. 이는 페루 정치에서 '단역'에 불과했던 똘레도를 순식간에 '주인공'으로 바꿔놓았다.

그러나 똘레도는 겉은 인디오지만 그 속(정신)은 그 어느 백인 못지않게 '문명화' 되어 있는 사람이다. 세계 자본주의의 종주국인 미국에서 대학을 다니고 20여 년을 그곳에서 살았으니, 그것은 어쩌면 당연한 일이다. 인디오 언어인 께추아어보다 스페인어를, 그리고 스페인어보다 영어를 잘하는 인디오 출신 대통령. 무언가 어색하다. 하지만 후지모리에서 똘레도로 이어졌듯 이것은 어쩌면 커다란 변화의 시작인지도 모른다.

모든 페루인들이 이야기하듯 '성공한 촐로' 똘레도 대통령은 후지모리 정권 하에서 지난 10여 년 동안 저질러진 부정과 부패를 일소하고 민주주의를 정착시켜나가는 과업을 맡았다. 그리고 거기에 더해 지난 수백 년간 페루 사회에서 소외되었던 인디오들을 21세기 페루 건설 과정에 동참시켜야 할 막중한 임무를 갖다고 할 수 있다. 전체 인구의 85퍼센트를 차지하고 있는 인디오와 촐로들이 페루 사회의 주역으로 등장할 21세기는 분명 지난 500년과는 확연히 다를 것이다.

칠레공화국(Republica de Chile)

년 적 : 75만6626㎢(남극령 포함 200만6626㎢)

인 구 : 1500만 명(2002년)

수 도 : 산띠아고(인구 600만 명)

주요도시 : 비냐 델 말, 발파라이소

인 종 : 메스티소(68%), 백인계(30%), 원주민(2%)

언 어 : 스페인어

종 교 : 카톨릭(77%), 신교(12%) 등

기 후 : 위도에 따라 다르며, 안데스 산맥과 훔볼트 한류의 영향을 받음.
　　　　　 북부-사막지대, 아열대성 기후
　　　　　 중부-온대, 기후 온화, 여름 건기, 겨울 우기
　　　　　 남부-한랭 기후, 강우량 풍부

정부형태 : 대통령 중심제

국가원수 : 라고스 대통령, 2000년 3월 11일 취임

의 회 : 양원제

독 립 일 : 1810년 9월 18일

군 사 력 : 11만1000명

국내총생산 : US $ 652억(2002년)

1인당 국민소득 : US $ 4300(2002년)

대외교역(2002년)

수 출 : US $ 183억

수 입 : US $ 158억

화폐단위 : 페소(Peso)

US $ 1 = 약 690페소(2003년 7월)

21세기 칠레의 조타수, 라고스 대통령

반복되는 역사와 역사의 심판

칠레 역사상 처음으로 치러진 2000년 1월 16일의 대통령 결선 투표에서 라고스(Ricardo Lagos) 후보가 51.32퍼센트를 얻어 48.68퍼센트를 얻은 라빈(Joaquín Lavín)을 어렵게 제치고 21세기 칠레를 이끌어갈 새로운 대통령에 당선되었다.

1999년 12월 12일 시행된 대통령선거에서는 많은 사람들의 예상을 깨고 사회당(UP)의 라고스 후보와 피노체트를 지지하는 보수우익연합의 라빈 후보가 우열을 가릴 수 없는 백중세를 보였다. 물론 라고스 후보가 47.96퍼센트를 얻어 47.52퍼센트를 얻은 라빈 후보를 0.4퍼센트 차로 앞섰지만, 과반을 넘지 못한 것이다. 따라서 2000년이 시작되자마자 결선 투표를 치르게 되었다. 이 같은 결과는 라고스 후보가 5퍼센트 이상의 차이로 쉽게 승리할 것이라는 여론조사를 무색하게 만들었다.

선거 승리를 축하하는 '소란'이 칠레 전역에서 밤새 계속되었다. 사람들이 거리로 쏟아져나오고 거리를 꽉 메운 자동차는 경적을 울리며 라고스의 당선을 환호했다. 대통령궁 앞의 광장은 인산인해를 이루었다. 그리고 공동 집권여당인 기독민주당(PDC) 당사 앞에는 신나는 라틴 음악이 연수되고 수천 명의 사람들이 춤을 추며 승리를 만끽했다. 이 같은 집단적 환희의 광경은 12년 전인 1988년 10월 피노체트의 영구집권을 위한 국민투표가 부결되었을 때 이후 처음이었다.

이로써 아옌데 대통령 이후 27년 만에 또 다른 사회주의자인 라고스가 대통령 관저인 모네다궁을 차지하게 되었다. 2000년 3월 11일, 역사적인 정권교체가 이루어졌다. 30년 전 기독민주당의 프레이 대통령(Eduardo Frei Montalva)이 사회당의 아옌데(Salvador Allende)에게 정권을 넘겨주었던 것처럼, 기독민주당의 프레이(Eduardo Frei Ruiz-Tagle) 대통령이 사회당의 라고스에게 정권을 넘겨주었다. 그리고 아옌데 정부를 유혈 쿠데타로 무너뜨린 '인간 도살자' 피노체트가 이제 30년의 시간이 흘러 아옌데의 후계자인 라고스에 의해 단죄를 받게 되었다.

그러나 라고스의 승리는 사회당의 '단순한' 승리가 아니라, 지난 10년 동안 서서히 진행된 민주화의 결과이기도 했다. 다시 말해, 1989년 민주화 이후 지속되고 있는 좌파와 중도파 정당의 연합인 '민주연합(Concertación)'*의 승리인 것이다. 그리고 이번 선거는 민주화 이후 치러진 세번째 대통령선거이지만, 피노체트가 없는 상황에서 치러진 첫

---

* 원래 이름은 '민주주의를 위한 정당 연합(Concertación de Partidos por la Democracia)'으로 1989년 대통령선거에서 승리하기 위해 재야의 17개 중도파와 좌파의 정당연합으로 기독민주당이 주도하고 있다.

'사회주의 칠레' 큰 변화 없을듯

▮라고스 대통령당선 의미

아옌데시절은 과거일뿐"

기존틀유지 경제회복 역점

피노체트 처리 첫 관심사

칠레 대선 결선투표에서 리카르도 라고스(62) 후보가 승리함으로써 73년 살바도르 아옌데 정권이 군사쿠데타로 무너진 이후 27년 만에 민선 사회주의 정권이 탄생하게 됐다. 특히 그의 당선은 쿠데타의 주모자인 아우구스트 피노체트가 인권유린 혐의자로 법정에 서야 할지 모르는 시점과 맞물려 있어 '역사의 순환'이란 말을 떠올리게 한다.

당장 이번주 영국에서 송환될 것으로 예상되는 피노체트의 처리문제는 라고스가 풀어야 할 첫 과제로 다가왔다. 피노체트 시절 반정부 활동으로 투옥되기도 했던 라고스는 당선 후 연설에서 "과거의 고통을 풀겠다"고 천명하면서도 "과거를 잊은 적이 없지만 나의 눈은 미래를 향해 열려 있다"고 말해 피노체트 치하에서 저질러진 죄과에 대해 단죄 일변도로 나가지 않을 것임을 시사했다. 그는 선거기간중 피노체트의 송환을 촉구하는 칠레 정부의 입장을 지지해 그의 전통적 지지기반인 좌파들을 서운하게 하기도 했다.

그러나 그는 영국이 피노체트 송환 결정을 내린 뒤 '법관이 누군가를 재판하려 할 경우 이를 제대로 수행할 수 있도록 보장해 주는 것이 대통령의 임무'라고 말해 그를 국내에서 재판에 회부할 것임을 분명히했다. 칠레 국민의 정서 역시 피노체트에 대해서는 '사법처리' 쪽의 강경론이 서서히 높아지고 있는 분위기다.

이처럼 아옌데와는 이미지가 어렴풋이 중첩되는 라고스의 당선은 최근 중남미의 좌파 바람과 맥을 같이하는 것이다. 빈부격차와 부정부패, 경제위기가 심화되며 미국이 강요하는 신자유주의 경제정책의 실상을 본 중남미 유권자들은 베네수엘라의 우고 차베스 대통령('98년 12월), 아르헨티나의 페르난도 데 라루아 대통령('99년 10월) 등 좌파 정권을 잇달아 탄생시켰다.

하지만 라고스가 경제정책이나 이념적인 면에서는 중도사회주의자를 자처하는 데서 알 수 있듯이, 그는 상당히 부드러운 노선을 택할 것으로 예상된다. 그는 한때 쿠바 공산혁명을 지지하는 좌파였지만 지속적으로 이념을 순화시켜 왔으며, 특히 선거기간에는 좀더 오른쪽으로 옮겨왔다. 이는 아옌데 전 정권의 국유화 정책과 노동자·농민 위주의 급격한 변화이 피노체트의 쿠데타를 불렀다는 인식이 사회저변에 만연치 않은데다, 사회주의자 대통령에 대한 기득권층의 두려움과 거부감이 크기 때문이다.

그는 선거일 당시 기회 있을 때마다 "아옌데 시절의 일은 과거지사일 뿐"이라며 "세계화 시대를 맞아 이념적으로 긴장이 계속되는 사회는 더 이상 국제경쟁력을 갖기 어렵다"고 역설했다. 따라서 '균형 속의 성장'이란 그의 구호가 상징하듯 급격한 변화를 꿀고을 충격적인 정책보다는 현재 경제정책의 틀을 유지하는 가운데 실업문제를 해결하는 등 사회갈등을 해소하고 경제를 회복시키는 방향으로 갈 것으로 보인다.

이봉현 기자 bhlee64@hani.co.kr

칠레의 새 대통령에 당선된 리카르도 라고스가 16일 아우구스토 피노체트의 쿠데타로 피살된 살바도르 아옌데 전 대통령의 부인 오르뗀시아·부시로부터 축하의 포옹을 받고 있다. 산티아고/AP 연합

▲ 재야 세력을 합쳐 '민주연합'을 이루내는 데 주된 역할을 했던 라고스는 결국 아옌데 대통령 이후 두번째로 사회당 후보로서 대통령에 당선되었다. 『한겨레』, 2000년 1월 18일.

번째 선거이기도 했다. 어쨌든 이로써 칠레 정치는 민주화를 위한 커다란 걸음을 한 발 더 내디뎠다.

당선이 확정된 직후 라고스의 첫번째 성명은 "오늘밤 이 자리에 함께 있어줘 고맙습니다. '칠레 자존심의 대표' 이신 오르뗀시아 부시 여사(아옌데 전 대통령 미망인), 이 자리에 함께 해주서서 고맙습니다. 우리는 승리했습니다"로 시작되었다. 이후 그의 연설은 "피노체트에게 심판을!"이라고 외치는 군중의 함성으로 수차례 중단되었다.

'팔방미인' 라고스

라고스는 1938년 3월 2일 산티아고 시 중산계층 집안의 외아들로 태어났다. 어머니가 42살에 어렵게 얻은 아이였으니 무척 귀한 자식이었을 것임에 틀림없다. 그래서인지 지금도 라고스에게는 외아들이 가지는 '교만함'이 몸에 배어 있다. 고등학교 시절 라고스의 별명은 '홀쭉이'였다. 몹시 마른 학생이었나본데, 45년이 지난 지금도 마른 모습이긴 마찬가지다. 라고스는 웅변을 잘하고 영리하며, 성적도 뛰어난 '팔방미인'이었다.

1955년 칠레 대학교 법대에 입학한 라고스는 학생운동을 열정적으로 하지는 않았지만 법대 학생회장이었고, 정치에도 관심을 가지고 있었다. 학교를 졸업하고 22살에 우익 사업가의 딸인 베버와 결혼했다. 그리고 장학금을 받아 미국 듀크 대학으로 유학하여 경제학 박사학위를 취득하고 귀국했다. 베버와의 사이에 두 아이를 두었지만, 결혼생활은 순탄치 못해 미국에서 귀국한 후 바로 헤어지고 말았다. 결혼 6년 만의 일이었다. 그리고 라고스의 생애에서 가장 어려운 시절이 이어졌고, 그때 현 부인인 루이사를 만나게 되었다. 둘은 서로를 잘 이해했고 자연스럽게 결합했다.

그는 칠레 대학 경제학과에서 강의를 했으며, 대학 부설연구소인 정치·행정·경제 연구소 소장으로 활동했다. 사람들에 대해 신랄한 비판으로 유명한 평론가인 모레이라조차도 라고스를 "영리하고 민첩한, 그리고 능력 있는" 사람이라고 평가할 만큼 그는 사회에서 인정받았다.

세계 최초로 선거를 통해 집권한 사회당 정권인 아옌데 정부 하에서

라고스는 '중남미 사회과학대학'* 사무총장으로, 또 '중남미 사회과학 위원회' 국장으로 일하고 있었다. 그리고 1973년 아옌데 대통령에 의해 소련 대사로 지명되었으나, 의회의 동의를 기다리는 동안 피노체트에 의해 쿠데타가 발생해 임지로 떠나기는커녕 의회의 동의도 받지 못하고 말았다.

라고스는 1974년 국제기구 직원 자격으로 피노체트의 마수를 피해 칠레를 빠져나갈 수 있었다. 아르헨티나를 거쳐 미국으로 망명해 있는 동안 노스캐롤라이나 대학에서 객원교수로 머물러 있으면서 조국 칠레의 민주화를 위해 노력했다. 그러나 한계가 있을 수밖에 없었다.

피노체트의 간담을 서늘케 한 '라고스의 손가락'

1978년 귀국한 라고스는 새로운 사회주의 노선을 표명하고 기독민주당에 접근했다. 중도파인 기독민주당은 좌파인 사회당과 전통적으로 라이벌 관계에 있었다. 아월린 대통령은 당시 기독민주당의 당수로 피노체트의 쿠데타를 사후에 지지했다. 따라서 좌파인 라고스의 입장에서 기독민주당은 철천지원수가 될 수도 있었다. 그러나 피노체트의 독재를 종식시키기 위해 야당이 힘을 합쳐야 한다고 생각한 것이다.

1986년 9월, 칠레 남부를 방문중인 피노체트를 암살하려는 사건이 발생했다. 이와 관련되어 라고스는 즉각 체포되었고 삶과 죽음의 갈림길

---

* '중남미 사회과학대학(Flasco: Facultad Latinoamericana de Ciencias Sociales)' 은 중남미 전체 국가들의 연합대학으로 중남미 국가들간의 국제기구 성격을 갖고 있다.

에 서게 되었다. 폴리처 기자가 쓴 『라고스의 책(El Libro de Lagos)』에 의하면, 그날 밤 라고스는 부인과 함께 침대에서 자고 있었다. 그런데 갑자기 3,4명의 정복 경찰이 기관단총을 들고 방에 들어왔다. "무슨 권리로 안방까지 들어오나?"라고 소리치자, 그중 한 명이 "경찰서로 가주셔야겠습니다. 그리고 원하시면 내일 법원에 신고하세요"라고 답했다. 다행스럽게도 그들은 피노체트의 무지막지한 비밀 '정치경찰(CNI)'이 아니라 일반 경찰들이었다. 경제학과 제자였던 한 경찰이 '정치경찰'의 명단에 라고스의 이름이 있는 것을 보고 현장으로 먼저 나갔던 것이다. 명단에 있던 4명의 다른 사람들은 그날 밤 모두 살해되었다. 죽음의 그림자가 간발의 차로 라고스를 비켜갔다.

1988년 4월 25일, 야당 정치 지도자로서 라고스의 이미지가 전국에 확실하게 방영되었다. 당시 피노체트는 영구집권을 위한 국민투표를 실시하기 위해 유화적 제스처를 쓰고 있었다. 피노체트는 〈전국을 향해(De cara al país)〉라는 전국적으로 시청률이 매우 높은 시사토론 프로그램에 출연하기도 했다. 그런데 같이 출연한 라고스가 검지로 피노체트를 가리키며 10월에 있을 국민투표를 통해 영구집권을 획책하려한다고 비난했다. 이때 피노체트를 가리켰던 '라고스의 손가락'은 유명한 정치적 사건이 되어버렸다.

생각해보라. 15년이 넘도록 1000여 명의 사람을 죽이고 '인간 도살자'라는 악명을 떨치며 철권통치를 해온 독재자에게 전 국민이 지켜보는 가운데 손가락질을 해댔으니, 대단한 배짱 아닌가? 피노체트의 간담을 서늘하게 한 사건이었지만, 이를 지켜본 국민들에게는 한 여름 폭포수와 같이 시원한 사건이었다.

세 번의 도전과 '어려운' 승리

1987년 '민주주의를 위한 정당(Partido Por la Democaracia)'을 창당한 라고스는 이후 모든 재야 세력을 합쳐 '민주연합'을 이뤄내는 데 주요 역할을 했다. 그는 피노체트의 국민투표에 반대하기 위해 'NO 세력'을 결집했다. 그리고 1988년 10월 5일, 당연히 통과될 것으로 생각한 피노체트의 국민투표는 54.68퍼센트의 반대로 부결되고 말았다. 피노체트는 자신의 실수를 한탄하며 땅을 쳤지만 이미 엎질러진 물이었다. 전혀 생각지도 않은 일이었다. 칠레 정치사에서 정치권이 이렇게 단결된 적은 처음이었다.

이후 피노체트의 17년 독재를 마감하기 위해 벌어진 1989년 12월의 선거에서 라고스는 아윌린(Patrcio Aylwin) 기독민주당 후보에게 대통령 후보 자리를 양보했다. 그리고 기독민주당과 사회당이 주축이 된 '민주연합'을 결성해 야당 단일후보를 내세워 피노체트로부터 정권을 되찾았다. 다음 선거인 1993년에는 '민주연합'의 대통령 후보를 선출하는 당내 예비선거에서 프레이 기독민주당 후보에게 패함으로써 다시 한 번 대통령의 꿈을 접어야 했다.

라고스는 그후 1999년 5월, '민주연합' 내 경선에서 기독민주당의 후보를 물리치고 대통령 후보로 선출되었다. 아옌데 이후 최초의 사회당 후보였다. 그러나 단지 사회당만의 후보가 아니라 집권여당, 지난 10년 동안 국민의 압도적 지지로 정권을 담당해온 '국민연합'의 대통령 후보였다. 게다가 각종 여론조사에서는 우익 후보인 라빈을 많은 차이로 앞서고 있었다. 라고스는 이미 대통령궁에 반쯤 들어가 있었다.

당시 자신감에 넘쳐 있던 라고스는 "민중연합(Unidad Popular)과 '민주연합(Concertación)'은 다르지만, 나는 아옌데주의자이다" "라빈은 피노체트 추종자이다. 그는 피노체트 정권에 참여했던 사람들로 둘러싸여 있다"라는 등의 원칙적인 발언을 거침없이 했다.

그런데 1999년 12월 12일의 선거결과는 라고스 진영에 찬물을 끼얹었다. 쉽게 승리할 것이라는 예상을 벗어나 라빈과의 표 차이가 0.4퍼센트에 불과했다. 선거에 질 수도 있는 것이었다. 이것은 결선 투표를 앞두고 선거전략에 대대적인 변화를 가져왔다. 라고스는 중도표와 여성표를 의식해 기독민주당의 알베아르 전 법무장관을 선대위원장으로 기용했다. 표현도 원칙적인 입장에서 벗어나 훨씬 부드럽게 했으며, 많은 공약을 제시했다. "아옌데 정권 시절은 과거지사일 뿐"이라며 결별을 선언하고 자신을 개량 사회주의자로 불렀다. 또한 "집권하더라도 마르크스·레닌주의 스타일로 절대 되돌아가지 않겠다"며 "세계화시대를 맞아 국제경쟁력을 갖추기 위해선 이념 대결은 바람직하지 않다"고 말했다. 그리고 전국을 부지런히 돌아다녔다. 이를 두고, 야당은 라고스가 라빈을 흉내내고 있다고 비난했다. 이 같은 새로운 전략 변화는 라고스에게 정말로 '어려운 승리'를 안겨주었다.

칠레 정치의 시한폭탄, 피노체트와 군부

결선 투표를 5일 앞둔 2000년 1월 11일, 84세의 피노체트가 건강상의 이유로 풀려나게 되었다. 그러나 결선 투표를 앞둔 두 후보 모두 피노체트 문제를 언급하지 않았다. 이는 득보다 실이 많기 때문이었다. 라고스는 '급진 사회주의자'의 등장을 우려하는 유권자들의 시선을 의식했고, 피노체트 독재시절 고위관리를 지냈던 라빈은 극우보수 이미지를 탈피하기 위해 피노체트에 대해 언급을 피했다. 그런 상황에서 영국정부가 10일 피노체트 구금을 해제하기로 발표한 것이다. 이에 라고스는 대통령이 되면 사법부의 의견을 받아들여 피노체트를 법정에 세우겠다고 밝혔다.

라고스는 '보이지 않는' 적과 싸우고 있는 셈이었다. 피노체트를 공격하는 것은 그림자와 싸우는 것과도 같았다. 칠레의 반절이 어느 정도는 피노체트를 인정하고 있는 상황에서, 영국의 병상에 누워 있는 늙고 지친 84세의 노인을 공격하는 것이 이제 어리석은 일이 되어버렸기 때문이다. 더구나 프레이 정부는 피노체트에 대한 판결을 내려야 할 곳은 칠레 법정이라고 주장하며 피노체트의 석방을 요구했다.

대통령 당선자인 라고스가 해결해야 할 첫번째 중요한 일은 무엇보다도 군부의 신뢰를 이끌어내는 것이었다. '민주연합'의 한 고위간부는 "우리가 신중하게 처신해야 하며, 그들(군부)의 친구가 되어야 한다"라고 말했다. 이처럼 정치인들이 군부에 대해 두려움을 갖고 있는 이유는 두말할 것 없이 1973년 군부가 아옌데 사회주의 정권을 무력으로 파괴하고 지난 27년 동안 사회주의자와 공산주의자들을 철저히 탄압해왔기 때문이다.

더구나 라고스는 선거 직후 각 군 참모총장을 다시 임명할 것이라고 말했다. 사실 대다수 민주국가에서 군 총사령관은 대통령이고, 또 고위장교에 대한 임명권은 당연히 대통령이 갖고 있다. 너무나 당연한 이야기인데, 칠레에서는 지난 10년간 예외였던 것이다. 1988년 국민투표에서 진 피노체트는 철저하게 퇴진 준비를 했다. 약속대로 대통령직은 내놓지만 군부를 완전히 장악하여 실제 권력을 행사하기 위한 준비를 한 것이다. 한 예로 1989년 국군조직법을 통해 대통령이 군부의 기득권을 침해하지 못하도록 만들었다. 군부가 '국가안전보장회의'를 통해 주요 국가정책에 대해 거부권을 행사했으며, 유·해·공군과 경찰군 사령관에 대한 대통령의 임명권을 제한했다. 따라서 헌법상 군 인사권은 군 총사령관에게 있었다. 그리고 피노체트는 1999년까지 군총사령관직을 맡아왔다.

따라서 아옌데의 후계자라고 할 수 있는 라고스를 군부는 '의심'의 눈초리로 볼 수밖에 없었다. 군부의 태도는 선거 직후 잘 나타났다. 군이 대통령 당선자인 라고스를 방문한 것은 선거가 끝나고 일주일이나 지나서였다. 피노체트의 후계자인 이주리에따 총사령관의 예방에 이어 아란시비아 해군참모총장과 리오스 공군참모총장의 방문이 이어졌다. 물론 민주사회에서는 군 사령관이 대통령 당선자를 방문하는 것 자체도 크게 바람직한 일은 아니라고 할 수 있다. 그러나 칠레는 군부의 영향이 막강한 곳이지 않은가?

이 같은 군부의 태도는 지난 1993년과 비교가 된다. 당시 군 총사령관이었던 피노체트는 대통령 당선 다음날 7명의 장성을 대동하고 프레이 기독민주당 대통령 당선자의 집을 직접 방문했다. 그리고 같은 날 해군과 공군, 경찰군 참모총장의 방문이 뒤따랐다. 그런데 현 군부는 일주일이 지나서야 겨우 방문한 것이다. 이 같은 군부의 태도에 대해 라고스 측은 "외부의 압력 없이, 군 수뇌부를 만난 것은 군과 시민간의 관계가 정상적임을 보여준다"라고 말했으나 왠지 씁쓰름하다.

라고스 정권 탄생의 의미

라고스 정권의 탄생은 어떤 의미를 가질까?

첫째, 칠레 정치사상 선거를 통해 두번째 사회주의 정권이 탄생했다는 점이다. 1970년 세계 최초로 선거를 통해 집권한 사회주의 정권인 아옌데 정권은 '인간 도살자'라는 악명을 떨친 피노체트의 1973년 무자비한 유혈 쿠데타에 의해 무너졌다. 이후 칠레 국민들은 18년 동안 피노체트의 철권통치에 숨죽이고 살아야 했다. 그러나 피노체트가 물러난 지 10년 만에 다시 사회당 주도의 정권이 들어서게 된 것이다. 아옌데 정부 하에서 칠레 대표단의 일원으로 유엔 등 국제기구에서 경제 전문가로 활동하고, 또 피노체트의 독재에 저항해 반정부활동을 하다 투옥되었던 라고스가 대통령이 된 것이다.

둘째, 사회당만의 독자적인 승리가 아닌 공조체제에 힘입어 수립된 정권이라는 점이다. 라고스는 과거 아옌데가 그랬던 것처럼 분명한 정치적 지지를 받고 있다. 그러나 다른 당의 협조가 없이는 그의 정책을 실현시킬 수 없는 상황이다. 51.31퍼센트의 지지를 얻어 승리했으나 우익의 지지도 예상을 넘어 48.69퍼센트에 달했으며, 이는 칠레 정치사에서 우익이 얻은 최고의 득표였다. 덕분에 라고스는 2차 결선 투표까지 치러야 했으며 이때 새롭게 얻은 15만 표 중 많은 부분은 1차 투표에서 공산당에 투표했던 23만 표에서 유입된 것이다. 따라서 공산주의자들도 라고스의 승리에 일정 부분 기여했다고 할 수 있다. 이는 결국 공동 여당인 기독민주당과 한층 막강해진 우익 야당, 그리고 공산당 등 여러 협상 파트너들을 상대로 정국을 이끌어가며 정치적 어려움을 극복해가야 한다는 것을 의미한다.

셋째, 라고스의 당선은 중남미에 불고 있는 신자유주의를 반대하는 새로운 변화를 확인해주는 것이다. 1980년대 들어서면서 대부분의 중남미 국가들은 미국이 주도하는 신자유주의 경제정책을 자의반 타의반 수용했다. 민영화와 해외자본의 국내 유치, 그리고 구조조정을 통한 경쟁력 향상을 최우선으로 한 신자유주의정책은 중남미 경제의 활성화와 성장을 가져왔다. 그러나 소득 분배가 더 악화되어 중산층이 몰락해갔으며 실업자가 양산되었고 수많은 국부가 외부로 유출되었다.

1999년 2월 베네수엘라 국민의 절대적 지지를 바탕으로 한 우고 차베스 정권의 수립은 지난 40년간 베네수엘라 정치를 번갈아가며 전담해왔던 민주행동당과 기독사회당의 자유주의 경제정책에 정면으로 도전한 결과였다. 그리고 1999년 10월 아르헨티나의 데 라 루아 대통령은 페론주의자인 까를로스 메넴에 의해 10년간 추진되었던 신자유주의적 경제정책에 반발한 국민들의 지지로 쉽게 당선되었다.

'시카고 보이스'라고 불리는 피노체트 정권 하의 경제관료들은 프리드만 교수의 통화주의에 기초한 자유주의 경제정책을 칠레 경제에 적용해 부분적인 성공을 달성했다. 그리고 1990년 민주화 이후 들어선 아윌린 정부와 프레이 정부는 자유주의 경제정책을 그대로 답습했다. 연평균 7퍼센트의 경제성장과 한 자리수의 낮은 인플레이션을 보였던 칠레 경제는 지난 1980년대와 90년대 중남미의 발전모델이었다. 그러나 최근 몇 년간 성장률이 떨어지고 실업률이 급증하면서 칠레 경제는 침체에 빠졌다. 그리고 국민들은 이 같은 신자유주의 경제정책에 반발하기 시작했다.

네째, 1년 이상 영국에 구속되어 있는 피노체트는 라고스가 이끄는 사회당 주도의 정권 하에서 법정에 서게 될 것이다. 이는 역사의 아이러니라고 할 수 있다. 피노체트의 심판은 국제적으로도 인권문제와 관련되어 커다란 관심을 끌었다. 어쨌든 2000년의 칠레 대통령선거 기간 동안 피노체트 석방문제는 '뜨거운 감자'였다. 사실 라고스가 1차 선거 투표에서 고전한 것은 일정 부분 피노체트 문제가 불거져나옴으로써 비롯된 것이었다. 결선 투표를 5일 앞두고 발표된 영국 정부의 피노체트 석방에 대해 두 후보 모두 언급을 자제했다. 그러나 라고스 후보는 피노체트가 칠레 법정에서 사법판결을 받아야 함을 분명히 했다.

이제 21세기의 칠레는 라고스가 이끄는 사회당 정부에 의해 이끌어지게 되었다. 그리고 아윌린과 프레이 정부에 의해 수행되었던 신자유주의 경제정책은 부분적으로 수정될 것이다. 물론 미국을 의식해 제한적이긴 하겠지만 새로운 변화가 나타날 것이고, 이는 베네수엘라·아르헨티나 등 중남미 주요 국가들과의 연대를 통해 더욱 강화되고 있다.

베네수엘라공화국(República Bolivariana de Venezuela)

면   적 : 91만6445 ㎢(한반도의 4.5배)

인   구 : 2415만 명(2000년)

수   도 : 카라카스(인구 400만 명)

주요도시 : 마라까이보, 발렌시아

인   종 : 메스티소(69%), 백인(20%), 흑인(9%),인디오(2%)

언   어 : 스페인어

종   교 : 가톨릭(95%), 개신교(2%), 기타(3%)

기   후 : 저지대(24~36°), 고지대(16~23°)

정부형태 : 대통령 중심제(임기 6년)

국가원수 : 차베스 대통령, 2000년 8월 19일 취임

의   회 : 단원제(임기 5년)

군 사 력 : 총병력 12만5000명(육·해·공군 및 국가경비대)

국내총생산 : US $ 1137억(2002년)

1인당 국민소득 : US $ 2950(2002년)

대외교역(2002년)

수   출 : US $ 252.7억

수   입 : US $ 106.9억

외환보유고 : US $ 183억(2003년 7월 2일 기준)

화폐단위 : 볼리바르(Bolivar)

US $ 1 = 1600Bolivar(2003년 4월 기준)

베네수엘라, 차베스의 '무기 없는' 혁명

숨 막히는 27시간의 정치 드라마

2002년 4월 11일부터 사흘 동안 남미 베네수엘라에서 펼쳐진 권력투쟁은 한 편의 숨 막히는 정치 드라마였다. 어느 한 순간도 예측할 수 없었던 반전의 연속이었다. 총파업의 혼란 속에서 쿠데타로 실각한 후 카리브의 한 요새에 수감되어 있던 차베스(Huge Chávez) 대통령이 쿠데타군에 대항한 민중의 지지가 시작된 지 27시간 만에 국민의 힘에 의해 다시 권좌로 돌아온 것이다. 30여 년 전 칠레에서 피노체트 장군에 의해 아옌데 사회주의 정권이 축출된 것과 비슷한 일이 베네수엘라에서 다시 벌어진 것이다. 그러나 결과는 30년 전과 판이하게 달랐다. '생각지 않았던' 민중의 강력한 저항이 역사의 방향을 바꾸어버렸다.

4월 11일, '국영석유공사(PDVSA)' 건물 앞에서 '노동자총연맹(CTV)'과 '상공인연합'이 주도한 30만 명의 반정부 시위대는 차베스 대통령의 하야를 촉구하며 대통령궁으로 향했다. 이는 4월 7일 국영석유공사 고위직 7명의 해임에 대한 반발과 임금인상을 요구하며 시작된 노조의 파업에 상공인연합이 가담함으로써 점차 그 강도가 높아져간 것이다. 이들 시위대는 대통령 궁 앞에서 차베스 대통령 지지 시위대와 충돌했으며, 그 과정에서 14명의 사상자와 100여 명의 부상자가 발생했다. 이 같은 상황에서 10명의 군부 최고지도자가 차베스 대통령에 대한 반대성명을 발표했다. 그리고 바로 탱크와 장갑차로 무장한 일단의 군부대에 의해 카라카스 외곽이 차단되고 TV 방송국이 점령되었으며 방송이 중단되었다. 차베스 대통령은 시위 군중에 대한 발포 책임을 지고 체포되었다.

이튿날 오후 6시 뻬드로 까르모나 상공인연합 회장이 임시정부 대통령에 취임했으며, 지난 3년간 차베스 정부에 의해 만들어진 49개 법안을 폐지하고 의회를 해산하고 모든 각료들을 해임했다. 그리고 1년 안에 새로운 선거를 실시할 것이라고 발표했다.

미국은 쿠데타 직후 차베스 대통령의 실각을 "쿠데타가 아니라 국민의 뜻이 반영된 정권 변화"라고 논평했다. 이는 페루와 칠레 등 '미주기구' 국가들에 쿠데타로 들어선 정부를 인정하지 않았던 것과는 크게 대비된다. 또 국제통화기금은 베네수엘라 임시정부에 대해 기꺼이 자금 대출을 해주겠다고 약속했다.

그러나 다음날 바우델 장군을 중심으로 한 하급 장교들이 임시정부에 대해 반발하며 20만 명이 넘게 참여한 차베스 대통령에 대한 지지 시위에 참여했다. 시위는 곧 카라카스와 전국 주요 도시들에서 발생했다. 그 과정에서 9명이 사망했으며 수백 명이 부상했다. 이 같은 상황에서

권좌복귀 차베스 "보복은 없다"

▲ 재계 실력자들과 군 고위 장성들이 미국의 암묵적 지지 아래 쿠데타를 일으켰지만, 거센 민중의 저항으로 차베스 대통령은 27시간 만에 권좌로 돌아올 수 있었다. 『국민일보』, 2002년 4월 16일.

군부는 임시정부에 대한 지지를 철회했고 까르모나 임시 대통령은 사임할 수밖에 없었다.

4월 14일 오후 3시 민중의 환호 속에 대통령궁으로 돌아온 차베스 대통령은 "하느님의 것은 하느님에게, 가이사의 것은 가이사에게, 그리고 민중의 것은 민중에게"라는 첫 말로 민중의 지지에 감사했으며, 냉정함과 침착함을 잃지 말 것을 요구했다.

이 쿠데타의 외형적 주역은 베네수엘라의 재계 실력자들과 군 고위 장성들이다. 그러나 이들은 마치 1973년 칠레의 피노체트가 미국의 간접적인 지원 하에 아옌데 사회주의 정권을 무너뜨린 것처럼, 워싱턴의 암묵적 지지 하에 쿠데타를 일으켰던 것이나. 결국 미국과 기득권 세력의 쿠데타는 의외로 거센 민중의 저항으로 인해 실패로 돌아가고 말았다. 그리고 총칼의 위협 속에서도 끝까지 사임을 거부했던 차베스 대통령은 국민의 열렬한 환영 속에 다시 권좌로 돌아왔다.

정치적 안정과 부정부패의 만연

베네수엘라는 대부분의 중남미 국가들이 군부 쿠데타와 독재의 악순환을 거듭할 때 코스타리카·멕시코와 함께 정치적 안정을 이룩한 남미의 '모범국가'였다. 1958년 10월 독재자 뻬레스 히메네스(Pérez Jiménez)를 몰아낸 후 여·야 정치인들은 군사통치와 독재를 예방하기 위해 모든 정쟁을 끝내고 힘을 모았다. 이러한 정치적 약속은 민주 사회주의 노선의 '민주행동당(AD)'과 '기독사회당(COPEI)'을 중심으로 한 정당간 '고정협약(Pacto de Punto Fijo)'으로 나타났다. 그리고 이후 40여 년간 민주행동당과 기독사회당은 〈도표7〉에서 볼 수 있듯이 정권을 교대로 담당하면서 베네수엘라 정치를 장악해왔다.

협약의 주요 내용을 보면 첫째, 헌법의 수호와 선거를 통한 통치 둘째, 야당의 정부 참여를 통한 거국내각 구성 셋째, 최소한의 공동정책 채택으로 선거 과정에서 정당간 협력보장 등이다. 쉽게 말해 정치세력간 대립과 투쟁이 아니라 대화와 협상을 통한 '정당 민주주의' 에 의해 베네수엘라의 정치적 사회적 갈등을 해결한 것이다. 그로써 상대 당 정치 엘리트를 각료로 임명하는 등의 화합정책을 통해 정치적 안정을 기할 수 있었고, 특히 군부의 정치 개입과 독재자의 출현을 예방할 수 있었다. 그러나 다른 한편으로는 여와 야가 '침묵의 카르텔' 을 형성함으로써 대다수 국민들을 정치 과정에서 소외시키고 부정부패를 만연시켰으며 국가 체제에 비효율을 가져왔다.

1989년 두번째 집권한 뻬레스 대통령은 국제통화기금의 신규차관 도입을 위해 경제구조조정 정책을 추진했으나, 경기는 침체되고 공공요금 등 물가상승에 따라 국민들의 생활은 갈수록 어려워졌으며, 유혈폭동 사태가 빈발했다. 지난 30여 년간 지속된 부정부패와 특권층의 이익만을 대변하는 정치에 지친 서민들의 분노가 폭발한 국민저항이었다. 정치권의 부패는 현직 대통령까지 연루되었다. 베네수엘라 대법원은

〈도표7〉 정당별 하원의원 의석 수(1998년, 2002년 총선)

선거년도	대통령 당선자	소속 정당
1958년 12월	베탕쿠르	민주행동당
1964년 3월	레오니	민주행동당
1969년 3월	깔데라	기독사회당
1974년 3월	뻬레스	민주행동당
1979년 3월	깜삔스	기독사회당
1984년 2월	루신치	민주행동당
1989년 2월	뻬레스	민주행동당
1993년 12월	깔데라	기독사회당
1998년 12월	차베스	제5공화국운동

* 1993년 5월 공금 횡령 혐의로 대법원에 기소되어 벨라스께스 상원의원이 임시 대통령으로 선출됨.

공금횡령 및 남용 혐의로 지난 1993년 뻬레스 전 대통령의 공금유용 부분에 대한 유죄를 확정하고 2년 4개월의 가택연금형을 선고했다. 현직 대통령이 공금횡령죄로 의회에서 탄핵되고 임기를 채우지 못하고 구속되었으니 더 이상 무슨 설명이 필요할까?

쌓이고 쌓인 민중의 분노는 1998년 12월 대통령선거에서 쿠데타에 실패해 2년간 감옥살이를 했던 차베스 후보를 대통령에 당선시켰다. 선거 직전 차베스 후보의 당선을 우려한 미국이 차베스 후보의 미국 입국을 거부하면서까지 여당후보를 지지했는데도 국민들은 차베스 후보를 압도적으로 지지했다.

'황금벤치에 앉아 있는 거지' 베네수엘라

베네수엘라는 300여 년 동안, 스페인의 식민 지배를 받으면서 카카오와 사탕수수 등을 재배하고 목축을 주 수입원으로 하는 지역이었다. 그러니 당연히 금 · 은이 대량으로 쏟아져나온 멕시코 · 페루에 비해 가난할 수밖에 없었다.

그러나 1920년대 석유가 개발되면서 상황은 완전히 바뀌었다. 마라까이보 호수와 베네수엘라 만에서 엄청나게 많은 유전이 발굴되면서 세계 다섯번째의 산유국, 세번째의 석유 수출 국가로 '돈방석'에 앉게 되었다. 석유가 베네수엘라 전체 수출의 80퍼센트를 넘고 국가재정수입의 42퍼센트를 차지하게 되었다. 특히 1973년 석유 위기 이후 석유 가격이 천장부지로 치솟으면서 베네수엘라는 중남미에서 가장 부유한 나라가 되었다.

세계 3위의 석유 수출 국가인 베네수엘라는 풍부한 석유자원을 바탕으로 1인당 국민소득이 중남미에서 상위에 속하는 국가가 되었다. 1973년 세계 석유 위기 이후 석유 수출로 연평균 100억 달러에 달하는 수입을 얻었다. 그러나 국민의 70퍼센트 이상이 빈곤선 이하의 생활을 하고 있다. 쉽게 말해, 중산층이 거의 없는 것이라고 할 수 있다. 석유로 인한 수입은 많은데 부의 분배가 제대로 이루어지지 않고 있는 것이다. 물론 이는 대다수 중남미 국가들이 안고 있는 문제점이기도 하지만 베네수엘라의 경우 브라질과 함께 유독 심하게 소득 분배가 왜곡되어 있다. 지난 1998년 12월 대통령선거에서 차베스를 지지한 58세의 한 페인트공은 "만약 당신 정원에서 금이나 다이아몬드가 난다면 비참하게 살아야 할 이유가 없다"라고 말했다.

게다가 베네수엘라는 저유가시대에 접어들면서 경제가 악화되기 시작했다. 1980년 초 배럴당 33달러까지 하던 석유 가격이 1998년 들어서는 10달러 선으로까지 폭락함으로써, 10년째 심각한 재정적자가 계속되고 있고 경제위기는 갈수록 더 심해지고 있으며, 이에 따라 의료보험·교육 등의 기타 사회보장제도가 거의 마비된 상태이다.

1993년 이후 경제성장률은 1.6퍼센트, 실업률은 12퍼센트 내외, 물가상승률은 연평균 60퍼센트에 달했다. 전체 국민의 70퍼센트 이상이 최저생계비인 175달러 이하의 수입으로 살아가고 있으며, 카라카스 노동자 계층의 평균월급은 100달러 선으로 최저임금을 훨씬 밑도는 수준이다. 이들은 정치권의 부패가 워낙 심해서 지금의 생활 여건이 쉽게 개선되리라 믿지 않는다. 미래에 대한 희망을 상실한 것이다.

한 건설근로자는 투표 직후 "우리는 차베스를 좋아한다. 왜냐하면 그는 새로운 사람이자 민주주의를 한답시고 우리 국민들에게 40여 년간 아무것도 가져다준 것이 없는 자들로부터 우리를 구출해줄 유일한 사람이기 때문이다"라고 자신 있게 말했다.

차베스가 내건 과거와의 단절과 변화, 부정부패가 없는 '새베네수엘라' 건설은 서민들의 절대적인 지지를 받았다. 물론 실현 가능성에 대해서는 아무도 확신할 수 없다. 그러나 최소한 변화를 모색하고 새로운 비전을 제시함으로써 서민들에게 희망을 불어넣어준 것이다.

'새 베네수엘라' 건설

1998년 12월 6일 대통령선거에서 '제5공화국운동(MVR)'의 차베스 후보가 56.2퍼센트라는 국민의 압도적 지지로 대통령에 당선되었다. 이것은 최근 베네수엘라 역사에서 가장 높은 지지율이었으며, 차베스는 역사상 가장 젊은 대통령이 되었다.

1992년 2월 당시 차베스 공수부대 중령은 부패한 뻬레스 정부를 전복하기 위해 유혈 쿠데타를 시도했다 실패해 2년간의 옥고를 치렀다. 비록 실패하고 말았지만 그 쿠테타는 기존의 정치 체제에 엄청난 불만을 가진 서민들의 공감을 불러일으켰으며, 실패한 쿠데타의 주역인 차베스는 오히려 기존 정치인들의 부패에 염증을 내고 이들을 미워하는 베네수엘라 '서민들의 영웅'으로 떠올랐다. 뻬레스 대통령이 1970년대 집권 1기 때 경제성장 모델지역으로 건설한 누에바 따까구아에서는 1992년 2월 군사 쿠데타가 성공했다는 오보가 전해지자 주민들이 시가지로 몰려나와 춤을 추었다. 이는 그만큼 서민들의 정치인들에 대한 신뢰가 상실되어 있었음을 말해주는 것이었다.

차베스는 '남미의 해방자'로 추앙받는 시몬 볼리바르가 세웠던 제3공화국의 정치적 이념을 승계한다는 의미에서 당명을 '제5공화국 운동'으로 정했다. 동시에 이는 썩고 부패한 제4공화국의 정치와는 다르다는 의미로 서민대중의 지지를 바탕으로 한 민중적 애국적 민주주의 국가 건설을 목적으로 한 정당임을 강조했다. 그리고 이 같은 정치적 이념에 동조하는 다른 8개의 군소 정당들을 모아 '애국전선(Polo Patriótico)'을 구성했다. 좌파연합 세력인 애국전선은 기존 정치 세력과 부정부패의 척결을 주장하고 최근 세계를 휩쓸고 있는 '신자유주의'에 반대했다.

선거운동 동안 공수부대의 빨간 베레모는 차베스의 상징이었다. 유세장에서 차베스는 빨간 베레모를 쓰고 부패한 정치인들을 맹렬하게 공격했다. 1992년의 쿠데타 시도를 반부패 투쟁으로 선전했고, 이를 통해 서민층의 절대적인 지지를 끌어내는 데 성공했다. 선거 기간 중 6년 전 쿠데타에 대해 어떻게 생각하느냐는 기자들의 질문에 "후회 없다. 그때 정권을 장악하지 못한 것이 아쉽다. 우리는 그때 이후 6년의 허송세월을 보냈다"라고 서슴없이 대답했다.

차베스의 집권을 저지하기 위해 집권여당과 제1야당이 선거 막판에 여론조사에서 2위를 차지한 미국 예일 대학 출신의 경제학자이자 전 주지사인 살라스(Henrique Salas) 후보를 지지했으나, 살라스는 39.9퍼센트를 득표하는 데 그쳤다. 살라스 후보가 얻은 39.9퍼센트의 득표 중 28.7퍼센트가 살라스 후보의 당인 '베네수엘라 계획'의 득표이고, 집권당인 기독사회당의 표는 2.1퍼센트, 그리고 제1야당인 민주행동당의 표는 9퍼센트에 불과했다. 지난 40년 동안 번갈아가며 집권해온 양대 정당이 얻은 표가 겨우 11퍼센트에 불과했던 것이다. 이는 기존 정치 체제와 정치인에 대해 민심이 완전 이반했음을 여실히 증명해 보여주는 것이었다. 그리고 지난 40년간 지속되어온 체제는 모래성 무너지듯 종말을 고했다.

'무기 없는' 혁명

1999년 2월 2일 출범한 차베스 정부는 첫번째 작업으로 과거 40년 동안 지속되어왔던 정치 체제를 허무는 일을 시작했다. 취임식에서 차베스 대통령은 '죽어가는' 헌법에 손을 얹고 새로운 헌법을 제정할 것을 엄숙히 선서했다. 선거운동 기간 동안 국민들에게 공약했듯이 '제헌의회'를 새로 구성하고 이를 위해 현 의회를 해산하고 국민투표를 소집할 것을 강조했다. 물론 이는 의회를 장악하고 있는 야당의 강한 반발을 불러일으켰다. 그러나 의회는 국민의 절대적 지지를 바탕으로 한 차베스 대통령의 사법부 개편, 국회해산, 제헌의회 구성, 제헌헌법 제정 등의 '혁명적 개혁'을 지켜보고 있을 수밖에 없었다.

새 헌법에 의해 2000년 7월 30일 실시된 대선에서 차베스 대통령은 57퍼센트의 득표를 얻으며 6년 임기의 대통령에 재당선되었다. 또한 동시에 실시된 의회선거에서 차베스가 이끄는 제5공화국운동이 76석을 차지하고, 연립정당인 '사회주의운동(MAS)'은 21석을 차지했다. 그리고 여타 여당 성향의 소수 정당을 합해 70퍼센트의 의석을 점했다. 야당은 완전 붕괴되었다. 지난 40년간 정권을 교대로 장악해왔던 민주행동당과 기독사회당은 165석의 의석 중 23.6퍼센트에 지나지 않는 39석을 차지했다.

차베스 대통령은 시몬 볼리바르의 이념을 계승한다는 의미에서 공식 국가명칭을 '베네수엘라 볼리바르 공화국(Republica Bolivariana de Venezuela)'으로 변경하고, 의회를 양원제에서 단원제로 바꿨다. 또한 의원 수를 165명으로 14퍼센트 감축했으며, 인디언에게 2퍼센트의 의석을 배분했다. 국민의 절대적 지지를 바탕으로 차베스 대통령은 개인 소유 유휴농지의 국가수용 등의 토지개혁, 노조와 산하노조 위원장 자격을 박탈하고 새 노조지도부를 선출하는 노조개혁, 국영석유공사 등의 공기업 구조조정 등 사회경제 분야 개혁을 본격적으로 추진해나갔다. 특히 기득권 세력과 결탁해 반정부 선동에 앞장서 개혁의 장애요소로 간주된 9000개에 달하는 산하노조 위원장의 자격을 박탈하는 노조개혁법안을 국민투표로 통과시킨 것은 국민의 지지를 받고 있는 차베스가 아니었으면 불가능한 일이었다.

대외관계에 있어서 차베스 정부는 좌파적 성향의 입장을 분명히 하고 있다. 특히 쿠바와의 관계를 확장시킴으로써 전통적 우방인 미국의 우려를 자아내고 있다. 미국의 FBI와 CIA, 그리고 국방성 정보국은 쿠바 정보국과 연결되어 있는 것으로 의심되는 베네수엘라 정보국과의 협조계획을 모두 취소했다. 베네수엘라는 쿠바에 석유를 공급하고 있으며, 쿠바는 의료·체육·정보 분야에까지 베네수엘라에 전문가를 파견해 지원하고 있다. 차베스 정부는 또 쿠바의 '혁명수호위원회'를 본뜬 '볼리바르애국연합회'를 창설했다. 그리고 평화적이고 민주적인 혁명을 수호하기 위해 전국적 운동과 단결을 호소했다.

그밖에 러시아와 중국과의 관계를 긴밀히 하고 있으며, 미국의 반대에도 불구하고 세계석유수출국기구(OPEC) 국가 내에서 주도적인 역할을 하기 위해 이라크의 후세인 대통령을 방문하는 등 미국의 정책에 반발한 독자적인 외교행보를 하고 있다. 차베스 대통령은 걸프전 이후 이라크를 방문한 최초의 국가원수였다. 그리고 중미와 키리브의 10개 역내 국가에게 원유를 특혜 공급하는 '카라카스 에너지협정'을 체결했다.

미국과의 새로운 관계

20세기를 마감하는 시점에서 등장한 좌파 성향의 민중주의적 차베스 정권은 미국에게 하나의 충격이었다. 미국과 베네수엘라의 관계는 재정립될 수밖에 없었다. 쉽게 말해, 중남미 국가들을 자국의 정치적·경제적 이익에 종속시키려는 미국의 대 중남미 정책에 차베스 정권은 커다란 걸림돌이었다.

2002년 4월의 쿠데타에 보인 미국의 태도는 이 같은 미국의 입장을 명확히 보여준 것이었다. '안마당'으로 간주되는 중미와 카리브 해에서 미국의 정책에 순응하지 않고 독자적인 입장을 고수하는 차베스 정권을 더 이상 참지 못한 것이다. 그러나 미국의 시도는 실패로 돌아갔다. 미국은 보이지 않는 지원을 함으로써 보수적 기업인 집단, 언론재벌, 부패한 노조 지도자들, 그리고 군 고위 장교들로 구성된 기득권 세력으로 하여금 쿠데타를 감행하게 했으나 민중의 강력한 저항으로 실패하고 말았다.

차베스 정부는 6번의 국민투표를 통해 사법부 개편, 국회해산, 제헌 의회 구성, 제헌헌법 제정, 새 헌법에 의한 대선 및 총선을 실시했다. 그리고 앞서 설명했듯이 2000년 7월 선거에서 60퍼센트에 달하는 압도적 지지로 재당선되었으며, 의회를 장악했다. 의회는 2000년 10월 신속한 개혁 추진을 위해 의회 승인 없이 대통령에게 1년간 입법권을 부여하는 '대통령특별입법권'을 승인했다.

이처럼 민중에 의해 권력을 승인받은 차베스 정부의 개혁은 초등교육의 확대, 실업률 감소 등 어느 정도 성과가 나타나고는 있지만 큰 틀에서 보면 농지개혁, 노조개혁 등에서는 아직 가시적인 성과가 나타나고 있지 않다.

2002년 쿠데타의 실패로 차베스는 복권되었지만 지난 3년 동안 계층 간 수많은 갈등을 유발하면서 시행된 차베스의 개혁은 한층 더 어려움에 처하게 되었다. 무력을 통해 차베스 대통령을 축출하는 것에는 실패했지만 경제계, 고위 장성, 어용노조, 보수 시민단체, 수구언론 등의 반차베스 세력은 미국의 영향력을 배경으로 차베스를 권좌에서 끌어내리기 위해 공세를 늦추지 않고 있다. 조기 선거를 주장하며 2002년 말부터 64일간 대규모 파업을 통해 다시 힘을 결집한 반차베스 세력은 2003년 초부터 대통령 소환투표를 요구하는 유권자 운동을 전개했다. 베네수엘라 헌법상 임기 절반인 2003년 8월 19일을 지나면 유권자 240만 명의 청원으로 대통령의 소환을 요구할 수 있다. 이에 반차베스 세력은 유권자 320만 명의 서명을 받아 8월 20일 대법원에 전달했다. 서명의 진위를 가리기 위해 대법원은 선거관리위원회 위원들을 새로 선임했다. 청원이 적법한 것으로 판정되면 11월 말경 소환투표가 실시될 것이다. 소환투표 결과 대통령 반대표가 대선 당시 차베스 대통령의 득표인 376만 표 이상이 되면 불신임안은 통과된다. 세계 선거사에 처음으로 대통령 소환투표(리콜)가 시행될 것이다.

어쨌든 이런 모든 베네수엘라의 국내적인 상황들과 더불어서 미국이 여전히 베네수엘라 정치에 막강한 영향력을 행사하고 있음을 알 수 있다. 필립 리커 미 국무부 대변인은 8월 27일 새 선거 관리위원회 구성에 대해 "베네수엘라의 정치위기에 평화적이고 민주적이며 합법적인 해법이 되기를 바란다"라고 논평했다. 미국은 차베스 정권이 중남미에 있어서 하나의 '좋은 예'가 되도록 그냥 보고 있지만은 않을 것이다. 과연 미국이 어느 정도까지 차베스 정권을 '인내'할 수 있을지 역시 두고 볼 일이다.

■ 참고문헌

Aguirre, Mariano y Ana Montes, 「De Bolivar al Frente Sandinista」, Madrid: Ediciones de la Torre, 1979.

Alcantara Saez, Manuel, 「Sistema Politicos de America Latina」, Madrid: Tecnos, 1989.

Altman, Werner, Lucia Sala de Touron et al, 「El Populismo en America Latina」, Mexico D.F.: Universidad Nacional Autonoma de Mexico, 1983.

Arellano Carcia, Carlos, 「La Diplomacia y el Comercio Internacional」, Mexico, D.F.: Editorial Porrua, S.A., 1980.

Arranz, Luis, 「Cristobal Colon: Diario de a Bordo」, Madrid: Historia 16, 1985.

Biles, Robert, 「Inter-American Relations: The Latin American Perspective」, Boulder: Lynne Rienner Publishers, 1988.

Calvert, Peter and Susan Calvert, 「Latin American in the Twentieth Century」, London: Macmillan , 1990.

Calvo Buezas, Tomas, 「Los mas pobres en el pais mas rico」, Madrid: Ediciones Encuentro, 1981.

Carpizo, Jorge, 「El Presidencialismo Mexicano」, Mexico,D.F.: Siglo XXI, 1978.

Cespedes del Castillo, Guillermo y Juan Regla, 「Historia de Espana y America: social y economica」, Barcelona: Vicens-Vives, 1977.

Chang-Rodriguez, Eugenio, 「Latinoamerica: su civilizacion y su cultura」, Cambridge: Newbury House Publishers, 1983.

Chevalier, Francois, 「America Latina de la independencia a nuestros dias」, Barcelona: Editorial Labor,S.A., 1979.

Coblin, Joseph, 「El Poder Militar en America Latina」, Salamanca: Ediciones Sigueme, 1978.

Connell-Smith, Gordon, 「El Sistema Interamericano」, Mexico,D.F.: Fondo de Cultura Economica, 1982.

Csatillo Rivas, Donald, 「Centroamerica: mas alla de la crisis」, Mexico,D.F.: Talleres Varfer Hnos, 1983.

Drago, Tito, ⌐Centroamerica, Una Paz Posible⌐, Madrid: El Pais, 1988.

Eric Calcagno, Alfredo, ⌐Informe sobre las inversiones directas extranjeras en America Latina⌐, Santiago de Chile: CEPAL, 1980.

Eugene Davis, Harold, ⌐Latin American Thought: A Historical Introduction⌐, Louisiana: Louisiana State Univ., 1972.

Frias Valenzuela, ⌐Manual de Historia de Chile⌐, Santiago de Chile: Editorial Zig-Zag, 1993.

Furtado, Celso, ⌐El Poder Economico: Estados Unidos y America Latina⌐, Buenos Aires: Centro Editor de America Latina, S.A., 1975.

Galeano, Eduardo, ⌐Las venas abiertas de America Latina, 20 ed⌐, Mexico,D.F.:Siglo 21, 1978.

Gil, Federico, ⌐Latinoamerica y Estados Unidos: Dominio, Cooperacion y Conflicto⌐, Madrid: Editorial Tecnos, 1975.

Gutierrez, Gustavo, ⌐Teologia de la Liberacion:perspectivas, 10 ed⌐, Salamanca: Ediciones Sigueme, 1984.

Halperin D., Tulio, ⌐Historia contemporanea de America Latina⌐, Madrid: Alianza Editorial, 1981.

Hanke, Lewis and Jane M. Rausch, ⌐People and Issues in Latin American History⌐, N.J.:Princeton University Press, 1992.

Herrera, Rene y Mario Ojeda, ⌐La Politica de Mexico Hacia Centroamerica 1979~1982⌐, Mexico,D.F.: El Colegio de Mexico, 1983.

Herring, Hubert, ⌐A History of Latin America from the Beginnings to the Present⌐, N.Y.: Alfred A Knopf, 1961.

Higley John and Richard Gunther, ⌐Elites and Democratic Consolidation in Latin America and Southern Europe⌐, N.Y.: Cambridge Univ. Press, 1992.

Hilton, Ronald, ⌐La America Latina de ayer y de hoy⌐, N.Y.:Holt, Rinehart and Winston, 1970.

Instituto de Cooperacion Iberoamericana, ⌐Documentacion Iberoamericana⌐, Madrid: ICI.

Jonas, Susanne and Edward J.McCaughan, ⌐Latin America Faces the Twenty-First Century⌐, Boulder: Westview Press, 1994.

Kissinger, H, ⌐Informe de la Comision Presidencial Bipartita de los Estados

Unidos sobre Centroamerica』, Madrid: Planeta, 1984.

Leon–Portilla, Miguel, 『*Cronicas Indigenas: Vision de los vencidos*』, Madrid: Historia 16, 1985.

Lernoux, Penny, 『*Cry of the People: The Struggle for Human Rights in Latin America −The Catholic Church in Conflict with U.S. Policy*』, N.Y.:Penguin Books, 1991.

Levy, Daniel and Gabriel Szekely, 『*Mexico: Paradoxes of Stability and Change*』, Bouldr, Colorado: Westview Press, 1983.

Lliewen, E, 『*America Latina, De la Independencia a nuestros dias*』, Barcelona: Editorial Labor, 1979.

Lozano F., Jose Manuel and Amalia Lopez Reyes, 『*Historia de America*』, Mexico.D.F.:Editorial Continental,S.A.,1978.

Lucena Salmoral, Manuel, 『*Hernan Cortes: la espada de Quetzalcoatl*』, Madrid: Anaya, 1988.

O' Donnell, Guillermo, Philippe C.Schmitter, and Laurence Whitehead, 『*Transitions from Authoritarian Rule*』, London: The John Hopkins Univ. Press, 1986.

Ojeda Gomez, Mario, 『*Alcances y Limites de la Politica Exterior de Mexico*』, Mexico,D.F.: El Colegio de Mexico,1976.

Ortega Duran, Oyden, 『*Contadora y su Verdad*』, Madrid: Rufino Garcia Blanco, 1985.

Peicovich, Esteban, 『*El Ultimo Peron*』, Madrid: Cambio 16, 1975.

Pellicer de Brody, Olga y Jose Luis Reyna, 『*Historia de la Revolucion Mexicana*』, Mexico,D.F.:El Colegio de Mexico, 1981.

Perez B., Hector, 『*Breve Historia de Centroamerica*』, Madrid: Alianza Editorial, 1987.

Petras, James, 『*Estado y regimen en Latinoamerica*』, Madrid: Editorial Revolucion, 1987.

Petras, James y Maurice Zeitlin, 『*America Latina: reforma o revolucion?*』, Buenos Aires: Editorial Tiempo Contemporaneo, 1968.

Pope Atkins, G, 『*Latin America in the International Political System*』, N.Y.:Macmillan, 1977.

Ribeiro, Darcy, 『El dilema de America Latina: estructuras del poder y fuerzas insurgentes』, Mexico,D.F.: Siglo XXI, 1976.

Rossi E., Ernest and Jack C, 『Plano. The Latin American Political Dictionary』, Oxford: Clio Press, Ltd., 1980.

Sunkel, Osvaldo y Pedro Paz, 『El subdesarrollo latinoamericano y la teoria del desarrollo, 11 ed』, Mexico,D.F.: Siglo XXI, 1978.

Touraine, Alain, 『America Latina: Politica y sociedad』, Madrid: Espasa-Calpe, 1988.

Waldmann, Peter, 『America Latina: Sintesis Historica, Politica, Economica y Cultural』, Barcelona: Editorial Herder, 1982.

Wiarda, Howard, ed, 『Politics and Social Change in Latin America: The Distinct Tradition』, Amherst: Univ. of Massachussets Press, 1974.

국가실종자조사위원회, 송기도 역, 『눈까마스: 아르헨티나 군사독재의 실상』, 서당, 1988.

김병국 · 서병훈 · 유석춘 · 임현진 공편, 『라틴아메리카의 도전과 좌절』, 나남, 1991.

김병국, 『분단과 혁명의 동학: 한국과 멕시코의 정치경제』, 문학과 지성사,1994.

김원호, 『북미의 작은 거인 멕시코가 기지개를 켠다』, 민음사, 1994.

민만식 · 권문술, 『전환기의 라틴아메리카』, 탐구당, 1985.

민만식, 『중남미의 정치와 경제』, 일신사, 1975.

이병석 역, 『반정치의 정치: 라틴아메리카의 군부정치』, 가나, 1987.

이전, 『라틴아메리카 지리 : 문화와 역사 그리고 정치 시사를 중심으로』, 민음사, 1994.

서병훈, 『다시 시작하는 혁명: 아옌데와 칠레식 사회주의』, 나남, 1991.

세계평화교수협의회, 『중미의 위기구조』, 일념, 1984.

장선영, 『멕시코의 독립운동』, 태창문화사, 1979.

後藤政子, 진경희 역, 『라틴아메리카 현대사: 격동기의 정치 경제사』, 미래사, 1985.

巢山靖司, 서경원 역, 『라틴아메리카 변혁사』, 백산서당, 1985.

Munck, Ronald, 『라틴아메리카 정치경제학』, 강문구 김형수 옮김, 서울: 한울아카데미, 1991.

Skidmore T.E. & P.H. Smith, 민준기 외 공역, 『라틴아메리카의 민주화』, 서울: 법문사, 1989.